古代東アジアにおける法制度受容の研究

中国王朝と朝鮮三国の影響関係を中心に

鄭　東俊
Jeong Dongjun

早稲田大学エウプラクシス叢書――015

早稲田大学出版部

A Study on the Acceptance of the Legal System in Ancient East Asia
Focusing on the Influencing Relationship between Chinese Dynasties and the Three Kingdoms of Ancient Korea

JEONG Dongjun, PhD. is a research professor at BK21 Plus project team of History, Sungkyunkwan University, Korea.

First published in 2019 by
Waseda University Press Co., Ltd.
1-9-12 Nishiwaseda
Shinjuku-ku, Tokyo 169-0051
www.waseda-up.co.jp

ISBN978-4-657-18805-2

Printed in Japan

まえがき

本書は、二〇一六年一〇月に早稲田大学大学院文学研究科に提出した博士学位論文『古代東アジアにおける法制度の伝播と変容』（以下、博士論文）を増補改訂したものである。博士論文の章節をほぼそのままにしたうえで補論を付けたのみであるが、細かい部分で修正・補完を行ったところが少なくない。例えば、第一章の場合、高句麗律令関連の史料として「集安高句麗碑」を加え、百済律令関連の史料に関する解釈を変えた。ほかの章に関しても、博士論文に反映されていなかった新出史料や関連論文などを可能なかぎり入れた。それ以外に、博士論文がタイトルの一部にすぎない中国王朝と朝鮮三国の法制度の影響関係のみを扱ったため、補論を付け加えて朝鮮三国と古代日本の律令の影響関係について分析した。博士論文と内容が異なる部分については、その変更点を逐一註で指摘した。

博士論文を作成する際にもそうであったが最近、古代東アジアにおける法制度に関する史料が出土文字資料を中心に増えている。そのなかには整理中であるために未公開である史料も少なくない。それらの史料まですべて反映して増補改訂版を刊行すればいいとの意見もあろうが、史料の増加によって法制度の全体像をある程度描けるようになった現在こそ、いち早く東アジアの法制度を研究するための共通の方法論を提示することも必要であろう。本書で提示した方法論が完璧なものとはいいがたいが、今後の議論の踏み台にもなると考え、いち早く出版することにした。読者諸賢の批判とご叱正を仰ぎたい。

鄭　東俊

目次

凡例

一　本書では、従来の朝鮮と中国の古代史研究における慣例に従い、現代の「官庁」に該当するものを、朝鮮三国に関しては「官司」、中国王朝に関しては「官府」と呼ぶことにする。「官司」は古代朝鮮・日本のように組織間の統属関係と職務分担が不明確な官人組織を、「官府」は古代中国王朝のように組織間の統属関係と職務分担が明確な官人組織を意味する。

二　本書において文献史料を引用する場合に使用した記号は、左記のとおりである。

□　判読できない文字が一字分あることを示す。

〈〉〈〉内の内容は割注であることを示す。

三　本書において出土文字資料と金石文を引用する場合に使用した記号は、左記のとおりである。

□　判読できない文字が一字分あることを示す。

四　本書に掲載した図表は、特に断りのないかぎり、すべて著者が作成したものである。

序章

中国王朝の法制度の伝播と周辺諸国の変容

第一節　古代東アジアの文化交流と朝鮮三国

文化の交流と変化は、特定社会の特徴を最も説明しやすい要素の一つである。文化の交流と変化については、文化伝播論（中心から周辺に最先端の文化要素が伝播する）・文化接変論（直接的な文化の接触によって文化が変化する）などの多様な理論が提示されている。その中でも文化伝播論が多く支持されてきた。

古代東アジアについては従来、文化伝播論的な立場に立って、中国王朝の文化が周辺諸国（主に朝鮮三国と古代日本）に受容されたと指摘されてきた(1)。しかし、文化伝播論では文化を受容する側の立場が反映されていないという問題がある。特に、文化のうち物質的な部分は当時最先端のものを受容する傾向があるが、はたして制度においても同様なのか。すなわち、中国王朝の文化が朝鮮三国を経由して古代日本に影響を及ぼしたことは認められてきたが、その際に朝鮮三国の役割は単なる中国と日本の経由地としての役割を担うものと認識されてきた。つまり、朝鮮三国は中国の文化に何も加えずそのまま日本に伝えたということである。しかし、最近朝鮮半島における木簡などの出土により、朝鮮三国の「媒介的」役割に注目する傾向も現れるようになった。たとえば李成市は木簡の影響関係から「中国王朝（A）→朝鮮三国（Ⓐ→B）→古代日本（Ⓑ→C）」のような文化の受容と変容のモデルを提示して朝鮮三国の「媒介的」役割を想定した。(2) ここでのⒶとⒷは受容する側が選択的に採用した内容を指し、それを受容した集団が新たに手を加えることによってBまたはCという新しい文化を生み出すと説明した。さらに、李はそれ以降、平壌出土『論語』木簡によって中国王朝から朝鮮三国への文化の受容（A→Ⓐ）を明らかにしたこと(3)がある。

また、文化伝播論では国際秩序の面をあまり考慮せず、文化交流を中国王朝と周辺諸国の一対一の関係で考えようとする傾向がある。しかし、先述した文化の受容と変容のモデルを参考にすると、朝鮮三国の文化が「中国王朝→朝鮮三国→古代日本」という三者関係においてどのような位置を占めているのかを把握することで、古代東アジアの国際秩序における各国の役割を明らかにすることができるのではないか。

本書では、以上のような視点から古代東アジアの国際秩序において行われた制度的交流の内実について、特に朝鮮三国が担った役割に注目しつつ把握することを目的とする。その目的を達成するために、まずは古代東アジアの文化交流に関するこれまでの主要な先行研究を紹介しつつ整理し、その文化交流のうち制度と法律などに検討対象を絞り、残された今後の課題を提示したい。

第二節　「東アジア世界」論と先行研究の問題点

これまで中国王朝の文化の伝播と周辺諸国の変容については、数えきれないぐらいの研究がなされてきたが、やはり西嶋定生の「東アジア世界」論を契機として研究が大きく進展したといえる。そのため、本書では「東アジア世界」論以前、「東アジア世界」論、「東アジア世界」論以後の三つの時期に分けて先行研究をまとめたい。(4)

(一)「東アジア世界」論以前(一九五〇年代まで)

「東アジア世界」論について検討する前に把握しておかなければならないものは、戦前の内藤湖南の「文化中心移動」論、戦後の前田直典の議論と松本新八郎の「世界帝国」論である。

内藤湖南は一九二〇年代に日本文化の起源に関する論考で、日本文化が古代中国との接触によって発展するにあたっては、従来の理解のように中国の文化から必要な部分を吸収するのではなく、中国の文化という「媒介」ないし「刺激」が必ず必要であったと主張した。(5) さらに、中国文化の中心が時間の経過につれて南方に移動し、ついに中国の周辺国であった日本が東洋文化の中心になるという、いわゆる「文化中心移動」論を提唱した。(6)

つまり、日本文化の発展について、内藤は従来の理解に比べて日本の固有文化より中国文化の影響を高く評価したのである。しかし、この説は実証性を欠く史論のようなものであり、依然として日本中心の視点から脱却していなかった。しかし、古代中国が当時の中心であり、周辺国が中国との接触によって国家の形成や文化の発展ができるようになったことを指摘したことは、それ以降の研究に受け継がれた。

前田直典は、一九四八年、従来は東アジア三国(中国・朝鮮・日本)における歴史発展に関連性が認められてこなかったことに対して、先進地域である中国と後進地域の朝鮮・日本とのあいだには歴史の最初から大きな発展の格差があったが、時間の経過にともなってその格差が縮められていったと提唱し、東アジアの歴史発展に関連性があることを提示した。(7) この説は「東アジア」の視点に基づく歴史叙述の先駆けとして役割を果たしたと評価すべきである。しかし、この説では、相互関連の裏面にある具体的な構造は提示されなかった。

この前田説から一歩前進して相互関連の裏面にある具体的な構造を示したのが、翌年に松本新八郎が世界史的な観点から展開した「世界帝国」論である。それによると、古代においてアジア的専制主義・古典古代的民主制に基づく場合は、一定の条件下で外部への侵略によって内部の矛盾を隠しつつ古代国家を拡大再生産し、ついには「世界帝国」の段階にいたる。このような世界帝国は、戦争や支配によって周辺諸国に文化を伝播するもので、アレクサンドロス帝国・ローマ帝国・隋唐帝国・モンゴル帝国をそのモデルとする一方で、日本の律令国家も小規模な「世界帝国」の性格をもつとしている。[8] 隋唐帝国が「世界帝国」であり、戦争・支配によって地域「世界」の歴史の発展を関連させるという構想が提示されたことは、西嶋定生をはじめとするそれ以降の研究に大きな影響を与えている。

このうち「文化中心移動」論は文化接変論などに基づき文化伝播の一般的な現象を指摘したものである。また、前田直典の議論と「世界帝国」論は「史的唯物論」に基づき普遍的な歴史発展の法則として「世界史の基本法則」を打ち立てる過程で生み出されたものであり、東アジアをはじめとする諸地域における歴史発展の関連性を提唱した点に特徴がある。

(二)「冊封体制」論と「東アジア世界」論(一九六〇〜一九七〇年代)

「世界帝国」論の段階では、東アジア世界における歴史発展の関連と、「世界帝国」としての中国王朝が周辺諸国に影響を与えることなどが検証された。しかし、まだ具体的に何を媒介にして中国王朝が周辺諸国に影響を与えるかについては、対外征服や支配という要素しか提示されなかった。このような媒介要素については、「東アジア世界」論の段階に入ってから多様化・具体化すると考えられる。

「東アジア世界」論は多様な分野を扱う幅広い議論であるため、本書では中国王朝の文化の伝播と周辺諸国の変容と関係する内容のみを簡単に紹介してその問題点を述べたい。

周知のように、「東アジア世界」論が定着するまでには「冊封体制」論という段階を経た。「冊封体制」論とは、西嶋定生が提示した説であり、中国王朝と朝鮮三国・渤海・日本のあいだに政治構造として「冊封体制」の存在を提示している。(9)「冊封体制」とは、中国王朝の皇帝が周辺諸国の君主に官爵を除授する「冊封」に基づく体制である。それは、本来は中国王朝の国内秩序として皇帝と諸侯・官人のあいだに形成された君臣関係の秩序体系であったが、「冊封」をつうじて国内秩序の外部にも適用されるかたちで現れたため、その内在的論理は国内秩序としての君臣関係の論理と同様である。そのため、中国王朝は冊封関係を結んでいる周辺諸国に対して臣節および行礼を要求し、もしこれらの義務を忠実に果たさない場合には、中国王朝による討伐を受けることもあった。また、行礼によって文物や制度が伝播することもある。西嶋は以上のような冊封体制の論理を、六〜八世紀における中国王朝と「東辺の諸国」との国際情勢を動かす要因として把握した。「冊封体制」論は、中国王朝と周辺諸国とのあいだに結ばれた政治的関係の構造の分析から、東アジアで展開してきた歴史の関連性を提示した。西嶋が「冊封体制」論によって東アジアの歴史が相互関連したうえで展開したと提示したことは、その後の東アジア地域の歴史研究に大きな影響を与えている。

「冊封体制」論は一九七〇年代に深化し、「東アジア世界」論として発展することになる。(10)西嶋は、「大航海時代」以降のように全地球的な世界史が成立する以前には、各地に複数の自己完結的な地域「世界」が併存していたという想定を前提に、(11)「東アジア世界」もそのような「世界」の一つであると提唱した。「東アジア世界」はその共通の文化要素として漢字・儒教・中国仏教・律令制を有しており、中国・朝鮮・日本・ベトナム、およびモンゴル高原とチベット高原とのあいだにある西北回廊地帯東部の諸地域をその空間的範囲とする。そして前近代東アジアにおける歴史の関連を、「東アジア世界」の枠組みで以下のように説明している。

漢代には郡国制を実施して一部の地域で封建制が復活し、その封建制に基づいて周辺諸国の君主に王・侯の爵位を与えることによって、周辺諸国を中国王朝の政治体制の内部の一環として包摂した。それが王化思想によって支えられ、冊封体制の原型が登場した。南北朝時代に入ってからは、朝鮮三国・倭国が国家を形成して中国王朝に朝貢し、中国王朝がそれらの国々を冊封したことによって冊封関係が成立したため、中国王朝の文物制度がそれらの国々に伝播した。隋の中国大陸統一は多元化していた冊封体制を一元化し、「東アジア世界」は政治的・文化的にも一体化して動くようになった。十世紀初頭に唐・新羅・渤海が次々に滅亡するなどの変動があると、「東アジア世界」は政治的・文化的にも一体性を失うようになった。宋代には、遼・金の圧迫によって「冊封体制」は崩壊したが、「東アジア世界」は経済と文化を共有するかたちで存続し、十九世紀までそのような状況に根本的な変化はなかった。

(三)「東アジア世界」論に対する反論

「東アジア世界」論の段階では、具体的に冊封体制という政治的関係を媒介にして中国王朝が周辺諸国に影響を与えたことが検証された。しかし、後述するように「東アジア世界」論にも問題点があり、批判されるようになった[12]。

第一に、「冊封体制」は中国王朝の王化思想に基づいたものであるため、もとより中国中心的な考え方になりがちであり、「冊封体制」に基づいた「東アジア世界」論では、周辺諸国の主体性を十分には説明できないという点である。旗田巍・鬼頭清明は朝鮮史研究の立場に立って「東アジア世界」論を批判し[13]、その論理上の構造的な弱点を明らかに指摘した。武田幸男・李成市は各々高句麗―新羅、新羅―渤海関係について具体的に検討し、「東アジア世界」論が周辺諸国間の関係に対する有効性を失っていることを明確にしている[14]。このように周辺諸国に視点を移すと、「東アジア世界」論には問題点が少なくない。これは前田直典以来の先行研究の論理から起因したものであり、先進地域が後進地域に影響を及ぼすという前提で、東アジアにおける歴史の連動が説明されたこととかかわるためであろう[15]。そのような論理では、後述する律令制のような法制度についても、中国王朝から周辺諸国への影響のみを強調して一方的な影響関係を想定しており、周辺諸国間の影響関係にはあまり注目していないという問題点があるといえよう。

第二に、中国王朝の外交関係を検討する場合においても、「東アジア世界」論では把握しがたいことがあるという点である。堀敏一・鬼頭清明は、「東アジア世界」論はもとより中国・朝鮮・日本だけを対象として検証した理論であるため、中国王朝とその北方・西方の諸国との関係も含めることによって東アジア全体の国際関係を説明する枠組みを提示することができると論じている。[16] 山内晋次は、八世紀前半における唐の国際序列では、その北方・西方の諸国が上位を占めていることを示したうえで、「東アジア世界」論では唐の外交上比重が大きかった北方・西方の諸国との関係を説明できず、周辺諸国との関係を総合的には把握できないと批判した。[18] 以上のような問題点が生じた背景には、「東アジア世界」を完結した自律性をもつ文化的「世界」として想定しているため、[19] 中国王朝の文化が伝播していない北方・西方の諸国は自ずから範囲に含めていない点にあるのであろう。

このように「東アジア世界」を拡張しようとする流れは、最近「東部ユーラシア」論というかたちで表されている。その代表的な論者である廣瀬憲雄は、「東アジア世界」論では説明できない国際関係の問題を説明するために、従来の「東アジア世界」論では外部に位置づけられていた中国大陸の北部と西部までを含む地域世界を設定し、それを「東部ユーラシア」と命名している。[20]

第三に、「東アジア世界」論では冊封を媒介とする政治関係が中国王朝の文化の拡散に寄与したとするが、朝鮮・日本以外の地域における具体的な関係については、あまり検討していない点である。周辺諸国の事例から検証してみると、冊封関係は必ずしも文化圏の形成を描く論理として十分に機能していない。[21] さらに、漢字文化の拡散と変容は、周辺諸国が中国王朝と外交関係を結んだことが契機となったと想定されるが、必ずしも中国王朝との関係のみに依存するものではないため、周辺諸国間の重層的な交渉も関連していた可能性に注目すべきである。[22]

（四）　先行研究の問題点

「世界帝国」論は、古典古代的奴隷制に基づいたローマ帝国をモデルとしていたため、隋唐帝国に見られるアジア特有の内的構造にあまり注目していない。[23]さらに、文化交流についても暴力的な手段のみを強調し、相互交流のなかで影響が及ぶことについて考慮した痕跡はあまり見えない。そのため、「世界帝国」論における文化交流は、中国王朝から周辺諸国への一方的なものにしかなりえない。

次に「冊封体制」論において、「東アジア世界」という概念は確立されておらず、冊封体制についても、漢代の外臣制度が起源であるという指摘[24]はあるが、冊封を思想面から支える王化思想に対する言及は不足している。さらに「世界帝国」論と同様に、文化交流が中国王朝から周辺諸国への一方的なものであるという考え方から脱却していない。

次に「東アジア世界」論の問題点については先述したとおり、文化交流において周辺諸国間の影響関係にはあまり注目しておらず、地域の範囲に中国王朝の北方・西方の諸国も含める必要があるということであった。さらに、文化圏の形成は必ずしも冊封関係によって説明されるとはいえず、中国王朝との外交関係のみにかかわるものではない。そのため、周辺諸国間の重層的な交渉が関係していた可能性にも注目すべきである。さらに、西嶋定生は「東アジア世界」の共通要素の一つとして律令制をあげたが、律令制が「東アジア世界」で共通の文化要素として実際に機能していたかについて検証してはおらず[25]、その律令制の前提となる「律令制」という概念は、具体的にどの時期のものを指しているかも明確ではない。

最後に「東部ユーラシア」論は、「東アジア世界」論の「中国中心主義」を批判したものであるが、実際には「中国中心主義」から完全に脱却したとはいえない。[26]それは東アジア世界の外交関係において必ずしも中国王朝が中心ではないことを検証したものであるが、実際には中国王朝と北方・西方の諸国との関係から「東部ユーラシア」を構想しており、周辺諸国に対しては十分に関心を払っていない。そのため、中国王朝にとっては北方・西方の諸国との関係に対する比重が大きいが、「東アジア世界」の周辺諸国にとっては北方・西方の諸国との関係に対する比重がそれほど大きくはないという点を考慮していないように思える。

第三節　本書の検討課題

以上の研究史を簡単にまとめれば、東アジアにおける文化交流に対する従来の研究は、ほとんど中国王朝中心の視点から検討されてきた傾向がある。それは周辺諸国間の影響関係を軽視することはいうまでもなく、影響を受ける側としての周辺諸国の立場も反映されていないという問題がある。そのため、文化の影響関係を周辺諸国の視点から改めて検討する必要がある。

東アジアにおいて長らく文化交流の対象とされてきたものとして法制度がある。法制度とは、一定の法体系に属する諸制度を指す言葉である。各国の法制度はその国の社会的特徴を反映するものであり、法制度の影響関係は特定の地域における国際秩序を把握することに欠かすことのできない要素である。

朝鮮三国における法制度は、朝鮮史の固有な要素を重視する「内在的発展論」などに基づいて制度制定の時代背景については研究されてきたが、中国王朝の影響によって形成されたかどうかについては、関心も具体的な研究も不足している。しかし、朝鮮三国の法制度を把握するためには、朝鮮史の固有な要素だけでなくそれが中国王朝の影響によって形成されたかどうかを明らかにすることも必要不可欠である。

本書では以上のようなことを踏まえて、東アジアにおける法制度の影響関係を周辺諸国の視点から検討し、特に周辺諸国として朝鮮三国が「媒介的」役割を果たしたか否かという問題に注目したい。検討対象は律令・中央官制・地方行政制度とする。法制度の中でも律令・中央官制・地方行政制度は、より重要性が高いと思われる（以下、本書でいう「法制度」とは律令・中央官制・地方行政制度を合わせて指す）。律令は成文法として国家統治の基本となり、中央官制は中央政府組織の基礎として権力構造を反映しており、地方行政制度は対民支配の基礎として地方への支配力が見られるためである。

本書の検討対象である朝鮮三国の法制度は、具体的な史料が少ない。しかし、少なくとも律令という形式そのもの、中央官司の構成、地方行政機構などは中国王朝の影響下で受容されたものであることは確実である。その三つを中国王朝と比較して影響関係を明らかにすると、朝鮮三国の法制度が東アジアにおいてどのような位置を占めているのかを把握することができると思われる。

従来の研究は中国王朝中心の視点から、当時最先端の東晋・南北朝（三一七〜五八九）の法制度が四〜六世紀の朝鮮三国に受容されたと理解してきた[27]。しかし、そのような理解は、以下の三つの面から成立しがたいと考えられる。

第一に、律令の場合、朝鮮三国の律令と泰始律令のいずれも残っていないため、東晋と朝鮮三国のあいだに影響関係があったと直ちに断定することが困難であるという点である。

第二に、律令・中央官制などが受容されるほど西晋ないし東晋（三一七〜四二〇）と高句麗・百済、北魏（三八六〜五三四）・梁（五〇二〜五五七）・北斉（五五〇〜五七七）と新羅の関係が深いとはいえず、泰始律令が受容された経路が不明な点である。当時、両晋と高句麗・百済、北魏・梁と新羅とのあいだには定期的な使臣の派遣もなかったので、律令のような法制度の中核が伝播されたとは考えがたい。さらに、地方行政制度などが受容されるほど南北朝期（四三九〜五八九）と朝鮮三国においてそれが制定された時代背景が類似するとはいえず、地方行政制度が受容された経路が不明である。

第三に、東晋・南朝の中央官府は複雑な構造であり、しかも中央集権の面では漢代より退行的側面が強いので、百済においてそれが制定された時代背景が類似するとはいえず、受容すべき理由が存在しない点である。また、唐の中央官制は律令格式体制に基づいたものであり、前提としてそれの受容が必要であるが、新羅では唐の律令格式体制の受容を認めがたく、中央官制の面からも受容を証明しがたい。(28)

そもそも、当時最先端の東晋・南北朝の法制度が四~六世紀の朝鮮三国に受容されたという結論が提示されるに至った原因は、四~六世紀における朝鮮三国の法制度の制定と改編という事実が中央集権体制の必要充分条件として過大評価されてきたことに求められる。つまり、朝鮮三国の法制度の制定と改編のみを中央集権制の成立と国家の先進性を裏づけるものとして認識してきたので、それに影響を及ぼした法制度も当時最先端のものであろうということである。しかし、そのような見解を検証するためには、朝鮮三国における法制度の内容とその発展段階を詳しく検討する必要性があろう。

さて、中国王朝の律令と地方行政制度については、近年史料がしだいに蓄積されて研究も発展してきた。それは二〇世紀の後半における出土文字資料による秦漢法制史研究と漢代地方行政制度史研究の活性化、二一世紀における宋天聖令の発見による唐令の復元研究などに代表される。これにともなって朝鮮三国の律令の起源として中国王朝の律令を実際に参照し、朝鮮三国の地方行政制度と中国王朝のそれを比較することができるようになった。そのような研究環境の変化により、高句麗・百済の律令の佚文と新羅の律令に関する史料などを、その母法となる可能性がある秦漢律令の条文および泰始律令の佚文と比較して、法の継受関係を明らかにすることができると期待される。

先述したように、本書の検討対象は法制度、すなわち律令・中央官制・地方行政制度である。具体的には、律令については国家秩序の維持に必要不可欠な基本法令である謀反罪・窃盗罪・殺人罪・強盗罪・官人収賄罪に対する処罰規定と官人の職務関連規定(新羅)を検討する。律令のうち殺人罪・窃盗罪・強盗罪に対する処罰規定は、どの社会の法律にも存在する基本法令であり、謀反罪に対する処罰規定は国家秩序の転覆を防止する法令であるため、本書で検討対象とする。また、官人収賄罪に対する処罰規定と官人の職務関連規定を検討する理由は、それらの規定によって官人を規制して国家秩序を維持するためである。

中央官制については中央官司の構成と職掌を検討する。中央官制のうち中央官司の構成と職掌を検討する理由は、百済・新羅の中央官制に関する史料が集中的に残されており、中央官制で最も重要な部分でもあるためである。主に主要官司の職掌、官員構成などを検討する。

地方行政制度については地方官の構成と職掌を検討する。地方行政制度のうち地方官の構成と職掌を検討する理由は、朝鮮三国の地方行政制度に関する史料が集中的に残されており、地方行政制度で最も重要な部分でもあるためである。主に褥薩（高句麗）・方領・方佐（百済）・軍主・行使大等・仕大等・都督・仕臣（新羅）の起源と性格、道使（高句麗・新羅）・郡将・郡令・郡佐・参司軍（百済）・幢主・邏頭・大守（新羅）の役割、可邏達・婁肖（高句麗）・道使（百済・新羅）・村使人・少守・県令（新羅）の派遣範囲などを検討する。

法制度の検討に際して、以上のような検討で十分であるとはいえないが、ほかの部分の検討は新しい史料の出現を待つことにし、暫定的な結論を導くことにも意義があると思われる。また、中国王朝の影響を検証するという部分では十分ではないかもしれないが、朝鮮三国の法制度の検討に、より豊かな参考資料を提供するという意義もあろう。

本書では、『三国史記』と中国正史に記された朝鮮三国の法制度に関する史料を中心に、それらと中国正史の刑法志・職官志・百官志や『漢官六種』・『唐六典』・『通典』などの中国王朝の法制度に関する史料とを相互に比較する。比較の際には、朝鮮三国と中国王朝の法制度に関する先行研究も参照する。

第四節　本書の構成

以上のような研究方法に基づき、本書では朝鮮三国の法制度と中国王朝のそれを、三部六章に分けて比較・検討する。

第一章では、朝鮮三国の律令に関する史料を検討する。まず律令の概念とその研究史をまとめたうえで、いわゆる「律令」という概念を朝鮮三国に適用しがたい理由を検討する。高句麗・百済の法令については、中国正史の東夷伝に記された謀反罪・殺人罪・窃盗罪・強盗罪・官人収賄罪に対する処罰規定と官人の職務関連規定を、新羅の法令については、『三国史記』に記された謀反罪・窃盗罪・官人収賄罪・背公営私罪に対する処罰事例と官人の職務関連規定を分析する。また、新羅の法令については、中古期と中代という時期区分の可能性も検討する。

第二章では、中国王朝の律令の変遷を整理したのち、中国王朝と朝鮮三国の律令に関する史料を比較する。また、どの時期の中国王朝の律令が朝鮮三国に伝播したかを明らかにする。漢代〜唐代の律令の変遷については、謀反罪・殺人罪の処罰規定とその縁坐刑・贖刑を検討し、窃盗罪・強盗罪に対する処罰規定と官人の職務関連規定をまとめる。どの時期の中国王朝の律令が朝鮮三国に伝播したかについては、第一章の検討結果と比較し、罪目別に検討する。その後、中国王朝の律令が朝鮮三国に伝播した経路を楽浪郡の役割に注目して推定する。特に新羅の場合は六世紀前半に成文法を頒布したため、南北朝から直接伝播した可能性も楽浪郡から伝播した可能性も低い。そのため、この問題については抜本的に検討し直す必要がある。

第三章では、百済・新羅の中央官司に関する史料と先行研究を再検討する。百済については、二二部司以前の官制と二二部司が成立して以降を、新羅については、中古期と中代を区別しながら中央官司の変遷を検討する。先述したように、これらの検討は長官の官位と官員の構成を中心に行う。

第四章では、中国王朝の中央官府の変遷を整理する。漢代〜唐代の中央官府の変遷については、九卿と三省・尚書六曹を区別して史料と先行研究をまとめる。先述したように、この検討は長官の官品と官員の構成を中心に行う。その後、第三章の検討結果と比較したうえで、どの時期の中国王朝の中央官府が百済・新羅の中央官司に影響を及ぼしたのかを明らかにする。また、中国王朝の中央官府が百済・新羅の中央官司に影響を及ぼした経路を楽浪郡の役割に注目しながら推定してみたいと思う。特に新羅の場合は六世紀前半から中央官司が設置されてきたため、南北朝から直接影響を受けた可能性も楽浪郡から影響を受けた可能性も低い。そのため、この問題についても抜本的に検討し直す必要がある。

第五章では、朝鮮三国の地方行政制度に関する史料と先行研究を再検討し、中国王朝の地方行政制度の変遷を整理する。高句麗・百済の地方官の構成については、中国正史の地方行政制度に関する史料のうち、六世紀中葉以降を対象とする史料を主に検討し、それ以前を対象とする関連史料も参照する。新羅の地方官の構成については、金石文を中心に中古期の州郡制を、『三国史記』を中心に中代の州郡県制を区別して検討する。

第六章では、漢代〜唐代の地方官の変遷について、都督・刺史と郡県の長吏を区別して先行研究をまとめる。その後、第五章の検討結果と比較したうえで、どの時期の中国王朝の地方官が朝鮮三国の地方行政制度に影響を及ぼしたのかを明らかにする。また、中国王朝の地方官が朝鮮三国の地方行政制度に影響を及ぼした経路を楽浪郡の役割に注目しながら推定してみたいと思う。特に新羅の場合は六世紀前半から地方官が設置されてきたため、南北朝から直接影響を受けた可能性も楽浪郡から影響を受けた可能性も低い。そのため、この問題についても抜本的に検討し直す必要がある。

終章では、まず第一章から第六章までに検討した内容をまとめる。次に、その結果明らかとなった朝鮮三国それぞれの特徴をまとめ、そのような特徴が見られるようになった背景を整理する。その後、朝鮮三国の共通点をまとめ、そこから浮かび上がる新たな検討課題として、古代東アジアにおける朝鮮三国の「媒介的」役割について論じる。

註

（1）西嶋定生著、李成市編『古代東アジア世界と日本』（岩波書店、二〇〇〇年）の第一章（初出は一九七〇年）と第二章（初出は一九六二年）など。
（2）李成市「古代朝鮮の文字文化と日本」『国文学』四七‐四、二〇〇二年。
（3）李成市「목간・죽간을통해서본동아시아세계」『地下의논어、紙上의논어』（成均館大学校出版部、二〇一二年）、一四三～一六五頁。
（4）先行研究については、廣瀬憲雄『東アジアの国際秩序と古代日本』（吉川弘文館、二〇一一年）の序章と李成市『東アジア文化圏の形成』（山川出版社、二〇〇〇年）、四四～七〇頁による整理があるが、本書では文化交流という観点から改めて整理する。
（5）内藤虎次郎「日本文化とは何ぞや（其一）」『内藤湖南全集』九（筑摩書房、一九六九年、初出は一九二二年）。
（6）内藤虎次郎「日本文化とは何ぞや（其二）」『内藤湖南全集』九（筑摩書房、一九六九年、初出は一九二四年）。
（7）前田直典「東アジアに於ける古代の終末」鈴木俊・西嶋定生編『中国史の時代区分』（東京大学出版会、一九五七年、初出は一九四八年）。
（8）松本新八郎「原始・古代社会における基本的矛盾について」歴史学研究会編『世界史の基本法則――歴史学研究会一九四九年度大会報告』（岩波書店、一九四九年）。
（9）西嶋定生「東アジア世界と冊封体制――六‐八世紀の東アジア」前掲註1書（初出は一九六二年）。
（10）西嶋定生「総説」『岩波講座世界歴史』四（岩波書店、一九七〇年）。これはのちに「序説――東アジア世界の形成」というタイトルで前掲註1書に収録された。

(11) これは旧版『岩波講座世界歴史』に一貫する見方であり、上原専禄編『日本国民の世界史』(岩波書店、一九六〇年)で構想したものを進展させたものである。西嶋定生「世界史像について」前掲註1書、二七〇～二七二頁参照。

(12) 「東アジア世界」論の批判として石母田正の「東夷の小帝国」論をあげることもできる。しかし、「東夷の小帝国」論は、基本的に古代日本という国家形成を説明するための説であり、文化交流についてはあまり関心を払っていないため、「東アジア世界」論の批判から除外した。

(13) 旗田巍「十‐十二世紀の東アジアと日本」『岩波講座日本歴史』四(岩波書店、一九六二年)。鬼頭清明「古代東アジア史への接近」『日本古代国家の形成と東アジア』(校倉書房、一九七六年、初出は一九七五年)。このように批判した背景には、朝鮮史学界が他律史観から脱却しようとしていた事情も存在していた。

(14) 武田幸男「序説 五～六世紀東アジア史の一視点——高句麗『中原碑』から新羅『赤城碑』へ」『東アジア世界における日本古代史講座』四(学生社、一九八〇年)。李成市「渤海史をめぐる民族と国家——国民国家の境界をこえて」『歴史学研究』六二六、一九九一年。

(15) このような前提は、古代日本で律令制を導入することについて研究するときにも、従来から大きな影響を与えてきた。

(16) 堀敏一「古代東アジアの国際関係をめぐる若干の問題——史学会のシンポジウムを聴いて」『律令制と東アジア世界』(汲古書院、一九九四年、初出は一九六四年)。鬼頭清明前掲註13論文。

(17) 山内晋次「唐朝の国際秩序と日本——外交文書形式の分析を通して」『奈良平安期の日本とアジア』(吉川弘文館、二〇〇三年、初出は一九八六年)。

(18) 山内晋次「日本古代史研究からみた東アジア世界論——西嶋定生氏の東アジア世界論を中心に」『新しい歴史学のために』二三〇・二三一、一九九八年。

(19) 李成市前掲註4書、三五頁参照。

(20) 廣瀬憲雄「倭国・日本史と東部ユーラシア——六～一三世紀における政治的連関再考」『歴史学研究』八七二、二〇一〇年。

(21) 李成市前掲註4書、四四～四七頁。

(22) 李成市前掲註4書、六九頁。

(23) 堀敏一「近代以前の東アジア世界」前掲註16書(初出は一九六三年)、一三四～一三五頁。

(24) この指摘は、栗原朋信「文献にあらわれたる秦漢璽印の研究」『秦漢史の研究』(吉川弘文館、一九六〇年)に基づくものであるが、その説は「漢帝国と周辺諸民族」『上代日本対外関係の研究』（吉川弘文館、一九七八年、初出は一九七〇年）では修正されている。

(25) ヨーロッパ版の「東アジア世界」論ともいえるツェルナーの著書では、東アジア共通の文化要素として漢字、儒教などの国家・社会思想、大乗仏教のみをあげており、律令制は含めていない。ラインハルト・ツェルナー著、植原久美子訳、小倉欣一・李成市監修『東アジアの歴史：その構築』（明石書店、二〇〇九年、原書は二〇〇七年初版、翻訳には二〇〇七年の第二版を利用する）、一六頁。

(26)「東部ユーラシア」論については、「地域の定義に問題がある」という批判もあるが、それは本書の趣旨と直接的にはかかわらないため、本節では言及しなかった。

(27) 六佐平が四世紀に設置されたとし、その根拠として東晋の六曹制から影響を受けた可能性を指摘する金英心「漢城時代百済佐平制의전개」『서울학연구』八、一九九七年が代表的である。

(28) 北村秀人「朝鮮における律令制の変質」『東アジア世界における日本古代史講座』七（学生社、一九八二年）、一八三～一八四頁。

第一部　朝鮮三国の律令と中国王朝の影響

第一章

朝鮮三国の律令とその内容

はじめに

朝鮮三国の法律は、法典が残っておらず、わずかな佚文が残っている程度である。少なくとも律令という形式そのものが中国王朝の影響下で受容されたものであることは確実であるが、具体的にどの中国王朝の律令を受容したかについてはまだ不明な点が多い。

高句麗・百済における律令の起源については、いわゆる「泰始律令継受説」が定説化の傾向にある。すなわち、浅見倫太郎が東晋との朝貢関係に基づき高句麗の晋律継受を最初に推定して以降[1]、韓国の田鳳徳らがその晋律を西晋(二六五〜三一六)の泰始律令(二六八)と特定し[2]、盧重国らは百済についても同様に理解している[3]。一方、新羅における律令の起源については、「高句麗影響説」と「独自受容説」が対立している。前者は高句麗が西晋の泰始律令を継受し、さらに新羅が高句麗の影響を受けて律令を制定したと解している[4]。それに対して、後者は「鳳坪碑」などを根拠として、北魏・梁から直接受容したと解している。[5]

しかし、これら諸説は確実な根拠が提示されておらず、特に「泰始律令継受説」は三世紀後半における泰始律令の頒布や、四世紀後半における百済と東晋との外交関係の開始という情況による推定にすぎない。具体的に条文の比較などを試みたこともなく、泰始律令のように刑法と行政法が区分され、法典として編纂されたいわゆる「律令」が、当時最先端の法体系であるということには関心を注ぐが、それと異なる以前の法体系、すなわち秦漢時期の律令に対する関心は全く見られない。ところが、高句麗については、最近発見された「集安高句麗碑」には律令の施行と関連する内容があり、その解釈をめぐって論争が起きた。一部の研究者は依然として「泰始律令継受説」に従うこともあるが、[6]「集安高句麗碑」に見える律令の施行と関連して泰始律令よりはそれ以前の秦漢律令と類似する点が多いという見解が支持を得ている。[7]このようなことを考えれば、従来の諸説が提起してきたことは、朝鮮三国が受容した律令は当時最先端のいわゆる「律令」であり、泰始律令以降のものであったはずという先入観に基づいたものではなかろうか。朝鮮三国が受容したのは、それ以前の漢や魏の律令ではなかろうか。

「泰始律令継受説」などで先述した先入観が生じた理由は、四〜六世紀における朝鮮三国が中央集権体制を確立したと過大評価されてきたことに求められる。しかし、近年の研究では当時の中央集権体制は未完成であり、特に地方に対する掌握がまだ不十分であったという指摘がある。[8]そのため、四〜六世紀の朝鮮三国が当時最先端のいわゆる「律令」を受容できるほどの発展段階に至っていたのかには疑問がある。当時の朝鮮三国がはたして泰始律令を受容する必要があったのか。それ以前の法体系を受容することで十分ではなかったか。これについては、やはり律令関連史料の分析から検討する必要がある。ちなみに、頒布当時における新羅の律令については、漢律から影響を受けた可能性が指摘されたことがあり、[9]その見方は後述するように疑問があるが、その可能性は検討に値する。

また、七世紀以降の朝鮮三国（特に新羅）の律令については、唐律令の影響が無批判に想定されてきたが、それも実際に関連史料を比較分析してみなければならないであろう。

以上のような問題意識から本章では朝鮮三国の謀反罪・窃盗罪・殺人罪・強盗罪・官人収賄罪に対する処罰規定と官人の職務関連規定を検討する。それらを検討対象として選んだのは、現存する史料の制約のためでもあるが、それが国家と社会の秩序の維持に必要不可欠な基本法令であるためである。本章ではこれら朝鮮三国の律令関連記録を検討し、その後、次章でそれを漢代~唐代の律令と比較する。

第一節　いわゆる「律令」と成文法

本格的な検討へ入る前に確認しておきたい問題が三つある。一つは、日本史・朝鮮史研究における「律令」という言葉の意味である。日本史・朝鮮史研究では律令は刑法としての律と行政法としての令を法典として編纂したものという意味で使われ、主に隋唐の律令格式体制をモデルとして作られた七~八世紀の日本の法体系から導かれたものである。

しかし、中国王朝においても律令の性格は時代によって変遷があり、しかもその変遷に対する理解は研究者によって異なっている。曹魏（二二〇~二六五）以前の律令は従来、泰始律令以降とは異なり、配列順序などに「篇章之義」（篇・章のような体系と配列の順序があること）のような一定の秩序がある基本法としての律と、「篇章之義」がない追加単行法（=詔）の集成としての令から構成されていたと考えられてきた。[10] しかし、近年では前漢初期の出土文字資料である張家山漢簡「二年律令」（前一八六の律令と推定される）[11] などに基づき、律には基本法のほか追加単行法も含まれていたとする説[12]や、漢代の律令をすべて単行法の集成と見なし、律典は曹魏から編纂されたという説もある。[13] いわゆる「律令」と対比して、秦漢時代のように単行法の集成であった律令を「原始律令」と定義する見方[14]も登場した。本章でも朝鮮三国の律令を検討する際に作業仮説として「原始律令」という概念を採用する。この概念を採用した理由は、先述したとおり「泰始律令継受説」は検討の余地があり、朝鮮三国の律令は「原始律令」のような泰始律令以前のものを受容した可能性も否定できないためである。朝鮮三国と同じく中国王朝の律令を受容した古代日本においても、七世紀後半の日本の近江令・飛鳥浄御原令についてもこのような原始律令的性格が指摘された[15]ことがあるため、同じ現象が朝鮮三国にあった可能性も視野に入れるべきである。以下、泰始律令以前の「原始律令」と区別するために、刑法としての律と行政法としての令を法典として編纂した泰始律令以降の律令を「律令」と呼ぶことにし、律令は両方をともに指す総称として使用する。

二つ目は、朝鮮の律令を「固有法」と「継受法」という観点に照らして分析してよいのかという問題である。そもそも、従来日本の律令を検討する際には、「固有法」（特定社会に固有なものとして発生・発達した法）と「継受法」（他国の法律を採用した法）に区分して検討する方法がとられてきたが、朝鮮三国の法令を検討する際にも同様の方法が採用されていた。しかし、このような方法は古代日本におけるいわゆる「律令」が唐「律令」の継受法が中心であるという歴史的特質に由来する。日本の場合、七世紀中葉になってはじめて本格的に中国律令を継受したとされてきたため、母法である唐「律令」と比較して異なるものを継受法とは区別される固有法といえる。

それに対して、朝鮮三国の場合は日本と異なり、そもそもどの時期の中国王朝の律令を受容したのか判然としない。しかも、朝鮮三国の律令はあまり残っておらず、中国律令と比較してどこまでが継受法でどこまでが固有法であるかを判断しがたい。さらに、その比較の対象である中国王朝の律令も、唐「律令」の内容は今日知られているものの、隋以前の律令は断片的にしか残っていない。したがって、朝鮮三国における律令頒布の問題については、固有法と継受法という観点はとらない。

三つ目は、本章では朝鮮三国の法令のうち「成文法段階の法令」のみを対象として検討する。朝鮮古代においてもほかの地域と同様、先に慣習法が施行されたのちに成文法が頒布されたのに違いない。朝鮮三国の場合、中国王朝の律令を受容したことによってはじめて成文法が実施されたが、それ以降も慣習法がなくなることなく併存したと考えられるため、注意が必要である。しかし、朝鮮三国の場合は成文法と判別できる史料があまり残っておらず、特定の法令が慣習法か成文法かを区別することは難しい。そのため、本章では単に「慣習法段階の法令[16]」と「成文法段階の法令」を区別し、後者を中心にその内容を検討する。本章でいう「成文法」とは、立法手続きを経て文字で書き表された文書の形式を備えた法を指し、具体的にはいわゆる「律令」のような法典はもちろん、「原始律令」のような単行法令とその集成（法典と異なり、ファイルのように付け加えたり差し替えたりすることが可能な法文集）も含む。

なお、金昌錫は中城里碑・冷水里碑などを根拠として律令頒布以前の新羅ではいわゆる「教令法」という法体系があり、これを成文法の一種と解している。金のいう教令法とは、ある事件に対して王などの支配者集団が「教」として判決を下し、「令」という行政手続きをつうじて実施するという法体系を指す。確かに「教」は文書化されたのであろうが、しかしその内容は判例に属するものであって成文法とはいえない[17]。それゆえ本章では検討の対象としない。

第二節　高句麗・百済の法令とその内容

一　高句麗の法令における謀反罪・窃盗罪・強盗罪

中国正史の外国列伝に記された高句麗・百済の法令は、実際の法令をそのまま引用しているとは限らず、ほかの外国列伝と同様、謀反罪・窃盗罪・強盗罪[18]などの処罰規定を要約したものである可能性も否定できない。しかし、史料の少ない朝鮮三国の法律の研究にとっては、重要な史料であることに違いない。本節ではこれらの史料の内容を罪目と処罰を中心に検討する。

中国王朝・日本の律令において謀反罪・窃盗罪・強盗罪の処罰規定は、ほかの外国列伝に記されたように典型的な犯罪に対する処罰規定といえるが、それらは高句麗の法令に関する史料の中にも記されている。

A-1　牢獄無く、罪有るは諸加評議し[19]、便ち之を殺し、妻子を没入して奴婢と為す。[20]（『三国志』巻三〇　高句麗伝）

A-2　其の刑法。反及び叛を謀る者は、先ず火を以て焚爇し[21]、然る後に首を斬り、其の家を籍沒す。盗む者は、十餘倍もて贓を徴す。若し貧にして備うること能わず、及び公私の債を負う者あらば、皆な其の子女を評して奴婢と為して以て之を償うを聴す。[22]（『周書』巻四九　高麗伝）

A-3　其の法。反叛を謀る者有らば、則ち衆を集めて火炬を持して競いて之を焼灼し、燋爛するも體を備えしめ、然る後に首を斬り、家は悉く籍沒とす。城を守りて敵に降るもの、陣に臨みて敗北するもの、人を殺すもの、劫を行う者は、斬とす。物を盗む者は、十二倍もて贓を酬う。牛馬を殺す者は、身を没して奴婢と為

す。[23]（『旧唐書』巻一九九上　高麗伝）

Ａ-1によると、当時の法律は諸加など支配者集団の合議によって運用されていたごとくである（傍線部分参照）。また、有罪者の家族を奴婢として賠償させることも見える（傍点部分参照）。史料上には「奴婢と為す」としか記されていないが、これは中国王朝のように国家が身柄を没収して官奴婢とすることではないだろう。[24]Ａ-1は三世紀またはそれ以前の状況を伝えており、高句麗の国家機構が整備されたり成文法が制定されたりする四世紀以前に該当する。しかし、この時期の高句麗では諸加などの支配者集団によって王権が抑制され、罪人の家族の身柄を没収して官奴婢として保有するだけの社会的条件が整っていなかったと考えられるので、当時官奴婢（公奴婢）が存在した可能性は低い。したがって、点線部分に記された奴婢は被害者に賠償として引き渡される私奴婢と考えられる。

Ａ-2・3には、謀反罪・退軍罪（敵軍に降服または戦場から勝手に退却・逃亡する犯罪：Ｂ-1を参照）・窃盗罪・強盗罪に対する処罰規定が記されている。謀反罪・謀叛罪に対する処罰は、火刑後に斬首したうえ、籍没（一族と財産の没官）しているという点で共通している。退軍罪・強盗罪に対する処罰は斬刑であり（Ａ-3）、窃盗罪に対する処罰は一〇～一二倍の賠償であるが、賠償できる財物がない場合は有罪者の子女を被害者の奴婢として贖わせるというもの（Ａ-2）である。牛馬を殺した場合も自ら被害者の奴婢となって贖わせる（Ａ-3）。

高句麗は小獣林王三年（三七三）に成文法を頒布しているので、[25]Ａ-1は慣習法段階に関する史料と見なして大過なかろう。Ａ-2は西魏・北周代（五三五～五八一）、Ａ-3は唐代（六一八～九〇七）の状況を伝えており、いずれも史料の伝える時期が小獣林王三年（三七三）より遅いので、成文法頒布以降の法令の一部かその要約と考えられる。

Ａ-1によると、慣習法段階では法律が支配者集団の合議によって運用され、「便ち之を殺し」のように、体系的な裁判過程を経ずに法律の運用主体の恣意的な判決と処刑が可能であった。それに対して、Ａ-2・3では中国王朝式刑罰体系（斬・籍没など）を部分的に備えており、具体的な罪目によって刑罰を科している（傍線部分参照）ので、慣習法段階の法令ではなく成文法段階の法令と考えられる。賠償制の面でも、A-1の傍点部分は被害者側に対する復讐的賠償制に近いのに対し、A-2・3の傍点部分では復讐的賠償制が残存しながらも、国家権力などの仲裁者による定額的賠償制が記されている。人類社会一般においては、賠償制が復讐的賠償制から定額的賠償制を経て、罰金や労役刑など実刑主義に発展する傾向にあるが、[26] A-2・3は純然たる復讐的賠償制より一歩進展したといえる。とはいうものの、一〇～一二倍という高率の定額的賠償制は、後述するように、北方の非定住系統種族の慣習法に共通して見られるので、A-2・3の成文法の段階でもまだ慣習法的要素が残存していたといえる。

それでは、以上のような処罰規定に定められている犯罪は、実際はどのように処罰されたのか。高句麗の処罰例に関する唯一の史料は『三国史記』の高句麗本紀である。それは高句麗王室の立場で叙述された『留記』・『新集』などの歴史書をもとにして編纂されたと考えられるので、初期から王権が強かったことを示すために、成文法頒布以前の処罰も頒布以降のそれに基づいて記された可能性がある。それに留意したうえで、とりあえず『三国史記』の高句麗本紀にある高句麗の謀反罪の実例をまとめれば、表1-1のようになる。法律上の刑罰と実際の処罰が必ずしも一致するとはいいきれないが、全体の処罰事例を分析すれば、法律上の刑罰もある程度わかるはずである。

表1-1　『三国史記』高句麗本紀に見える謀反の実例

番号	時期	謀反者	処刑	縁坐刑	典拠（巻）	備考
1	故国川王一二年（一九〇）九月	沛者　於畀留 評者　左可慮	誅	貸？	高句麗本紀（一六） 乙巴素伝（四五）	王后親戚
2	中川王元年（二四八）一一月	預物・奢句	伏誅	未詳	高句麗本紀（一七）	王弟
3	西川王一七年（二八六）二月	逸友・素勃	誅	未詳	高句麗本紀（一七）	王弟
4	陽原王一三年（五五七）一〇月	丸都城干朱理	伏誅	未詳	高句麗本紀（一九）	

表1-1の1～3は、高句麗の成文法頒布以前における謀反の事例であるが、成文法頒布以前とそれ以降とを対照してみるために事例に含めた[27]。1～4は犯罪者はいずれも（伏）誅という死刑に処されており[28]、これらの実例から成文法頒布以前とそれ以降における変化を見出すことは難しい。A-2・3によると、謀反罪の場合、罪人の家族も籍没などの縁坐刑（以下、刑罰を血縁者・非血縁者に適用するのを「縁坐」・「連坐」として区別する）[29]に処されたわけであるが、実際表1-1の1～4を見ると、彼らにどのような縁坐刑が科されたのかは明らかではない。

A-2・3によると、六世紀以降における謀反罪に対する処罰規定が火刑後に斬首したうえで籍没することになっている。しかし、1～4の処罰事例からは変化が見られないため、成文法頒布当時である四世紀後半の処罰は犯人の死刑だけが推定できる状況であり、縁坐刑の具体的内容は未詳であるといえる。これについては次章でまた後述する。

二　百済の法令における謀反罪・殺人罪・窃盗罪・官人収賄罪

百済の成文法は高句麗・新羅のそれと異なり、頒布されたことが史料に記されていない。六世紀以降では、横穴式古墳の構造と規模が規格化し、銀製冠飾などが階序化した現象が見られ[30]、その現象は身分に応じて発生するものであるため、その背景に身分に応じた墓葬や副葬品に関する規定のような成文法があったと考えられる。さらに、行政文書を内容とする同時期の木簡が出土している。以上のことから考えると、遅くとも六世紀以前に成文法が頒布されたと認められよう。それに加えて文献からの推定によると、四世紀中葉[31]または五世紀前半[32]に頒布されたと考えられている。ちなみに百済では、四世紀中葉には文書記録や書記官の存在がある[33]。

百済の成文法の起源を探るためには、成文法頒布以前とそれ以降における変化を念頭に置かなければならないが、百済の成文法頒布以前の状態をうかがえる史料が見られない。本項では便宜上、高句麗の成文法頒布以前の状態をうかがえるA-1を比較対象として、成文法頒布以前とそれ以降における変化を検討することにする。

謀反罪・殺人罪・窃盗罪・官人収賄罪の処罰規定は、百済の法令に関する史料の中にも記されている。

B-1　其の刑罰。反叛するもの、軍より退くもの及び人を殺す者は、斬とす。盗む者は、流とし、其の贓は兩倍もて之を徴す。[34]（『周書』巻四九　百済伝）

B-2　其の用法。叛逆する者は、死せしめ、其の家を籍沒す。人を殺す者は、奴婢三を以て罪を贖わしむ。官人の財を受くるもの及び盗む者は、三倍もて贓を追し、仍りて終身禁錮とす。[35]（『旧唐書』巻一九九上　百済国伝）

B-1・2によると、謀反罪・謀叛罪を犯した者に対する刑罰は、斬刑（B-1）あるいは死刑+籍没（B-2）となっている。殺人罪を犯した者を斬（B-1）、あるいは奴婢として贖罪（贖刑）させる（B-2）ことと、窃盗罪を犯した者に盗品の二倍の賠償を負わせる（B-1）という定額的な賠償制が記されている。ただし、B-2の官人収賄罪に対する終身禁錮（仕官禁止）は主に官人を対象とする処罰なので、それに続く「盗む」も、文脈上B-1と異なり官人のみを対象とした可能性が高い。[36]その場合、B-2には窃盗罪一般に対する処罰規定が記されていないということになる。

B-1・2は、史料の伝える時期が百済における成文法頒布の推定時期より遅いので、いずれも成文法頒布以降の法令の一部かその要約と考えられる。すなわち、B-1が西魏・北周代（五三五～五八一）、B-2が唐代（六一八～九〇七）の状況を伝えているので、[37]両史料はともに成文法が頒布された以後の処罰規定を記していると認められよう。

法令の内容においても、B-1・2はA-1と比較すると先述した成文法制定以降の法令における特徴があるので、成文法頒布以後の法令と考えられる。賠償制の面でも、A-1の傍点部分は被害者側に対する復讐的賠償制に近いのに対し、B-1・2の傍点部分には国家権力などの仲裁者による定額的賠償制があり、さらに「実刑（流・禁錮）+二

表1－2 『三国史記』百済本紀に見える謀反の実例

番号	時期	謀反者	処刑	縁坐刑	典拠（巻）	備考
1	温祚王三四年（一六）一〇月	馬韓旧将 周勤	自経＋腰斬	誅妻子	百済本紀（二三）	・
2	比流王二四年（三二七）九月	内臣佐平 優福	討	未詳	百済本紀（二四）	王庶弟
3	腆支王元年（四〇五）	碟礼	殺	未詳	百済本紀（二五）	王季弟
4	三斤王二年（四七八）春	佐平 解仇 恩率 燕信	殺	棄市妻子	百済本紀（二六）	・
5	武寧王元年（五〇一）一月	佐平 苩加	斬＋投江	未詳	百済本紀（二六）	・

～三倍の賠償」まであるので、復讐的賠償制→定額的賠償制→実刑主義（または実刑＋定額的賠償）という賠償制に関する先述した通説によれば、一歩進展したといえる[38]。

次に、史料に記された百済の謀反罪の実例をまとめれば、表1-2のようになる。

表1-2の1・2は、百済の成文法頒布以前における謀反の事例であるが、高句麗の場合と同様に成文法頒布以前とそれ以降を対照してみるために事例に含めた[39]。表1-2の実例から成文法頒布以前とそれ以降における変化を見出すことは難しいが、犯罪者はいずれも斬・殺などの死刑に処されている。縁坐刑については、誅妻子・棄市妻子など族刑（一族の死刑）に近いものが認められるが、籍没は認められない。

一方、B-2は七世紀中葉の百済の事情を伝えているが、それによると、謀反罪の縁坐刑は籍没であった。表1-2の4には縁坐刑として犯罪者の妻子が籍没ではなく棄市に処されているため、籍没は早ければ表1-2の4以後の五世紀後半から、遅くてもB-2の時点で登場したといえる。つまり、百済において謀反罪の縁坐刑が籍没となったのは六～七世紀のことであって、成文法制定当時では族刑に近い「妻子の死刑」が適用されていたと考えられる。

第三節　新羅の法令とその処罰事例

一　新羅の法令における時期区分の可能性

新羅については、上古期（前五七～後五一四）・中古期（五一四～六五四）・中代（六五四～七八〇）・下代（七八〇～九三五）と区分するのが一般的であるが、これらのうち中古期以降が成文法時代に属する。先行研究では唐律令の影響など大きな変化があったことを念頭に置き、新羅の成文法時代を一般の時代区分と同様に中古期と中代以降に区分してきたが、法令の分析から論証していないため、それについては検討を要する。以下、特に断りのない限り、史料はすべて『三国史記』の新羅本紀である。

C-1　七年正月、律令を頒示す。始めて百官の公服とその朱紫の秩を制す。[40]（巻四　法興王）

C-2　元年五月、理方府令の良首らに命じて、律令を詳しく酌み、理方府の格六十餘條を修定せしむ。[41]（巻五　太宗武烈王）

C-3　二十一年七月一日、王薨じ、謚して文武と曰う。…遺詔して曰く、「…其の邊城の鎮遏及び州縣の課税、事に於いて要らざる者、並びに量りて廢むべし。律令格式の不便有る者、即ち便ちに改張す。…[42]」（巻七　文武王下）

C-4　十七年四月、醫官の精究する者を選び、内供奉に充つ。律令博士二員を置く。[43]（巻九　景徳王）

C-1によると、法興王七年（五二〇）に成文法が頒布された。頒布当時における成文法の内容は史料上不明であり、それを公服制（官人の服・冠などに関する制度）の実施と解した先行研究もあったが[44]、このときはじめて成文法が頒布されたので国家全般に関する重要な規定をある程度備えていたはずであり、「蔚珍鳳坪碑」（五二四）に記された「奴人法」など別の成文法の痕跡があるので[45]、公服制だけではなかった可能性が高い。

C-2によると、太宗武烈王元年（六五四）に格が修定されている。この格については法興王の成文法制定以降一三〇年間に補充された法規をまとめたもの、すなわち唐の律令格式における「格」のような法規とも考えられるが、高麗の御史台格のような単行法令として機能した法規とする見方もある[46]。

C-3は文武王二一年（六八一）の記述であるが、「律令格式」という語が見える。ここでいう「律令格式」については、①「唐のような法体系」とも、②単なる「成文法体系（法規）」の代名詞とも考えられる。もし①であれば、成文法を頒布した中古期と、唐律の影響下で成文法が改定された中代とに区分できるとも解しうるが、C-3だけでは断定できない。②であれば、C-2に記されている「格」の場合と同様に、新羅の法体系は法典が存在せず単行法令を中心として運用した成文法体系ではないかと考えられる。

C-4によると、景徳王一七年（七五八）に律令博士が設置された。成文法の頒布から約二四〇年後である。博士は一般に当時の最高教育機関である国学に所属して官吏を養成する教育的機能を有しているが、この律令博士は国学ではなく、王権直属の内省に所属しているので[47]、教育機能があってもその意味は大きくないと考えられる。つまり、成文法の頒布から約二四〇年後になって律令博士のような法の専門官人がはじめて設置され、しかもその役割は大きくないように思われる。C-2を根拠にして六五〇年代に唐の律令を受容して体系的な法典を編纂することなど大きな変化があったという先行研究もある[48]。しかし、それよりも約一三〇年後の八世紀中葉になってからはじめて律令博士が設置されるようになった状況であれば、そのような大きな変化があったとは想定しがたい。

以上の検討結果を見れば、律令と格という言葉の存在は認められるが、その内容や性格が唐と同じかどうかは不明であり、中古期と中代の法令に性格の差異があるかどうか、またいわゆる「律令」のような法典があったかどうかは判断できない。以下、時期区分や法典の存在などの先入観にとらわれずに検討を進め[49]、法令の内容からその可能性を検証する。

二　謀反罪とその処罰

新羅の法令は、百済の法令と異なり、頒布されたことは史料に記されているが、具体的な条文が見られず、処罰の実例のみが見られる。新羅の法令を研究するためには、史料から処罰の実例を分析し、どのような条文が設けられていたのかを推測するしかない。新羅における謀反（叛）事件は実例が多くあるが、その中から典型例をD-1〜5として抽出する。

D-1　五十三年五月、伊湌の柒宿と阿湌の石品謀叛す。王之を覺り、柒宿を捕捉して、之を東市に斬り、幷せて九族を夷す[50]。（巻四　真平王）

D-2　七年八月二日、……　是日、毛尺を捕えて斬る。毛尺は本新羅の人、百濟に亡入し、大耶城の黔日と同に城を陥れるを謀り、故に之を斬る。又た黔日を捉え、數めて曰く、「汝の大耶城に在るとき、毛尺と謀りて、百濟の兵を引き、倉庫を燒亡せしめ、一城をして食に乏しくして敗に致らしむること、罪の一なり。品釋の夫妻を逼殺すること、罪の二なり。百濟と本國に來攻すること、罪の三なり」と。四支を解し、其の尸を江水に投ず[51]。（巻五　太宗武烈王）

D-3　十三年七月一日、庾信卒す。阿湌の大吐謀叛して唐に付くも、事泄れて誅に伏し、妻孥は賤に充つ[52]。（巻七　文武王下）

D-4　四年七月、一吉湌大恭と弟の阿湌大廉叛し、衆を集めて、王宮を圍むこと三十三日なり。王軍之を討平し、九族を誅す。[53]（巻九　恵恭王）

D-5　神文王崩じ、孝昭卽位するに及び、山陵を修め、葬路を除う。鄭氏の柳、道に當たり、有司之を伐らんと欲す。恭恚りて曰く、「寧ろ我が頭を斬るも、此の樹を伐らざれ」と。有司奏聞す。王大いに怒り、司寇に命じて曰く、「鄭恭は王和尚の神術を恃み、將に不遜を謀らんとし、王命を侮逆し、我が頭を斬れと言う、宜しく好む所に従うべし」と。乃ち之を誅し、其の家を坑にす。…王大いに悦ぶ。通因りて恭の毒龍の汚を被り、國刑を濫膺すると言う。王之を聞き心に悔やみ、乃ち恭の妻孥を免ず。[54]（『三国遺事』巻五　神呪第六　恵通降龍）

D-1～4には史料上すべて「叛」または「謀叛」と記されているが、必ずしも唐律の「叛」または「謀叛」（正統なる現王朝から離脱して外国もしくは偽政権の側に寝返ること）に該当するとは限らず、むしろ「反」または「謀反」（天子に危害を加えようと謀ること）に該当する場合もある。[55]このことから「（謀）反」と「（謀）叛」の区分が明確ではなかった可能性があり、それは一々検討してみる必要がある。

D-1では真平王五三年（六三一）の「謀叛」を記しており、それに対する処罰は、犯人の死刑（棄市）と縁坐者の族刑（夷九族）である。これは縁坐刑が記されている新羅最初の事例であり、犯人も縁坐者も死刑に処されている。内容から、この事例は外国や敵側に逃げた痕跡が見えず、明らかに君主に対する反逆であるため、唐律の「謀反」に該当する。もっとも、本件は七世紀中葉の唐制の本格的導入以前のことであるため、処罰規定における唐律の影響などは想定しがたい。

D-2は太宗武烈王七年（六六〇）に善徳王一一年（六四二）の「謀叛」を処罰したことを記している。これは唐制の本格的導入以降のことである。本件では、犯人本人は死刑（斬）に処されているが、そのほかにいかなる縁坐刑が適用されたのかは未詳である。死体を江に投げ捨てることは百済に事例があるが[56]、それは謀反罪に対する処罰として現れる。

D-3は文武王一三年（六七三）のことを記しており、「唐に付く」とあるので唐律でいう「謀叛」に該当するようにも思われるが、記述が簡潔すぎるので、君主に対する反逆を含めた「謀反」の可能性も否定できない。本件では、犯人は死刑、縁坐者は籍没に処されている。このような事例は後述のD-5にもう一例あるだけである。

D-4は恵恭王四年（七六八）の「叛」であり、唐制の本格的導入以降のことである。本件は既遂の事件であるため、唐律の「反」に該当し、犯人は死刑、縁坐者は族刑に処されている。要するに、犯人も縁坐者も死刑であり、D-3とは異なる刑罰に処されている。このことから「反」（D-4）と「謀反」（D-3）が区別されていた可能性がうかがえる。

D-5は『三国遺事』の記録であり、孝昭王（在位六九二～七〇二）の即位後の事件を記している。鄭恭は山陵の造成を妨害したとして、謀反大逆の罪により誅殺され、妻子はそれに縁坐させられたが、のちに孝昭王から籍没を免除されている[57]。注目すべきことは刑罰がD-1とは異なっており、D-3と類似している点である。

D-1～4を含む謀反罪の実例をすべて整理すると、表1-3のとおりになる。

これらの実例において犯罪者はいずれも斬（首）・車裂・棄市・殺・（伏）誅などの死刑に処されている[58]。縁坐刑については、未詳の場合が多いが、『三国史記』新羅本紀に記されているものには族刑が多く（五～六例）、籍没は一例にすぎない（④に「妻孥充賤」とある）。表1-3の事例ではすべて「叛」という字が用いられているが、族刑が適用されている事例のうち、③・⑨・⑮は事件の内容からいって明らかに唐律でいう「反」であり、⑤も「反」に近い。

以上のことからも、新羅では「（謀）反」・「（謀）叛」の区分が不明確であったことがわかる。加えて先述のとおり族刑は犯罪を実行した「反」のみに適用された可能性がある。そうであれば、「謀反」と「謀叛」を区分せず、犯罪

表1－3 『三国史記』新羅本紀にある謀反（叛）の実例

時代	番号	時期	謀反者	記録	処刑	縁坐刑	典拠（数は巻）	備考
中古	①	眞平王五三年（六三一）五月	伊湌 柒宿／阿湌 石品	謀叛	棄市	夷九族	4／D-1	・
	②	善徳王一一年（六四二）八月（武烈王七年（六六〇）八月）	毛尺／舎知 黔日	・	斬／死（投江）	・	5／D-2／竹竹伝47	亡入百済／都督幕客
	③	善徳王一六年（六四七）正月	上大等・伊湌 毗曇／廉宗	謀叛／挙兵	斬首	夷九族	5／金庾信伝41	善徳王死去
中代	④	文武王一三年（六七三）七月	阿湌 大吐	謀叛	伏誅	妻孥充賤	7／D-3	金庾信卒
	⑤	神文王元年（六八一）八月	蘇判 金欽突／波珍湌 興元／大阿湌 眞功	謀叛	伏誅	夷？	8	王后父
	⑥	神文王四年（六八四）八月	將軍 大文	謀叛	伏誅	・	8	安勝族子
	⑦	孝昭王九年（七〇〇）五月	伊湌 慶永	謀叛	伏誅	・	8	・
	⑧	孝成王四年（七四〇）八月	波珍湌 永宗	謀叛	伏誅	・	9	後宮父
	⑨	惠恭王四年（七六八）七月	一吉湌 大恭／阿湌 大廉	叛	誅	誅九族	9／D-4	・
	⑩	惠恭王六年（七七〇）八月	大阿湌 金融	叛	伏誅	・	9	・
	⑪	惠恭王一一年（七七五）六月	伊湌 金隱居	叛	伏誅	・	9	・
	⑫	惠恭王一一年（七七五）八月	伊湌 廉相／侍中 正門	謀叛	伏誅	・	9	・
	⑬	惠恭王一六年（七八〇）二月	伊湌 志貞	叛	誅	・	9	・
下代	⑭	元聖王七年（七九一）正月	伊湌 悌恭	叛	伏誅	・	10	王太子卒
	⑮	憲徳王一四年（八二二）三月	伊湌・都督 憲昌	反叛	自死↓誅	戮宗族	10	前侍中
	⑯	憲徳王一七年（八二五）正月	梵文／賊 寿神	謀叛／攻州	殺	・	10	憲昌子／高達山賊
	⑰	文聖王三年（八四一）春	一吉湌 弘弼	謀叛	逃入海島	・	11	・
	⑱	文聖王八年（八四六）春	清海鎮大使 弓福	叛	斬	・	11	・
	⑲	文聖王九年（八四七）五月	伊湌 良順／波珍湌 興宗	叛	伏誅	・	11	・
	⑳	文聖王一一年（八四九）九月	伊湌 金式・大昕	叛	伏誅	・	11	・

㉑	景文王六年(八六六)十月	伊湌 允興/弟 叔興・季興	謀逆/走郡	斬	夷一族	11	・
㉒	景文王八年(八六八)正月	伊湌 金鋭・金鉉	謀叛	伏誅	・	11	・
㉓	景文王一四年(八七四)五月	伊湌 近宗	謀逆	車裂	・	11	・
㉔	憲康王五年(八七九)六月	一吉湌 信弘	叛	伏誅	・	11	・
㉕	定康王二年(八八七)正月	伊湌 金蕘	叛	誅	・	11	漢州
㉖	景明王二年(九一八)二月	一吉湌 玄昇	叛	伏誅	・	12	・

を実行した「反(叛)」と実行しなかった「謀反(謀叛)」を区分していたと考えられる。一方、籍没は「謀叛(謀反)」のみに適用されているが、事例の時期から見て唐制導入の影響とも考えられる。

三　窃盗罪に対する処罰

窃盗罪に対する処罰の実例は、新羅の法令に関する史料の中にも記されている。次の史料は窃盗罪の事例である。

九年二月二十一日、大王、群臣を會せし、教を下して、「…總章二年二月二十一日の昧爽より已前に、五逆罪の死已下を犯し、今囚禁せらるる者、罪の小大と無く、悉く皆な放出す。其の前赦已後に罪を犯して爵を奪わるる者、並びに舊に依る。盗賊人は但だ其の身を放ち、更に還すべき財物の無き者は、徴す限りに在らず。…三十日を限りと爲し、所司は奉行せよ」と。(59)(巻六　文武王上)

この史料は文武王九年(六六九)の赦令の一部であり、盗罪を犯した者の身柄を解放し、財物の「還収」(徴収)を免除すると定められている。この赦令の内容からすると、盗罪は一般に身柄の拘束をともなう何らかの刑罰に処されるとともに、贓物の徴収が科されていたことになる。

以上から、新羅の法令における窃盗罪に関する規定には、身柄の拘束をともなう何らかの刑罰と贓物の還収(徴収）が定められていたことがわかる。贓物の何倍の財物を徴収するかは未詳であるが、百済にもこれに類似した規定があり、徴収する贓物の倍率は二〜三倍とされている。ちなみに、中国北方の非定住社会（遊牧・狩猟など）の慣習法には、窃盗罪に対して比較的高い倍率で贓物を徴収するという共通点がある。[60]その点に加えて、新羅と百済が隣接し、かつ地形や気候などが農耕に最適であるという類似性を考えれば、徴収する贓物の倍率は新羅と百済のあいだでさほど差はなかったと思われる。

四　官人の職務関連規定

官人の職務関連規定に関する記録は、新羅の法令に関する史料の中にも記されている。E-2は退軍罪、E-3は背公営私罪（違法に利益を求める犯罪）[61]、E-4は官人収賄罪、E-5〜7は官人の職務関連規定の事例であり、E-1についてはどのような犯罪に対する事例か検討の余地がある。

E-1　二年八月、百濟殘賊、内斯只城に屯聚して悪を作す。欽純ら十九将軍を遣わして討たしめ、之を破る。大幢摠管の眞珠・南川州摠管の眞欽、詐りて病と稱して閑放し、國事を恤まず。遂に之を誅し、幷せて其の族を夷す。[62]（巻六　文武王上）

E-2　十年七月、…王還り、衆臣・義官・達官・興元ら□□□寺營より退却するを以って、罪は死に當たるも、之を赦して免職す。[63]（同上）

E-3　十年五月、靈巖郡太守の一吉湌諸逸、公に背きて私を營む。一百の杖を刑し、島に入らしむ。[64]（巻八　孝昭王）

E-4　第三十二孝昭王の代、竹曼郎の徒に得烏級干有り、風流黄卷に名を隷す。日を追いて仕進し、旬日を隔して見われず。郎は其の母を喚し、爾が子は何に在るを問う。母曰く、「幢典牟梁の益宣阿干、我が子以って富山城の倉直に差す。馳去して行急し、未だ郎に告辭する暇なし。」… 益宣に暇を請い、將に偕な還らんとす。益宣固く禁じて許さず。時に使吏侃珍、推火郡能節租三十石を収むるを管して、城中に輸送することと有り、郎の士を重ずる風味を美して、宣の暗塞して通さざるを鄙しむ。乃ち領する所の三十石を以って、益宣に贈りて請うを助くも、猶お許さず。又た珍節舍知の騎馬鞍具を以って之を貽り、乃ち許す。朝廷花主之を聞き、使を遣わして益宣を取り、將に其の垢醜を洗浴せしめんとす。宣逃げ隠れ、其の長子を掠して去る。時に仲冬極寒の日にして、城内の池中に浴洗して、仍りて凍死にす合し。大王之を聞き、勅して牟梁里人官に從う者は、並びに合わせて黜遣して、更に公署に接づかず、黒衣を著せず、若し僧と爲る者、鐘鼓寺中に入る合からず。勅史は侃珍子孫の枰定戸孫と爲るを上し、之を標異す。時に圓測法師是れ海東高德にして、牟梁里人を以って故に僧職を授からず。[65]（『三国遺事』巻二　紀異　竹旨郎）

E-5　二十五年正月、敎して外官の家を携えて任に之くを許す。[66]（巻四　法興王）

E-6　十五年正月、銅を以って百司及び州郡の印を鑄り、之を頒す。[67]（巻七　文武王下）

E-7　十七年二月、教を下して、內外官の六十日に滿す暇を請う者、解官を聽す。[68]（巻九　景徳王）

E-1は文武王二年（六六二）における戦争中の職務関連犯罪に関する処罰の実例であり、犯人に誅が、縁坐者には族刑（夷）が科されている。本件では指揮官（摠管）の二人が戦争中に戦場へ赴き、うそをついて勝手に軍事行動を怠ったことから、軍務の怠慢罪とも君主に対する欺瞞罪（以下、「君主欺瞞罪」と略称する）とも解釈できる。[70]本件に対する処罰は謀反罪に対する処罰と類似しているので、E-1に記されている犯罪は、実際には君主欺瞞罪として見なされて重罰に処された可能性が高い。

E-2は文武王十年（六七〇）における退軍罪に関する処罰の実例であり、犯人に対しては本来ならば死刑であるところを、赦免のうえ免職している。それゆえ、退軍罪に対する処罰は死刑と見て大過なかろう。退軍罪はA-3・B-1のように高句麗・百済にも関連規定があり、それに対する処罰は新羅と同様に死刑である。

E-3は孝昭王十年（七〇一）における官人の背公営私罪に関する処罰の実例であり、杖刑と流刑が科されている。E-4は同じく孝昭王期（六九二～七〇二）における官人の収賄罪に関する処罰の実例であり、連坐者に禁錮が科されているが、犯人に対する処罰は未詳である。特に、E-4ような犯罪はB-2のように百済にも規定があり、それに対する処罰は贓物の三倍の徴収と終身禁錮であった。

E-5は法興王二五年（五三八）における地方官の赴任規定に関する記録であり、それによると地方官は家族を連れて行くことができる。これは新羅の成文法頒布以降最初に具体的な内容がわかる法令であり、この時期には地方官が派遣されていたことも確認できる。

E-6は文武王一五年（六七五）における各官司への官印の授与に関する記録であり、中央・地方の官司に銅印を授けたことがわかる。これは文書行政の発達を裏づけている。

E-7は景徳王一七年（七五八）における官人の休暇関連規定[71]に関する記録であり、親の喪に服したり、自分が病になったりするなどの個人的な事情で六〇日以上の長期休暇を申請した者には、官職を一時期辞めて復帰する「解官」を許可していたことがわかる[72]。

以上から官人の職務関連犯罪については、君主欺瞞罪、退軍罪、背公営私罪、官人収賄罪などに対する処罰規定の関連記録がある。後二者は犯罪の性格と刑罰が窃盗罪と類似しているという点において、また前二者は死刑が科されたという点で類似する。特に退軍罪は高句麗・百済に、官人収賄罪は百済に類似した規定があるので、両国の法令との比較検討が必要であろう。それ以外に処罰規定ではないが、官人の職務関連規定として地方官の赴任規定、各官司への官印の授与、官人の休暇関連規定などがある。

おわりに

以上、本章では朝鮮三国におけるいわゆる「泰始律令継受説」などの当否を判定するため、朝鮮三国の法令のうち、謀反罪・殺人罪・窃盗罪・強盗罪・官人収賄罪に対する処罰規定および官人の職務関連規定を、主に取り上げ分析した。

高句麗では六世紀以降における謀反罪に対する処罰は火刑後に斬首したうえで籍没することであるが、成文法頒布当時における処罰は犯人の死刑だけが推定できる状況である。窃盗罪に対する処罰は定額的賠償制、殺牛馬罪に対する処罰は奴婢の賠償であり、慣習法的要素が残存していた。

百済では謀反罪の縁坐刑が籍没となったのは六〜七世紀のことであって、成文法制定当時では族刑に類似する「妻子の死刑」が適用されていた。窃盗罪・官人収賄罪に対する処罰は「実刑＋定額的賠償」である。

新羅では謀反罪については、「謀反」と「謀叛」を区分せず、犯罪を実行した「反（叛）」と未遂に留まった「謀反（謀叛）」を区分し、籍没は「謀叛（謀反）」のみに適用された。官人の職務関連犯罪については、君主欺瞞罪、退軍罪、背公営私罪、官人収賄罪などに対する処罰規定の関連記録がある。

以上のような朝鮮三国の法令から中国王朝の影響を検出するためには、中国王朝の律令の変遷をまとめたうえで、それと朝鮮三国の法令を比較検討する必要がある。この問題については次章で検討する。

註

(1) 浅見倫太郎『朝鮮法制史稿』(巌松堂書店、一九二二年)、一一九頁。

(2) 田鳳徳「新羅의律令攷」『서울大学校論文集――人文社会科学』四、一九五六年。盧重国「高句麗律令에関한一試論」『東方学志』二一(延世大学校国学研究院、一九七九年)。

(3) 盧重国「百済律令에대하여」『百済研究』一七(忠南大学校百済研究所、一九八六年)。

(4) 田鳳徳前掲註2論文。

(5) 北魏の影響については尹善泰「新羅中代의刑律――中国律令受容의新羅的特質과관련하여」『강좌한국고대사』三(가락국사적개발연구원、二〇〇三年)、梁の影響については朱甫暾「蔚珍鳳坪新羅碑와法興王代律令」『韓国古代史研究』二、一九八九年を参照。最近、新羅の律令が独自に制定された可能性も提示されている(洪承祐「新羅律의基本性格――刑罰体系를중심으로」『韓国史論』五〇、서울大学校国史学科、二〇〇四年)が、まだそれを受け入れている研究成果は提出されていない。

(6) 金寿泰「「집안고구려비」에보이는율령제」『韓国古代史研究』七二、二〇一三年。

(7) 洪承祐「〈集安高句麗碑〉에나타난高句麗律令의형식과守墓制」『韓国古代史研究』七二、二〇一三年。全徳在「373년고구려율령의반포배경과그성격」『韓国古代史研究』八〇、二〇一六年。洪承祐「고구려율령의형식과제정방식」『木簡과文字』一六、二〇一六年。

(8) 金瑛河「三国時代의王과権力構造」『韓国史学報』一二、二〇〇二年、二五五~二五八頁。金瑛河はこのような状態を「中央集権体制」の代わりに「大王専制体制」と呼び、この段階では村落共同体から解体された農民に対する直接支配を謀ったが、中央と地方に対する斉民支配は貫徹できなかったとする。

(9) 林紀昭「新羅律令に関する二・三の問題」『法制史研究』一七、一九六七年、一五五~一五六頁。

(10) 中田薫『法制史論集四』(岩波書店、一九六四年)、六~九頁。堀敏一「晋泰始律令の成立」『東洋文化』六〇(東京大学東洋文化研究所、一九八〇年)、二四~三三頁。

(11) 張家山漢簡は、一九八三~八四年、湖北省荊州市荊州区張家山の二四七号漢墓から一二六三枚も出土した。「暦譜」が呂后二年(前一八六)で終わっており、律令の中で呂氏一族を優遇する旨の規定が存在するので、「二年律令」は呂后二年の律令を記したものと考えられる(張家山二四七号漢墓竹簡整理小組『張家山漢墓竹簡(二四七号墓)』文物出版社、二〇〇一年、一三三頁の注一)。

(12) 冨谷至「晋泰始律令への道――第一部秦漢の律と令」『東方学報』七二、二〇〇〇年、八九～九二頁。滋賀秀三『中国法制史論集――法典と刑罰』（創文社、二〇〇三年）、三五～三九頁。

(13) 廣瀬薫雄『秦漢律令研究』（汲古書院、二〇一〇年）、二八～二九頁。

(14) 滋賀秀三前掲註12書、二一頁。「原始律令」という言葉はいわゆる「律令」を完成されたものとして認識する用語であるために本章で使うには不適切なところがあるが、いわゆる「律令」の前段階を指す言葉としてその内容には異議がなく、代替する用語が見つからないため、暫定的に使用することにした。

(15) 大隅清陽「大宝律令の歴史的位相」『日唐律令比較研究の新段階』（山川出版社、二〇〇八年）。

(16) 「固有法」ということばを使ってはいるが、本章でいう「慣習法段階の法令」を詳細に分析した最近の研究成果があって参考になる（韓鈴和『韓国古代의刑律研究』成均館大学校博士学位論文、二〇一二年、一七～六四頁）。

(17) 成文法・慣習法・判例法・不文法などの定義とそれらの関係については、現代法学の成果を集大成した法律学辞典を参照した（竹内昭夫・松尾浩也・塩野宏編『新法律学辞典（第三版）』（有斐閣、一九八九年）。金子宏・新堂幸司・平井宜雄編『法律学小辞典（第四版補訂版）』（有斐閣、二〇〇八年）。たとえば、春秋時代においては青銅器に記したと考えられる刑書（鄭）・刑鼎（晋）・刑器（宋）などが（張晋藩『中国法制史』中国人民大学出版社、一九八一年：真田芳憲監修、何天貴・後藤武秀訳、中央大学出版部、一九九三年、七〇～八五・一〇四～一一一頁と中国法制史編写組『中国法制史』群衆出版社、一九八二年、四七～五一・五七～六一頁を参照）、新羅においては金石文に記されている「奴人法」（鳳坪碑）・「佃舎法」（赤城碑）などが成文法の初期の事例になるといえる。ちなみに、近年六世紀の新羅の金石文に基づき、法興王の律令頒布の意味を既存の法令の集大成として見なしたり（盧鏞弼『新羅高麗初政治史研究』韓国史学、二〇〇七年、一四～四七頁）、固有法と継受法とを比較検討するという研究方法を避け、新羅内部における法令の発展過程を追求して、法興王が頒布した法令は小国法→教令法→律令法という發展段階のうち律令法に位置すると解したりする見解が出てきている（金昌錫「新羅法制의형성과정과律令의성격」『韓国古代史研究』五八、二〇一〇年）。しかし、前者は中国王朝における律令の発展過程を参照してはいるが、出土文字資料に基づく秦漢律令の研究に踏まえておらず、後者は裁判の結果のみを記した判例を法源としたので不文法に相当する教令法を、成文法に近いものとして位置すると解する問題があるが、それ以降法興王が頒布した法令について原始律令的性格の律令法に位置すると解している。

(18) ほかの外国列伝にある謀反罪・窃盗罪・強盗罪の事例は以下のとおりである。其刑法：反叛・殺人及姦人之婦・盗馬絆者、皆死。…盗馬及雑物者、各十餘倍徴之。（『周書』巻五〇　突厥伝）其刑罰：殺人及盗馬者死。餘則徴物、量事決杖。

（同右　吐谷渾伝）其法：劫盗者二倍還贓。殺人者出牛馬三十頭、乃得贖死、以納死家。（『旧唐書』巻一九七　牂柯蠻伝）謀反者幽殺之。小犯罰銭以贖罪。（同書巻一九八　天竺國伝）其叛逆之罪、就火祆焼鐵灼其舌、瘡白者爲理直、瘡黒者爲有罪。…其強盗一入獄、至老更不出、小盗罰以銀銭。（同右　波斯國伝）

(19)「諸加」は「大加」・「小加」などの高句麗初期の支配層を合わせて呼ぶことばである。高句麗初期には刑罰を適用する際、諸加の評議を要した（浅見倫太郎前掲註1書、一一九頁）。

(20) 無牢獄、有罪則諸加評議、便殺之、没入妻子爲奴婢。（『三国志』巻三〇　高句麗伝）

(21)「焚爇」は焼いてなくすことを指す。「（天福二年三月丙寅）念京城俶擾之後、屬舟船焚爇之餘、饋運頓虧、支費殊闕。」（『旧五代史』巻七六　晋書二　高祖紀二）のような用例がある。

(22) 其刑法。謀反及叛者、先以火焚爇、然後斬首、籍沒其家。盗者、十餘倍徵贓。若貧不能備、及負公私債者、皆聽評其子女爲奴婢以償之。（『周書』巻四九　高麗伝）

(23) 其法。有謀反叛者、則集衆持火炬競焼灼之、燋爛備體、然後斬首、家悉籍沒。守城降敵、臨陣敗北、殺人、行劫者、斬。盗物者、十二倍酬贓。殺牛馬者、没身爲奴婢。（『旧唐書』巻一九九上　高麗伝）

(24) 水間大輔「西漢文帝元年以後的〝罪人妻子没入為官奴婢〟」朱騰・王沛・水間大輔『国家形態・思想・制度』（廈門大学出版社、二〇一四年）。

(25) 三年、始頒律令。（『三国史記』巻一八　高句麗本紀六　小獣林王）

(26) 仁井田陞『中国法制史研究1——刑法』（東京大学出版会、一九五九年）、三〇一～三七二頁。

(27) 成文法頒布以前とそれ以降における謀反罪の処罰に差異があまり見られないことは、本文で先述した『三国史記』高句麗本紀の性格に起因する可能性がある。その場合、成文法頒布以降の処罰を把握するためには、成文法頒布以前の事例も参考になると思われる。

(28)「誅」は君主権力による正当な死刑で、権臣の矯詔による不当な死刑を指す「害」と相反し、謀反罪に対する措置としてよく見られ、親族の縁坐もともなう（古勝隆一「魏晋時代の皇帝権力と死刑——西晋末における誅殺を例として」『東アジアの死刑』京都大学学術出版会、二〇〇八年、一五八～一六二頁）。

(29) 中村茂夫「縁坐考」『金沢法学』三〇-二、一九八八年を参照。

(30) 山本孝文『三国時代律令의考古学的研究』（書景文化社、二〇〇六年）、六七～一六八頁を参照。

(31) 盧重国前掲註3論文。朴林花「百済律令頒布時期에대한一考察」『慶大史論』七、一九九四年など。

(32) 鄭東俊『동아시아속의백제정치제도』（一志社、二〇一三年、初出は二〇〇八年）。洪承祐「百済律令반포시기와지방지배」『韓国古代史研究』五四、二〇〇九年。

(33) 百濟開國已來、未有以文字記事。至是、得博士高興、始有書記。（『三国史記』巻二四　百済本紀二　近肖古王）

(34) 其刑罰。反叛、退軍及殺人者、斬。盗者、流、其贓兩倍徵之。（『周書』巻四九　百済伝）

(35) 其用法。叛逆者、死、籍沒其家。殺人者、以奴婢三贖罪。官人受財及盗者、三倍追贓、仍終身禁錮。（『旧唐書』巻一九九上　百済国伝）

(36) 筆者は、以前B-2のこの部分について、官人収賄罪・窃盗罪に対して三倍を徴収する規定は、官人以外にも対象となると解し、官人は三倍の徴収+終身禁固に処し、官人でない者には三倍の徴収に留まると述べたことがある（鄭東俊「高句麗・百済律令における中国王朝の影響についての試論」『国史学』二一〇、二〇一三年および博士学位論文の第一部第一章）。しかし、本文のとおりに解釈を改めた。これによってこれと関連するのちの内容もすべて修正した。

(37) B-1は西魏・北周代（五三五～五八一）の百済の事情を伝えていると考えられる（鄭東俊「백제22부사체제의성립과정과그기반」『韓国古代史研究』五四、二〇〇九年、二七〇～二七二頁）。B-2は百済の使臣が鴻臚寺に伝えた情報に基づき、唐の建国（六一八）から百済の滅亡（六六〇）までの事情を伝えていると判断しても大過なかろう（鄭東俊「『翰苑』百済伝所引の『括地志』の史料的性格について」『東洋学報』九二-二、二〇一〇年、二四頁を参照）。

(38) 最近、百済において殺人罪が財産刑に置き換えたことは進一歩した段階の法の原理を反映しているという見方も提示されている（韓鈴和前掲註16書　一二三～一二六頁）。

(39) 表1-2-1の年次は必ずしも信用できないが、その前後には馬韓併合についての記述が見えるので、三世紀中葉のことと判断して大過なかろう（鄭東俊「백제담로제（檐魯制）의역사적위상에대한시론」『역사와현실』七九、二〇一一年、一九九～二〇六頁）。

また、『三国史記』の百済本紀は百済王室の立場で叙述された『書記』などの歴史書をもとにして編纂されたと考えられる。書記が歴史書の名前ではない可能性もあるが、その場合も歴史編纂の基礎資料になったことは否定できないであろう。したがって、前掲註27の高句麗と同様、成文法頒布の前と後で謀反罪に対する処罰にそれほど差異が見られないのではないであろうか。

(40) 七年正月、頒示律令。始制百官公服朱紫之秩。（『三国史記』巻四　新羅本紀四　法興王）

(41) 元年五月、命理方府令良首等、詳酌律令、修定理方府格六十餘條。（『三国史記』巻五　新羅本紀五　太宗武烈王）

(42) 二十一年七月一日、王薨、諡曰文武。…遺詔曰、「…其邊城鎭遏及州縣課稅、於事非要者、並宜量廢。律令格式有不便者、卽便改張。…」(『三国史記』巻七　新羅本紀七　文武王下)

(43) 十七年四月、選醫官精究者、充内供奉。置律令博士二員。(『三国史記』巻九　新羅本紀九　景徳王)

(44) 武田幸男「新羅法興王代の律令と衣冠制」『古代朝鮮と日本』(龍渓書舎、一九七四年)。

(45) 同様の金石文として裁判の結果を記してはいるが、「中城里碑」・「冷水里碑」と「蔚珍鳳坪碑」は、各々「〜年の教」と「奴人法」とをその裁判の根拠としている。

前者の両碑は新羅の律令(成文法)が頒布される以前に立てられ、その根拠である「〜年の教」は類似な裁判の先例にすぎないので、判例法としての「教令法」を示している(金昌錫前掲註17論文、一八八〜二〇八頁)。後者の碑は、新羅の律令が頒布された以降に立てられ、その根拠である「奴人法」は具体的な名称から見て「奴人」に関する法令として成文化されたものであると推定されるので、「教令法」とは異なる成文法を前提にしている。つまり、「蔚珍鳳坪碑」自体は確かに教令法であるが、その中に引用されている「奴人法」には成文法の痕跡が見える。

(46) 北村秀人「朝鮮における律令制の変質」『東アジア世界における日本古代史講座』七(学生社、一九八二年)、一八三〜一八四頁。

(47) 律令典、博士六人。(『三国史記』巻三九　職官志中　内省)

(48) 韓鈴和前掲註16書、一四〇〜一四四頁。

(49) 根拠や論理はやや異なるが、すでに中代における唐律令の受容をほとんど否定し、新羅の律令は中古期以来内容は改定されても同様の法体系を有していたと指摘した見解もある(洪承祐『韓国古代律令의性格』서울大学校博士学位論文、二〇一一年、二四四〜二六六頁)。その研究では中代における新羅の律令が単行法令の「格式」の編纂を中心とする体系であったとする。

(50) 五十三年五月、伊飡柒宿與阿飡石品謀叛。王覺之、捕捉柒宿、斬之東市、幷夷九族。(『三国史記』巻四　新羅本紀四　真平王)

(51) 七年八月二日、……　是日、捕斬毛尺。毛尺本新羅人、亡入百濟、與大耶城黔日同謀陷城、故斬之。又捉黔日、數曰、「汝在大耶城、與毛尺謀、引百濟之兵、燒亡倉庫、令一城乏食致敗、罪一也。逼殺品釋夫妻、罪二也。與百濟來攻本國、罪三也。」以四支解、投其尸於江水。(『三国史記』巻五　新羅本紀五　太宗武烈王)

(52) 十三年七月一日、庾信卒。阿飡大吐謀叛付唐、事泄伏誅、妻孥充賤。(『三国史記』巻七　新羅本紀七　文武王下)

（53）四年七月、一吉湌大恭與弟阿湌大廉叛、集衆、圍王宮三十三日。王軍討平之、誅九族。（『三国史記』巻九　新羅本紀九　恵恭王）

（54）及神文王崩、孝昭即位、修山陵、除葬路。鄭氏之柳當道、有司欲伐之。恭恚曰、「寧斬我頭、莫伐此樹。」有司奏聞。王大怒、命司寇曰、「鄭恭恃王和尚神術、將謀不遜、侮逆王命、言斬我頭、宜從所好。」乃誅之、坑其家。…王大悦。通因言恭被毒龍之汚、濫膺國刑。王聞之心悔、乃免恭妻孥。（『三国遺事』巻五　神呪第六　恵通降龍）

（55）律令研究会編『訳註日本律令五：唐律疏議訳註篇一』東京堂出版、一九七九年、三三〜三六頁。

（56）元年（五〇一）正月、佐平苩加據加林城叛。王帥兵馬至牛頭城、命扞率解明討之。苩加出降、王斬之、投於白江。（『三国史記』巻二六　百済本紀四　武寧王）死体を江に投げ捨てることについては、これを慣習法上の刑罰とする指摘がある（韓鈴和「7〜8세기신라의형률과그운용――君臣関係에관한형률적용사례를중심으로」『韓国古代史研究』四四、二〇〇六年、二三八〜二四〇頁）。

（57）韓鈴和「6〜7세기에나타나는삼국형률의적용양상과특징」『史林』五〇（首善史学会、二〇一四年）、一三九〜一四〇頁。

（58）前掲註28を参照。

（59）九年二月二十一日、大王、會群臣、下敎、「…自總章二年二月二十一日昧爽已前、犯五逆罪死已下、今見囚禁者、罪無小大、悉皆放出。其前赦已後犯罪奪爵者、並令依舊。盜賊人但放其身、更無財物可還者、不在徵限。…三十日爲限、所司奉行。」（『三国史記』巻六　新羅本紀六　文武王上）

（60）仁井田陞前掲註26書、三五一〜三五三頁。

（61）「背公營私」は「背公向私」ともいい、違法に利益を求めること。『宋書』巻四〇、百官志下に「二千石不奉詔書、遵承典制、背公向私、旁詔守利、侵漁百姓、聚斂爲姦。」のような事例がある。第三節の史料E-3がこれに該当する。

（62）二年八月、百濟殘賊、屯聚內斯只城作惡。遣欽純等十九將軍討、破之。大幢摠管眞珠・南川州摠管眞欽、詐稱病閑放、不恤國事。遂誅之、幷夷其族。（『三国史記』巻六　新羅本紀六　文武王上）

（63）十年七月、…王還、以衆臣・義官・達官・興元等□□□寺營退却、罪當死、赦之免職。（『三国史記』巻六　新羅本紀六　文武王上）

（64）十年五月、靈巖郡太守一吉湌諸逸、背公營私。刑一百杖、入島。（『三国史記』巻八　新羅本紀八　孝昭王）

（65）第三十二孝昭王代、竹曼郎之徒有得烏級干、隷名於風流黄卷。追日仕進、隔旬日不見。郎喚其母、問爾子何在。母曰、

「幢典牟梁益宣阿干、以我子差富山城倉直。馳去行急、未暇告辭於郎。」…請暇於益宣、將欲偕還。益宣固禁不許。時有使吏侃珍、管收推火郡能節租三十石、輸送城中、美郎之重士風味、鄙宣暗塞不通。乃以所領三十石、贈益宣助請、猶不許。又以珍節舍知騎馬鞍具貽之、乃許。朝廷花主聞之、遣使取益宣、將洗浴其垢醜。宣逃隱、掠其長子而去。時仲冬極寒之日、浴洗於城内池中、仍合凍死。大王聞之、勅牟梁里人從官者、並合黜遣、更不接公署、不著黑衣、若爲僧者、不合入鐘鼓寺中。勅史上侃珍子孫爲枰定戶孫、標異之。時圓測法師是海東高德、以牟梁里人故不授僧職。（『三国遺事』巻二　紀異　竹旨郎）

(66)　二十五年正月、敎許外官携家之任。（『三国史記』巻四　新羅本紀四　法興王）

(67)　十五年正月、以銅鑄百司及州郡印、頒之。（『三国史記』巻七　新羅本紀七　文武王下）

(68)　十七年二月、下敎、內外官請暇滿六十日者、聽解官。（『三国史記』巻九　新羅本紀九　景徳王）

(69)　元年（六六一）秋七月十七日、以金庾信爲大將軍、仁問・眞珠・欽突爲大幢將軍、…眞欽・衆臣・自簡爲下州摠管、…八月、大王領諸將、至始飴谷停留。□使來告曰：「百濟殘賊、據甕山城遮路、不可前。」大王先遣使、諭之、不服。（『三国史記』巻六　新羅本紀六　文武王上）

(70)　これを軍務の怠慢罪と解した見方は韓鈴和前掲註16書、一二九～一三三頁などがある。その研究ではこの罪を軍律に関連させた。

(71)　「解官」は官吏が病気や両親の喪などの理由で、現職を辞任すること。その理由がなくなると、官職に復帰する。

(72)　この規定を「解官」の基準となる給暇日の縮小と解したうえで、給暇日の縮小にともない「解官」に該当する官吏の数が多くなるに連れて、禄俸の額数も大きく減って国家財政の負担が軽減された可能性を指摘した見解がある（尹善泰前掲註5論文、一二四頁、韓鈴和前掲註16書、一四〇～一五一頁）。

第二章

朝鮮三国に対する中国王朝の律令の伝播と「原始律令」

はじめに

本章では前章で検討した朝鮮三国の法令を歴代中国王朝の律令と比較し、その伝播時期と伝播経路を検証する。

朝鮮三国の律令に関する先行研究についてはすでに前章で詳細に紹介したので、本章では省略する。中国王朝の律令については、近年史料もしだいに蓄積されて研究も発展してきた。二〇世紀の後半以降における出土文字資料による秦漢律令の研究の活性化、宋天聖令の発見による二一世紀における唐令の復元研究などがその実例である。それによって、朝鮮三国の律令の起源として中国王朝の律令（特に秦漢律令）を実際に参照することができるようになった。そのような研究環境の変化により、最近の高句麗律令関連の研究のように「集安高句麗碑」を利用して律令の施行方式を比較することができるようになったのである。しかし、最近の研究でも一部残っている法令間の比較はまだ試みられていなかった。したがって、出土文字資料によって明らかになった秦漢律令の内容およびその研究成果に基づき、四～六世紀に頒布された朝鮮三国の律令の佚文を、秦漢律令の条文および泰始律令の佚文などと比較すれば、これらの王朝の律令が朝鮮三国の律令の母法である可能性と継受関係を明らかにすることもできると期待される。

本章では古代東アジアにおける律令の伝播と変容を検討するために、秦漢律令の条文および泰始律令の佚文と、高句麗・百済の律令の佚文および新羅の律令の関連記事を比較して、朝鮮三国の律令におけるいわゆる「泰始律令継受説」などを検証する。泰始律令では中国王朝の律令において最初に刑法としての律と行政法としての令が区別され、両方ともに法典として編纂されたものであるので、それを継受したか否かによって朝鮮三国の律令の性格も決まってくるであろう。また、中国王朝の律令が朝鮮三国に受容された経路も推定する。検討にあたっては、中国王朝律令の受容と変容に加えて、それと慣習法との齟齬にも注意したい。律令を受容する場合においても、中国王朝とは社会経済的な基盤が必ずしも一致せず、既存の慣習法などの影響によって改変されることが多いからである。

第一節　漢代～唐代における律令の変遷と朝鮮三国

一　謀反罪・殺人罪と縁坐刑・贖刑

前章で検討したように、高句麗・百済の謀反罪・殺人罪に関する法令では、謀反罪に対する縁坐刑と殺人罪[1]に対する贖刑についての規定に特徴があり、新羅の謀反罪に関する法令では、犯罪者が「反」を実行した場合には縁坐者を族刑、予備・陰謀の場合には縁坐者を籍没に処するという特徴があった。本項では比較に入る前に、漢代～唐代における律令の内容を概観する。歴代中国王朝の謀反罪・殺人罪について検討する際には、前漢初期の律令である張家山漢簡「二年律令」、魏晋南北朝および隋（五八一～六一八）の律令を伝える中国正史の刑法志、そして『唐律疏議』などが重要な史料となる。[2]

まず、漢代の律令における謀反罪・殺人罪関連の法令をあげれば、以下のとおりとなる。

F-1　城・邑・亭・障を以て反し、諸侯に降るもの、及び城・亭・障に守乗し、諸侯の人来りて攻盗するに、堅守せずして之を棄去するもの、若しくは之に降るもの、及び反を謀る者は、皆な腰斬とす。其の父母・妻子・同産は、少長と無く皆な棄市とす。[3]（張家山漢簡「二年律令」賊律第一・二簡）

人を賊殺するもの、闘いて人を殺すものは、棄市とす。其の過失及び戯して人を殺すものは、贖死とす。人を傷つくるものは、除く。[4]（同右第二一簡）

F-1はいずれも前漢初期の律令であるが、そこでは「反」して諸侯に降服すること、諸侯の侵攻を受けてから逃げることとまたは降服すること、[5]「反」を謀ることに対して、犯罪者を腰斬に処し、その父母・妻子・兄弟姉妹を棄市に処するとされている。二年律令では、収という縁坐刑としての籍没に類似するものは存在するが、謀反罪には適用されない。[6]殺人罪は、少なくとも故意によるものは、棄市に処される。

このような前漢律令の謀反罪・殺人罪の規定は、後漢（二五～二二〇）の律およびその目録が含まれている古人堤漢簡（八九～一一三推定）[7]の第一四簡・第二九簡の正面からその変化を検討することができる。古人堤漢簡の漢律およびその目録には謀反罪に関するものが記されていないが、殺人罪に関するものは「二年律令」とほぼ同内容である。[8]したがって、殺人罪の処罰規定に関しては内容に根本的な変化はなかったと考えられる。

次に、魏晋南北朝の律令における謀反罪・殺人罪関連の記録をあげれば、以下のとおりとなる。F-2～4とG-2・3は中国正史の刑法志の記述である。それらは法令をそのまま引用しているか不明であるため、その佚文とは断定しがたい性格の史料であり、前章で述べた外国列伝と同様に律令の条文を要約したものである可能性も否定できない。というものの、これらは内容上本来の条文と大きく異なるとは考えにくい。これらの史料を罪目と処罰の内容を中心として検討する。

F-2　漢の舊律の魏に於いて行われざる者を改めて皆な之を除き、更めて古義に依りて制して五刑と爲す。…又た賊律を改めて、但だ言語を以てし及び宗廟・園陵を犯すは、之を大逆無道と謂い、要斬とするも、家屬の從坐は、祖父母・孫に及ばず。謀反大逆に至りて、時に臨みて之を捕え、或は汙瀦とし或は梟菹とし、其の三族を夷とするは、律令に在らざるも、嚴しく惡しき跡を絶つ所以なり。[9][10]（『晋書』巻三〇　刑法志）

F-3　神麚中、司徒崔浩に詔して律令を定む。…大逆不道は腰斬とし、其の同籍を誅し、年十四已下は腐刑とし、女子は縣官に沒す。…太保・高陽王雍、議して曰く、…案ずるに賊律に云う、「人を殺さんと謀りて發覺する者は流とし、從者は五歳刑とす。已に傷つくるもの及び殺さんとするも還た蘇る者は死とし、從者は流とす。已に殺す者は斬とし、從にして功を加うる者は死とし、加えざる者は流とす」と。[11]（『魏書』巻一一一　刑罰志）

F-4　天監元年八月、…是に於いて尚書令王亮・侍中王瑩・尚書僕射沈約・吏部尚書范雲・長兼侍中柳惲・給事黄門侍郎傅昭・通直散騎常侍孔藹・御史中丞樂藹・太常丞許懋等を以て、參議斷定せしめ、定めて二十篇と爲す。…其の謀反・降叛・大逆已上は皆な斬とす。父子・同產の男は、少長と無く、皆な棄市とす。母・妻・姉妹及び應に棄市に從坐すべき者の妻子女妾は同じく奚官に補して奴婢と爲し、[12]貲財は沒官とす。[13]

（『隋書』巻二五　刑法志　梁）

魏晋南北朝と隋の律令関連記録を見ると、時代が下るに連れて謀反罪に対する族刑の適用範囲が縮小されていることがわかる。たとえば、F-2によると、族刑の適用範囲は前漢から曹魏まで変わらず三族であった。しかし、曹魏末から西晋にかけて出嫁女性に対する族刑が[14]、東晋において女性全体の族刑が免除され、その後、女性は籍没されるだけになった[15]。また、F-4によると、梁（五〇二～五五七）では犯人の父子・兄弟が棄市とされ、母・妻・姉妹や財産が籍没となった。また、隋の縁坐刑は梁と同様であった[16]。北魏建国以前の代国時期には大逆罪の犯人の親族をすべて斬刑に処していたが[17]、F-3からは北魏太武帝の神䴥四年（四三一）に崔浩が行った律令改正によって、犯人の親族のうち、未成年男子と女子を族刑の適用範囲から除いたことがわかる[18]。

また、謀反・謀大逆・謀叛[19]などの犯罪は、漢代では「大逆不道（無道）」として[20]一括して扱われていたが[21]、F-2にあるように曹魏代のころから「謀反大逆」と「大逆無道」に区別され[22]、F-4のように遅くても梁代のころから謀反・謀大逆・謀叛に区別されるようになったと考えられる。

ちなみに、F-1では、謀反および梁律以降でいう謀叛罪に相当する犯罪のほか、賊の攻撃を受けて逃亡した者の罪までも一つの条文の中でいっしょくたに規定されているが、F-2・4には謀反・謀叛・謀大逆罪のみがあるので、遅くとも梁代、早ければ曹魏の時代から、謀反・謀大逆・謀叛罪と、賊の攻撃を受けて逃亡した者の罪が概念上区別されるようになったと考えられる。唐代においては、「主将守城」・「主将臨陣先退」が謀反・謀叛・謀大逆罪とは別の条文の中で規定されており、処罰も異なる[23]。

また、死罪の贖刑規定は、前漢では金二斤八兩、西晋では金二斤の納付であったが[24]、梁からは絹一六疋を、隋からは銅一百二十斤を納付するようになった[25]。

次に、唐律では謀反罪・殺人罪について以下のように定められている。

F-5　諸て反を謀り及び大逆する者は、皆な斬とす。父子の年十六以上は、皆な絞とす。十五以下及び母女・妻妾・祖孫・兄弟・姉妹若しくは部曲・資財・田宅は並びに没官とす[26]。（『唐律疏議』巻一七　賊盗律「謀反大逆」条）

表2－1　歴代中国王朝と高句麗・百済の謀反罪・殺人罪

王朝	謀反罪	縁坐刑	殺人罪	贖刑
前漢	腰斬	棄市（父母・妻子・兄弟）	棄市	・
西晋	棄市？	族刑の範囲縮小（出嫁女性除外）	・	金二斤
東晋	棄市？	棄市？（父子・兄弟）＋籍没（女性）	・	・
梁	斬	棄市（父子・兄弟）＋籍没（その他）	・	金二斤→絹十六疋
北魏	腰斬	族誅（成年男）＋宮刑（未成年）＋籍没（女性）	斬	・
隋	斬	斬（父子・兄弟）＋籍没（その他）	・	銅一百二十斤
唐	斬	絞（成年父子）＋籍没（その他）	斬	銅一百二十斤
高句麗（四世紀以降）	火刑後斬	籍没	斬	・
百済（五世紀～七世紀）	斬	棄市（妻子）→籍没	斬	奴婢三口

諸て叛を謀る者は、絞とす。已に上道する者は、皆な斬とし、妻子は流二千里とす。[27]（同右「謀叛」条）

諸て人を殺さんと謀る者は、徒三年とす。已に傷つくる者は、絞とす。已に殺す者は、斬とす。[28]（同右「謀殺人」条）

F－5では謀反罪と謀叛罪の処罰に差異がある。[29]すなわち、前者の場合、犯罪者は斬に処され、成年父子は絞、未成年父子および母女・妻妾・祖孫・兄弟・姉妹は籍没とされているが、後者の場合、犯罪者が犯罪を実行した場合（已上道）にのみ家族が流刑に処されている。殺人罪（故殺）を犯した者は斬に処されており、贖刑規定は隋と同様である。[30]

以上の検討結果を第一章で検討した朝鮮三国の処罰規定と合わせてまとめれば、表2－1・2のようになる。

まず、高句麗の法令における謀反罪の処罰規定を歴代中国王朝のそれと比較すると、火刑が存在したのは、中国王朝では律令制定以前のことであって、慣習法的性格が強い[31]が、犯人の家族を籍没とする点は東晋以降の律令と類似する。もっとも東晋以降といっても長期にわたっており、また火刑のような慣習法的性格も残っていたため、高句麗の法令がどの時期の中国王朝の律令から影響を受けたのか、厳密にはわからない。ただし、A-3によると、高句麗の法令では「反叛」罪と「退軍」罪が区別されていたらしいことがわかり、この点は謀反・謀叛・謀大逆罪と「主将守城」・「主将臨陣先退」を区別する梁以降の律令と共通する。すると、A-3にある高句麗の法令は、七世紀またはそ

表2-2　歴代中国王朝と新羅の謀反罪・謀叛罪・退軍罪

王朝	謀反罪		謀叛罪		退軍罪	
	刑罰	縁坐刑	謀反罪との区別	刑罰	謀反罪との区別	刑罰
前漢	腰斬	棄市（父母・妻子・兄弟）	なし（大逆不道）	同じ	なし（大逆不道）	同様
曹魏	同右	同右	謀反（叛）と大逆	同じ	分離？	斬？
西晋	棄市？	族刑の範囲縮小（出嫁女性除外）	未詳	同じ？	未詳	斬？
東晋	棄市？	棄市？（父子・兄弟）＋籍没（女性）	未詳	同じ？	未詳	斬？
梁	斬	棄市（父子・兄弟）＋籍没（その他）	あり	同じ	あり	斬？
北魏	腰斬	族誅（成年男）＋宮刑（未成年）＋籍没（女性）	なし（大逆不道）	同じ	なし（大逆不道）？	同様？
隋	斬	斬（父子・兄弟）＋籍没（その他）	あり	同じ	あり	斬？
唐	同右	絞（成年父子）＋籍没（その他）	あり	絞＋流刑（家族）	あり	斬
新羅	斬	族刑（実行）／籍没（謀議）	なし	同じ	未詳	死

れ以前に梁以降の律令の影響を受けて改正されたものである可能性が想定できる。そしてA‐2は六世紀中葉の事実を伝えているので、六世紀中葉以前のある時期に謀反罪の縁坐刑が籍没となったのであろう。

次に、百済の成文法頒布当時における謀反罪の処罰規定は、犯人とその妻子に対する死刑という点で、族刑の範囲が縮小される西晋以前の中国王朝の律令に類似する。[32] また、B‐1によると、百済の法令では「反叛」罪と「退軍」罪の処罰が同様であった可能性があり、[33] この点も曹魏以前の律令と共通する。一方、贖刑については、殺人罪を贖う場合に百済では奴婢を、中国王朝では黄金・銅・絹などを差し出しているため、贖刑の内容がまったく異なっていたことがわかる。

次に、新羅の法令における謀反罪の処罰は、犯人は斬首、縁坐刑は犯罪を実行した「反（叛）」が族刑、未遂に留まった「謀反（叛）」が籍没の可能性がある。「反」と「叛」の区別が明確でないこと、および族刑が設けられている点では、曹魏以前の中国王朝の律令と類似しており、犯人の家族を籍没とする点では東晋以降の律令と類似するので、族刑が縮小される曹魏より前の中国王朝の律令に基づき、東晋以降の律令を一部受容したと考えられる。

一方、新羅の法令における「退軍」罪の処罰は、犯人のみ斬首した可能性がある。これは謀反罪と刑罰が区別されているので、曹魏以降の中国王朝の律令と類似する。

二　窃盗罪に対する処罰規定と官人の職務関連規定

（一）　窃盗罪・官人収賄罪と背公営私罪

前章で検討したように、高句麗・百済の法令に関しては、窃盗罪と官人収賄罪が互いに異なる時期の史料にあるため、両罪に対する処罰は把握しがたいものの、少なくとも定額的賠償制が特徴として見られることは確認できる。他方、新羅の法令において窃盗罪・強盗罪に対する処罰規定と官人の職務関連規定に関する史料では、広義の盗罪に属する窃盗罪・強盗罪・背公営私罪・官人収賄罪の刑罰と、それらとは性格が異なる君主欺瞞罪・退軍罪の刑罰に、各々類似する部分があるという点に特徴があった。

まず、漢代の律令における窃盗罪・強盗罪・官人収賄罪関連の法令をあげれば、以下のとおりとなる。

G-1 盗贓の値六百六十銭を過ぐるは、黥して城旦舂と為す。六百六十より二百廿銭に到るは、完して城旦舂と為す。二百廿に盈たざるより百一十銭に到るは、耐して隷臣妾と為す。百一十に盈たざるより廿二銭に到るは、罰金四両とす。廿二銭に盈たざるより一銭に到るは、罰金一両とす。[34]（張家山漢簡「二年律令」盗律第五五・五六簡）

賕を受け以て法を枉げ、及び賕を行なう者は、皆な其の贓に坐し盗と為す。罪盗より重き者は、重き者を以て之を論ず。[35]（同右第六〇簡）

人を劫しもしくは人を劫して銭財を求めんと謀るものは、未だ得ず若しくは未だ劫せずと雖も、皆な之を磔す。其の妻子を完し、以て城旦舂と為す。[36]（同右第六八簡）

前漢初期の律令であるG-1では、第五五・五六簡で窃盗罪を犯した者を不正な利益（贓）の価格に基づき黥・完・耐＋労役刑（城旦舂・隷臣妾[37]）もしくは罰金刑（罰金四両・一両）に処すべきことを定め、第六〇簡で不正行為の絡む贈収賄を行った者を窃盗罪に準じて処罰することを定める。つまり、窃盗罪を犯した者も贈収賄罪を犯した者も、同じ刑罰に処されていたことになる。特に贈収賄罪の場合、不正行為が絡んだとき（以下「枉法」）にのみ処罰され、逆に枉法が絡まない場合（以下「不枉法」）には処罰されない点と、官人を主な対象としながらも民衆同士の贈収賄により犯罪者が告発者を買収した場合にも両者に適用される点に注目される。[38]強盗罪を犯した場合は、はるかに刑罰が厳格であり、被害の程度を問わず犯人を「磔」という死刑に処されており[39]、妻子の縁坐刑まで加えられた。

ちなみに前漢文帝期以降、収賄罪を犯した官吏は罷免されたうえで仕官が禁止され、後漢において自身はもちろん子孫の仕官までも禁止されたが[40]、子孫の仕官禁止に関しては後漢代の一時的な措置である可能性もある[41]。ただし、前漢も後漢も贈収賄罪を犯した官吏本人の仕官が禁止されたことは確かである。

次に、魏晋南北朝の律令における窃盗罪・強盗罪・官人収賄罪関連の記録をあげれば、以下のとおりとなる。

G-2　其の後、天子又た詔を下して刑制を改定せしめ、…漢律を傍采し、定めて魏の法を為り、新律十八篇を制し、…盗律に受所監・受財枉法有り、雑律に假借不廉有り、令乙に呵人受銭有り、科に使者験賂有り、其の事相類すれば、故に分けて請賕律と為す[42]。（『晋書』巻三〇　刑法志）

G-3　（太平眞君）六年春、…初め盗律に、贓四十匹にして大辟に致る、と。民政を慢ること多ければ、其の法を峻しくし、贓三匹にして皆な死とす。…律に、枉法は十匹、義贓は二百匹もて大辟とす、と。（太和）八年に至り、始めて祿制を班し、更めて義贓一匹、枉法は多少と無く皆な死と定む。…鄴に遷するに至り、…侍中孫騰上言す、「…案ずるに律に、公私の劫盗、罪は流刑に止む。…」と[43]。（『魏書』巻一一一　刑罰志）

G-2では、曹魏のときに官人収賄罪に関する条文が新設の請賕律へ編入されたことが記されている。それは西晋に受け継がれ、梁になってその請賕律が受賕律と改称された。請賕律・受賕律などは官人の処罰規定であるため、その条文にある収賄罪も官人のみに適用されたと考えられる[44]。

また、魏晋南北朝以降は窃盗罪より官人収賄罪（特に枉法）のほうを重く処罰する傾向があり、特にG-3では、北魏代において官人収賄罪だけでも死刑に処され、不枉法も処罰されるようになっている。強盗罪については、北魏では最高でも流刑に留まり、梁代に縁坐刑がなくなった[45]ことのみが史料上確認されている。

なお、西晋代においては収賄罪を犯した官吏が除名（免官＋仕官禁止）とされている[46]が、劉宋代からは有期の仕官禁止が史料から多く確認されるようになるので[47]、西晋代の仕官禁止は曹魏代までの終身禁錮と異なり、期間が定められていた可能性もある。

次に、唐律における窃盗罪・強盗罪・官人収賄罪関連の法令をあげれば、以下のとおりとなる。

G-4　諸て監臨主司、財を受けて法を枉ぐる者は、一尺は杖一百とし、一疋ごとに一等を加え、十五疋は絞とす。法を枉げざる者は、一尺は杖九十とし、二疋ごとに一等を加え、三十疋は加役流とす。[48]（『唐律疏議』巻一一職制律「監臨主司受財」条）

諸て竊盗、財を得ざるは笞五十とし、一尺は杖六十とし、一疋ごとに一等を加え、五疋は徒一年とし、五疋ごとに一等を加え、五十疋は加役流とす。[49]（同右巻一九賊盗律「窃盗」条）

諸て強盗、財を得ざるは徒二年とし、一尺は徒三年とし、二疋ごとに一等を加え、十疋及び人を傷つくる者は絞とし、人を殺す者は斬とす。[50]（同右「強盗」條）

G-4では、窃盗罪より官人収賄罪（特に枉法）のほうを重く処罰すること、両罪が職制律と賊盗律という別の篇目に分離されていることが確認できる。ちなみに、窃盗罪に対しては犯人から盗品の倍の財物を徴収し、官人収賄罪に対しては、「彼此倶罪之贓」（財物を授受した両当事者がともに処罰される場合）に該当するので、収賄罪を犯した官吏から、不正に得た財物のみを徴収する。[51]

また、唐律においては先述した北魏のように不枉法も処罰される点が注目され、枉法は最高で死刑、不枉法は最高で加役流に処される。[52]さらに、官吏は、枉法は除名のうえで六年の仕官禁止に処され、不枉法は免官のうえで三年の仕官禁止に処された。[53]強盗罪については被害の程度によって処罰を異にすることによって労役刑を中心とするように変化し、殺人が追加された場合のみに斬刑に処されるようになった。

このほか、前章で検討した官人の職務関連規定についても、新羅のそれが中国王朝のどの時期に類似しているかを確認するために、その変遷を考察する必要がある。まず、E-1にある君主欺瞞罪は、中国王朝においては罪の判断基準が曖昧である漢代の不道罪（誣罔・罔上など）に該当する可能性がある。[54]先述したように漢代の不道罪に対する処罰が謀反罪と同様に犯人の死刑と縁坐者の族刑であることからも、E-1との類似性を見つけることができる。

背公営私罪に対する処罰の変遷を検討する。背公営私罪は贓を得た罪であることから、漢代までは窃盗罪の範疇に含まれるものであった。漢代では窃盗罪・収賄罪と同様に贓の価格に応じて処罰され、さらに禁錮も適用された。G-2のように曹魏以降はこれに関連する条文（「仮借不廉」）が請賕律に設けられた。西晋以降の変遷は官人収賄罪と同様である。請賕律・受賕律などは官人の処罰規定であるため、そこに見える背公営私罪も収賄罪と同様に官人のみに適用されたと考えられる。また、西晋以降における贓吏に対する禁錮も官人収賄罪と同様に処罰が変遷している。唐律における背公営私罪についての規定は職制律「貸所監臨財物」条の一部となり、流・徒・杖・笞などの刑罰に処されるとともに、贓の没収が行われる。[55]背公営私罪に対する処罰は、笞刑以上流刑以下に処され「除名」・「免官」などの仕官禁止が適用されないという点で、杖刑以上絞刑以下に処され「除名」・「免官」などの仕官禁止が適用される官人収賄罪に対する処罰よりも軽い。

（二）　そのほかの官人の職務関連規定

地方官の赴任規定については、歴代中国王朝に明文化した規定が記されていない。反対に規制がなかった可能性もあるが、記録がないために不明である。

官印の授与については、中国王朝ではすでに前漢以前から官印と印綬の存在が認められる。漢代から魏晋南北朝までは、金印紫綬・銀印青綬など（身分ごとに材料が異なる）の印綬を官吏個人に授与してそれを携帯させたが、隋唐以降は、同一の材料（銅）の官印を官府に授与してそれを常置するようになった。[56]

官人の休暇関連規定については、漢律と唐令に類似した規定があり、両方ともに選挙（官吏の登用）に関する律令に定められている。漢においては、「寧」・「告」という二種類の休暇があり、前者は喪事による休暇、後者は病気など喪事以外の休暇である。[57]「二年律令」には一年六〇日の休暇（告）が規定されており、[58]また三ヶ月以上の病気の場合には免官された。[59]唐においては選挙令に一〇〇日以上の病気の場合、「解官」することになっている。[60]

以上の検討結果を先に検討した朝鮮三国の処罰規定と合わせてまとめれば、次の表2-3・4のようになる。

まず窃盗罪については、高句麗・百済が定額的な賠償を科しており、新羅が身柄の拘束をともなう刑罰が適用されるとともに、贓物が徴収されたという点以外は不明であるのに対し、中国王朝では主に労役刑（城旦舂・隷臣妾・徒など）や身体刑（黥・杖・笞など）を科している。高句麗・百済と中国王朝の刑罰においては、両者の性格が大きく

表2-3　歴代中国王朝と高句麗・百済の窃盗罪・強盗罪・官人収賄罪

王朝	窃盗罪・強盗罪	官人収賄罪
前漢	窃盗：黥城旦舂・完城旦舂・耐隷臣妾／罰金 強盗：磔＋完城旦舂（妻子）	上同（盗律）＋終身禁錮
曹魏	・	請賕律を分離
西晋	・	請賕律を存続／除名（仕官禁止）
梁	強盗：縁坐刑の廃止	受賕律と改名
北魏	強盗：最高流刑	枉法・不枉法ともに最高死刑
唐	窃盗：流・徒／杖・笞＋二倍の徴収 強盗：絞・流・徒＋二倍の徴収（徒のみ）	枉法：　絞・流・徒・杖＋除名（六年） 不枉法：　流・徒・杖＋免官（三年）
高句麗（六世紀以降）	窃盗：一〇余倍の徴収→一二倍の徴収 強盗：斬	・
百済（六世紀～七世紀）	窃盗：流刑＋二倍の徴収→未詳	未詳→三倍の徴収＋終身禁錮

表2-4　歴代中国王朝と新羅の窃盗罪・官人の職務関連犯罪

王朝	窃盗罪	官人の職務関連犯罪	
		君主欺瞞罪	背公営私罪・官人収賄罪
前漢	黥城旦舂・完城旦舂・耐隷臣妾／罰金	腰斬＋族刑？	上同（盗律）＋終身禁錮
曹魏	・	斬？	請賕律を分離
西晋	・	斬？	請賕律を存続／除名（仕官禁止）
梁	・	斬？	受賕律と改名
北魏	最高死刑	斬？	枉法・不枉法ともに最高死刑
唐	流・徒／杖・笞＋二倍の徴収	斬？	背公営私罪：流・徒・杖・笞＋贓の徴収 枉法：絞・流・徒・杖＋除名（六年）＋贓の徴収 不枉法：流・徒・杖＋免官（三年）＋贓の徴収
新羅	徒・流＋徴収（倍率は未詳）	死＋族刑	背公営私罪：杖＋流 収賄：未詳（犯人）＋禁錮（連坐）

異なっていることが読み取れる。新羅と中国王朝の刑罰においては、一見すると両者の性格は類似しているようであるが、新羅において贓物の何倍の財物を罰金として徴収するかが不明であるため、両者は比較しがたい。中国王朝でも一部定額的賠償や罰金が認められるが、高句麗の賠償比率がはるかに高く、A-2では賠償できる財物がなければ奴婢を引き渡して賠償とするとされていることから見ても、中国王朝と高句麗の差異は大きい。

官人収賄罪については、百済の法令が時期によって窃盗罪・官人収賄罪のうち一方だけを伝えており、両者を同様に処罰したか否かを把握できない[61]。窃盗罪と同様に処罰している点で、盗律との分離以前の漢代の律令に類似している。B-2のように官人収賄罪を犯した者を終身禁錮としている点は、贈収賄罪を犯した官吏の仕官を禁止する漢代の律令に類似しているので、両方の影響関係を検討する必要がある。背公営私罪・官人収賄罪については、新羅の法令では官人収賄罪を犯した本人に対する処罰が未詳で、連坐者が禁錮に処され、背公営私罪の処罰は労役刑＋肉刑である。一方、後漢代の律令では、窃盗罪と背公営私罪・官人収賄罪の処罰が同様のものであり、本人が終身禁錮に、縁坐者が禁錮に処されている。両者のあいだには共通する部分もある一方で、異なる点も少なくない。

君主欺瞞罪については、漢代の不道罪（誣罔・罔上など）に類似する点が見える。両者の類似点は、縁坐刑として族刑があり、罪の判断基準が曖昧であることである。

地方官の赴任規定については、中国王朝の規定が不明であるため、比較できない。官印の支給については、E-6で六七五年に各官司に官印を支給したことは隋唐の影響であると考えられる[62]。ただし、それ以前は官吏個人に印綬を支給した可能性が高いので、漢代〜魏晋南北朝の影響があったと推定される。

官人の休暇関連規定については、新羅の法令では個人事情で六〇日以上の長期休暇を申請した者に「解官」を許可するのに対し、漢律では三ヶ月以上、唐令では一〇〇日以上の場合に「解官」すると規定されている。日数では漢律により近いが、新羅の法令が七五八年に公表されたものであるために、唐令の影響である可能性も否定できない。

第二節　漢代〜唐代の律令の伝播時期

以上の検討結果に基づくと、高句麗・百済で成文法頒布以降の法令における殺人罪・窃盗罪に対する処罰は、歴代中国王朝の律令と比較して異なる部分が少なくない。特に、窃盗罪を犯した者に一〇倍以上の賠償をさせるという高句麗の処罰規定は、北魏建国以前の代国における慣習法と類似する点が注目される[63]。同様の処罰規定は扶余・突厥・

女真・モンゴルなどの慣習法にも認められるので[64]、北方の非定住（遊牧・狩猟など）系統種族における慣習法の共通点であったと考えられる。つまり、高句麗・百済の法令における殺人罪・窃盗罪に対する処罰は、成文法頒布以降にも慣習法的性格をもち、慣習法をそのまま成文化したものであったと考えて大過なかろう。

一方、牛や馬を殺した場合、高句麗では自ら被害者の奴婢となることにして賠償したと考えられる。「二年律令」と唐律ではいずれも窃盗罪に準じて処罰するとしている[65]。具体的には、殺害された牛や馬の価格に応じて身体刑・労役刑や罰金刑の処罰が決定される。このように高句麗において牛馬の殺すことに対する処罰は中国王朝と異なるので、中国王朝の律令の影響というよりは慣習法をそのまま成文化したといえよう。

新羅の法令における窃盗罪に対する処罰は、高句麗・百済のように定額的賠償制などの慣習法をそのまま成文化した規定もあったかもしれない。地方官の赴任規定については、中国王朝の規定が不明であるため、比較できない。

高句麗の法令のうち謀反罪に対する処罰規定を中心に概観すると、高句麗の法令がどの時期の中国王朝の律令に影響されているのかを判別しがたい。ただし、A-2・3は成文法頒布以降の六・七世紀の事情を伝えているので、謀反罪を犯した者の一族を籍没する規定などは五世紀以降の北魏から影響を受けて追加されたものであり、成文法頒布当時の法令にはなかった可能性がある。したがって、頒布当時の法令はおそらく慣習法をそのまま成文化したものであったのかもしれない。

一方、百済の成文法頒布当時における謀反罪関連の法令は、曹魏以前の中国王朝の律令の影響を受けている可能性がある。同時期の官人収賄罪関連の法令は、後漢以降の中国王朝の律令の影響を受けている可能性がある。つまり、百済の法令は後漢以降曹魏までの律令の影響を受けているということになる。ただし、殺人罪・窃盗罪関連の法令の中には、慣習法をそのまま成文化した規定もあった可能性もある。

さらに、謀反罪の縁坐刑は、歴代中国王朝の場合、律令の初期段階では族刑を中心としていたが、曹魏以降しだいに籍没を中心とするように変化してきたため、高句麗・百済においても律令の頒布当時から籍没であったとは考えがたい。高句麗・百済の関連記録が六世紀の事情を伝えていることを考えれば、成文法頒布後六世紀中葉以前のある時期に、東晋以降の中国王朝の律令から影響を受けて族刑に類する処罰から籍没に変わったと考えられる。しかし、これは単なる受容ではないと思われる。中国王朝の律令の場合、族刑が適用される親族の範囲が最も狭い唐においても、成年の男子は絞刑という死刑に処されていて籍没の対象にはなっていない。一方、高句麗・百済の律令の場合は一家全体を籍没しているように読み取れる。日本のいわゆる「律令」においても謀反罪の縁坐刑が一家全体の籍没となっていることから見ても[66]、それらは高句麗・百済において中国王朝の律令が変容したことを示す事例として扱うことができるのではなかろうか。

高句麗・百済の法令では退軍罪について縁坐刑を附加せずに斬刑に処するとされていた。先述のとおり、退軍罪の場合、歴代中国王朝の変遷過程には不明な点も多いものの、わずかに残された史料からすると、いずれの時代においても斬刑に処されたようであるが、「二年律令」では縁坐刑が設けられていたのに対して、唐律ではこれがなくなっている。おそらく、条項が分離された梁代以前のある時期に縁坐刑が廃止されたと考えられる。したがって、高句麗・百済における退軍罪の処罰は、成文法の頒布以降、謀反罪の縁坐刑が籍没に改定される際に、梁以前のある時期の影響を受けて、縁坐刑が廃止された可能性が高い。

このほか、高句麗の法令に見える強盗罪については、退軍罪と同様、縁坐刑を附加せずに斬刑に処すると定められていた。強盗罪については先に検討したように、歴代中国王朝の変遷過程を部分的に確認できる。「二年律令」では被害の程度に関係なく、死刑のみならず縁坐刑までも適用されたが、北魏では被害の程度に応じて差異がありながらも、最高でも流刑に留まり、梁代では縁坐刑がなくなり、唐律では人を殺傷したり仗を持っていたりしなければ最高でも絞刑に留まった。縁坐刑がなくなった梁代は、高句麗の成文法頒布時期よりはるかにあとである。高句麗における強盗罪の処罰は、もし中国王朝の律令の影響を受けたとすれば、成文法の頒布以降、謀反罪の縁坐刑および退軍罪が改定される際に、梁以前のある時期の影響を受けて、縁坐刑が廃止された可能性が高い。

新羅の法令における謀反罪の処罰は、曹魏以前の中国王朝の律令に類似する部分と、東晋以降の律令に類似する部分が併存しているので、族刑縮小以前の曹魏までの律令に基づき、東晋以降の律令を一部受容したと考えられる。「退軍」罪の処罰は、犯人のみ死刑に処し、謀反罪と刑罰が異なる可能性があるので、もしそのとおりとすれば曹魏以降の中国王朝の律令と類似する。

君主欺瞞罪の処罰は、漢代の不道罪（誣罔・罔上など）に類似する。背公営私罪・官人収賄罪の処罰は、後漢代の律令に類似する部分もあるが、縁坐と連坐などにおいて異なる点も少なくない。官印の支給については、六七五年の措置は唐令の影響によるものであり、それ以前は漢代～魏晋南北朝の影響があったと推定される。官人の休暇関連規定については、唐令の影響である可能性が高い。

つまり、新羅の法令は後漢以降曹魏までの律令の影響を受けている部分が少なくないということになる。また、後漢以降曹魏までの律令の影響を認めがたい部分については、泰始律令などの両晋南北朝の律令よりも隋唐の律令の影響を受けたと考えられる。

さらに、新羅における謀反罪は、唐律のような「反」と「叛」の区分があまり見られず、むしろ「反（叛）」と「謀反（叛）」において縁坐刑の差異があったと考えられる。背公営私罪の処罰にも中国王朝には見られない二重処罰（杖＋流）の事例がある。官人収賄罪の処罰においては、縁坐者を禁錮に処する漢などの中国王朝と異なり、同じ地域の出身者などの連坐者を禁錮に処している。官人の休暇関連規定においても、「解官」を認める日数が短くなっている。これらは中国王朝からの受容とは見なしがたいが、中国王朝から受け継がれた律令が新羅において変容したことを示す事例として扱うことができるのではなかろうか。

要するに、以上の検討結果を踏まえれば、高句麗の法令にはおおむね慣習法をそのまま成文化したものの比重が少なくなかった。一方、謀反罪の縁坐刑、退軍罪、強盗罪は成文法の頒布当時ではなく、それ以降の改定過程で中国王朝の律令の影響を受けた可能性が高い。したがって、頒布当時の高句麗の成文法が泰始律令とどのような影響関係にあったかは不明である。

以上のように、条文の比較では高句麗が具体的にどの時期の中国王朝の律令から影響を受けたか判断しがたい。そこで最近発見された「集安高句麗碑」が注目される。この碑文の主な内容は墓守に関する制度であるが、建国神話や律令の施行などに関する記述もあり、研究者の関心を呼んでいる。特に律令の施行に関して注目される内容は、

自戊□定律、教内發令、更修復。

という部分である。該当部分は守墓制について律を先に制定したのちに教を下して令を発布したことをいうものと一般に理解されている。

この内容について、一般的には小獣林王期（三七一〜三八四）に律令が頒布され、故国壌王期（三八四〜三九一）に守墓制に関する律が制定（または改定）されたのち、広開土王期（三九一〜四一三）に守墓制に関する令が制定（または改定）されたと解されている。そのうち「泰始律令継受説」の立場からは、小獣林王期に守墓制に関する律令を頒布し、故国壌王期になって律が改定されたのち、広開土王期に令が改定されたとする。この見解は、刑法（律）と行政法（令）が別の法典として編纂された泰始律令と類似する法典の改定状況が、当時の高句麗にもあったと見ている。(67)

しかし、この見解は成文法が法典の形態でしか存在しないと認識し、泰始律令以前の律令に律典または令典が存在したと想定する、出土文字資料の発見以前の見解のみを踏まえており、出土文字資料の発見以降、秦漢律令に律典や令典が存在しなかったと認識されるようになったことを踏まえていないので、従いがたい。

一方、「泰始律令継受説」を否定する立場からは、小獣林王期に律令のうち守墓制に関する部分を除外して先に頒

布し、故国壌王期に守墓制に関する律が制定され、広開土王期に守墓制に関する令が制定されたとする。このような法令の制定状況は、法の条文のかたちに編集する作業が完了した追加単行法としての律と、詔書のうち法令として選択されたものの集成である令とで成された秦漢律令と類似するという見解であり[68]、以降支持を得るようになっている[69]。このような見解は秦漢律令について出土文字資料の発見以降の最新見解[70]を踏まえており、碑文の内容についても論理的に無理のない解釈をしているので、従うべきであろう。

ただし、これまでの検討のみを見ても、高句麗における成文法の頒布は決して全面的な中国王朝の律令の継受ではなかった。成文法の頒布以前から存在した高句麗の伝統的方式である「教令法」も、また小獣林王期以降の律令の運用に少なくない影響を及ぼしたのであろう[71]。

百済・新羅の法令には確かに中国王朝の律令の影響が認められるが、なかには慣習法をそのまま成文化したようなものも含まれていたということになる。いずれにせよ、成文法頒布当時の朝鮮三国の律令からは、泰始律令の直接的影響は認められず、むしろそれ以前の後漢以降曹魏までの律令からの影響のみが認められる。曹魏以前の律令は、法典ではなく単行法を中心とする法体系(いわゆる「原始律令」)であったため、朝鮮三国で頒布された成文法もいわゆる「原始律令」であった可能性が高い。その場合、中国王朝の律令の受容は一部の条文を選択して受容するに留まった可能性が高いため、体系的な継受とはいえず、いわゆる「原始律令」のような運用体系の受容に加えて、当時必要な単行法令を選択的に受容したと思われる。

前章で述べたように、頒布当時における新羅の律令について漢律から影響を受けた可能性がすでに指摘されたこと[72]もある。その見方は当時の律令が規制力をともなわない外面的な装飾の機能しか有していなかったと推定しているが、当時の律令が規制力をもっていることは、一九七〇年代以降の金石文の発見と新羅王権の成長に関する研究の蓄積によって証明された。

ただし、七世紀中葉の唐制の本格的導入以降、E-6・E-7のように個別の条文には唐律令の影響も見えるので、「原始律令」的体系が新羅末まで持続したとは言い切れない。しかし、それが直ちにいわゆる「律令」のような法体系の導入を意味するかはまだ検討の余地がある。つまり、中代以降唐律令の影響によって、いわゆる「律令」のような法体系が導入されたとも想定できるが、現存の史料では新羅の法体系がどのようになっていたかを示すものが存在しないため、本章では結論を保留することにしたい。

第三節　中国王朝の律令の伝播経路

一　中国王朝の律令が直接伝播した可能性

これまでに検証した事柄は、一部の条文の比較に基づいたものにすぎない。それらのみではどの時期の中国王朝の律令が朝鮮三国に伝播されたかはまだ断定できない。その危険性を避けるためにはすでに検討した伝播時期とともに伝播経路の検討が必要と考えられる。ただし、どの時期の中国王朝の律令が朝鮮三国に伝播されたのかという点とその経路については、現在それを客観的に立証できる資料が全くないため、当時の歴史的状況から推定してその範囲を絞る作業に留めておき、新しい資料の出現を待つことにする。

四世紀の高句麗・百済と六世紀前半の新羅については、以下の三つの理由から、両晋または南北朝の律令が伝播した経路が想定できず、また泰始律令などのいわゆる「律令」を受容すべき歴史的背景も確認できない。

第一に、高句麗・百済では両晋時期（二六五〜四二〇）までは劉宋（四二〇〜四七九）以降と異なり、中国王朝へ定期的に使節を派遣する外交的通路が確保されていなかった。また、新羅では北斉（五五〇〜五七七）・陳（五五七〜五八九）以降、中国王朝とのあいだに外交通路が確保されたが、それより前では確保されていなかった。

もっとも、高句麗の場合、成文法を頒布する以前でも前燕の慕容儁（三四八〜三六〇）から冊封されたり、前秦の苻堅（三五七〜三八五）から仏教を受容するなどの外交関係をもっていた[73]。しかし、前燕・前秦はともに律令を頒布したわけではなく、また泰始律令を受容した痕跡も見られない[74]。高句麗は、東晋においては安帝（三九六〜四一八）から最初に冊封されているが[75]、それは成文法を頒布したのちのことである。百済は東晋の簡文帝（三七一〜三七二）から最初に冊封されたが[76]、まだ律令を受容できるほどの定期的な使節の派遣は見られない。律令を受容できるほど両国が定期的に使節を派遣するようになった時期は、劉宋文帝の元嘉年間（四二四〜四五三）からである[77]。新羅の成文法頒布当時における中国王朝は北魏（三八六〜五三四）と梁（五〇二〜五五七）であるが、新羅が北魏へ使節を派遣した事例は記されていない。また、梁へは五二一年に一度だけ使節を派遣しているが、百済の仲介と通訳を経ているので[78]、律令を受容できる状況とは考えがたい。

第二に、四世紀の高句麗・百済と六世紀前半の新羅には、西晋以降の律令の運用方法に熟知している専門家が存在しなかったと考えられることである[79]。百済と新羅の場合、そのような専門家が中国大陸から派遣されるようになるのは、各々六世紀の中葉[80]と隋代（五八一〜六一八）[81]からである。高句麗の場合、四世紀初めに遼西での権力闘争に負けた東晋の平州刺史崔毖（三一九亡命）や、前燕の幕僚出身の佟寿（三三六亡命・三五七死亡）[82]などの亡命者がそのような専門家に相当すると考えられなくもないが、彼らの活動時期と成文法の頒布時期（三七三）に間隔があり、先述したように成文法頒布時の法令の内容からすると泰始律令の影響も見出しがたい。

むしろ北魏の末期である六世紀前半の華北地域では、鎮兵の反乱によって流民が多く発生してその一部が高句麗に亡命し、その長（いわゆる「流民帥」）は高句麗で官人として活躍した痕跡があるので[83]、いわゆる「流民帥」に先述した律令専門家がいた可能性は高いと考えられる。高句麗と北魏はともに北方の非定住（遊牧・狩猟など）系統種族からしだいに農耕化・定住化・漢化したという共通性があるので、高句麗の律令を制定して運用するときにも参考になる点が多かったと推定される。ただし、華北地域からの亡命者が高句麗に渡来したのは成文法の頒布以降なので、北魏の律令の影響を受けたとしても、それは高句麗の律令改定時のことであろう。

第三に、泰始律令のような法典編纂の必要性が四世紀の高句麗・百済と六世紀前半の新羅にはなかったと考えられることである。泰始律令を編纂する際には、追加単行法の増加によって大量の条文を整理したり、行政機構の発達によって増加した行政命令を独立させたり、竹簡から紙への書写材料の変化にともなって一定の秩序のある書物として法典を編纂したりする必要性があった[84]。特に百済における行政機構の分化・体系化は六世紀以降のことである[85]。一方、高句麗の場合は、「中裏」などの行政機構の分化・体系化を知りうる史料が七世紀の事情を伝えるものしかなく、遅くとも後燕の慕容宝期（三九五〜三九八）まで府官制を採用していたことが確認できるだけで[86]、行政機構が分化・発達したとはいえない状態であった[87]。

新羅における本格的な行政機構の発達は、早くとも真平王代（五七九〜六三二）以降のことである[88]。一方、六世紀前半の新羅は、「王」号と「新羅」という国号の定着、地方官の派遣などによって王権が強化されたため、既存の慣習法と判例を中心とする法体系（いわゆる「教令法」）を、成文法を中心とする法体系へ改編する必要があったと考えられる。しかし、当時の新羅は成文法を中心とする法体系を運用した歴史的経験がなかったため、以前のいわゆる「原始律令」のように単行法を中心に運用されたほうが受け入れやすかったと思われる。同時代のいわゆる「律令」のような法体系は、法典の編纂や篇目と条文の配置および法の全体的な継受などが必要であり、運用方法が複雑であり部分的受容も困難であったためである。

二　中国王朝の律令の伝播と楽浪郡

中国王朝の律令が定期的な使節や亡命者によって伝播されたわけではないとすると、次に朝鮮半島西北部に設置されていた楽浪郡を経由して間接的に伝播された可能性を考えてみる必要がある。仮に法制度や文化が楽浪郡を経由して受容されたとすれば、楽浪郡で変容したものを受け入れたはずであって、中国王朝から直接受容する場合と同様には扱いがたい。中国王朝の辺郡であった楽浪郡は、設置（前一〇八）当時から古代東アジアにおける中国文明を独自の要素を加えたうえで周辺に伝播する役割を果たしてきたと考えられる。ちなみに権五重によると、楽浪郡が中国文明の媒介者としての役割を果たしたのは、後漢の光武帝期（二五～五七）から安帝期（一〇六～一二五）、および公孫氏政権期（一八九～二三八）から曹魏の正始年間（二四〇～二四九）までとされる。[89]それ以降は司馬氏のクーデター（二四九）によって曹魏中央政権の楽浪郡に対する影響力が減少したが、魏末晋初に東夷校尉が楽浪郡の機能を代替することにより、朝鮮諸国は直接的に中国王朝と外交関係をもつようになる。[90]

楽浪郡は中国王朝から見れば辺郡であるが、その領域内で律令が内郡と同様に施行されていたことは、次の諸点からも確実視される。すなわち、①辺郡一般において、非定住民である非漢人が居住する辺境に対しても、内地の農耕民を徙民して律令に基づく郡県支配を貫徹していることが出土文字資料に見えること、②楽浪郡は内地と同様の農耕地域であり、郡県支配のために内地から徙民させなくても、律令に基づく郡県支配を実施できる社会経済的条件を備えていること、③文書行政関係の出土遺物と、『漢書』地理志に認められる楽浪郡の六〇余条法令の存在、④内地と同様の郡県組織、などから確実である。[91]それは最近公開された「県別戸口統計簿」など[92]文字資料からも裏づけられる。これは楽浪郡所属各県の戸口統計であるが、このような文書は郡県支配がある程度実施されていないと作成できないはずである。したがって、楽浪郡には郡の太守が現地で採用した属吏など、律令の運用方法を把握している専門家が少なくなかったと考えられる。つまり、楽浪郡から来た人々によって朝鮮三国に伝えられた中国王朝の律令は、中国王朝が楽浪郡に影響を及ぼす最終時期である曹魏の正始年間またはそれ以前のものであったと推定される。

中国王朝の律令が朝鮮三国に伝播する経路を考えるうえで、楽浪郡と並んで注目すべきなのが、三世紀初めに公孫康が楽浪郡の南部を分けて設置した帯方郡である。近年では、墓制の変化に基づき両郡の住民移動について説明した研究成果も出されている。[93] それによると、北方の楽浪郡には中原系遺物が多く副葬された合葬木槨墓を造営する土着漢人が多く居住した。一方、南方の帯方郡には中原地域の様式に近い塼室墓を造営する新来漢人（帯方郡の設置にともなって新たに来た漢人）が多く居住していた。土着漢人が楽浪郡に定着した時期は、墓制や遺物から後漢初期の一世紀前半と考えられているが、[94] これは後漢の光武帝による楽浪郡の再設置[95]とかかわるのであろう。また、新来漢人は帯方郡が新設された三世紀初めに同郡に定着したと推定され、同時代の中国文明に対する理解度が楽浪郡の土着漢人よりも相対的に高かったと考えられる。[96]

さて、高句麗地域の漢系墳墓は石室封土墳と塼室墓がある。それらは四～五世紀のものと考えられ、四世紀初めに両郡が遼西へ移動させられて以降に該当する。石室封土墳はもとより合葬木槨墓を造営してきた旧楽浪郡出身者とその後裔が造営したが、塼室墓は三世紀初頭に後漢から渡来した旧帯方郡出身者とその後裔が造営したと推定される。[97] 特に前者は楽浪郡の遼西移動によってその核心勢力が遼西の僑郡に移ったため、残存した弱小勢力が高句麗や周辺勢力の影響下で墓制を改変したことを意味するのであろう。後漢の華北地域からの亡命者[98]は、移住時期が旧帯方郡出身者と同様であるため、高句麗での役割と墳墓の様式もほぼ同様であったと推定される。一方、曹魏～前燕の華北地域からの亡命者は、石室封土墳が活発に造営されてきた遼東・遼西地域の出身であるため、石室封土墳の造営を主導したと考えられる。[99]

石室封土墳と塼室墓を造営した漢人勢力は、主に五世紀から高句麗の外交において活躍している。(100) しかし、これは高句麗の成文法が頒布されたのちのことである。したがって、彼らが四世紀後半における成文法の制定や頒布に直接かかわっていたとは考えがたい。

むしろ高句麗における成文法の頒布が、前秦の苻堅から仏教を受容した翌年であることを考えれば、高句麗における成文法の頒布は苻堅の使節と深くかかわる可能性が高い。特に苻堅が前漢の文帝を理想的な君主と見なして漢代の政策を継承し、東晋を意図的に否定していることから見れば、(101) 成文法頒布当時の高句麗の法令は、漢の律令体系を参考にして高句麗の慣習法を成文化したものであったと推定される。ちなみに、前秦と同時期の五胡十六国のうち、泰始律令をそのまま施行したり、影響を受けたりした国家があるという史料は、管見の限り見られない。さらに、北魏の場合も神䴥四（四三一）年、崔浩の主導下で律令を改定する際に漢代の律令をモデルとした。(102) これはおそらく前秦を含む五胡十六国と北魏などが、東晋・南朝と正統性を争う立場に立ったため、相手方の法制度を受容しがたかった事情を反映しているのではないかと思われる。高句麗の場合は、五胡十六国と異なり、東晋・南朝と正統性を争う立場ではなかったが、前秦の影響下で律令を制定したため、泰始律令の影響を受けなかったと考えられる。高句麗の慣習法を成文化する際、苻堅の使節が成文法の制定を提議し、漢代律令の制定・改定方式を説明するなど主導的役割を果たし、漢人勢力が実務者として細部的な各条項の制定など補佐の役割を果たしたと推定できよう。

旧帯方郡出身と推定される人々は、四～五世紀から百済の政治と外交において活躍している。それをまとめれば、表2-5のようになる。(103)

この表にまとめたように、近肖古王代（三四六～三七五）の博士高興、劉宋に使臣として派遣された張威（四二四）、南斉に使臣として派遣された高達・楊茂・会邁（以上四九〇）・王茂・張塞（以上四九五）(104) などがあげられる。彼らは中国大陸からの亡命者あるいは使節の末裔とも考えられる。もっとも、彼らと同じ姓氏を称する中国大陸からの亡命者や使節を記した史料や、四世紀以前に中国大陸から百済へ多数の人が移住したことを証明する遺物などが見えない。しかし、百済が三一四年以降の数十年間において旧帯方郡地域を領域として支配した結果、百済国内に多くの旧帯方郡出身者が住むようになったことは容易に推定できる。また、旧帯方郡から百済に多数の人が移住したことを示す遺物も多い。したがって、現在の資料状況からは彼らが中国大陸からの移住者である可能性よりは旧帯方郡出身である可能性が比較的高いといえる。彼らが活躍した時期は百済で成文法が頒布された推定時期と一致しており、高句麗の事例を参照すれば、成文法の制定・頒布に彼らが関与した可能性は高いと考えられる。

新羅の成文法制定については、旧楽浪郡・帯方郡出身者の可能性がある人々の活躍は全く見られない。それにもかかわらず、先述のとおり新羅の成文法に前漢～曹魏の律令から影響を受けたと見られる部分があることは、どのように解するべきであろうか。

周知のように新羅は四世紀末から五世紀中葉まで高句麗の政治的・文化的影響を強く受けており、六世紀前半には

表2－5　百済の旧帯方郡出身者

姓氏	人物	活躍	関連遺物	出土地
高氏	高興 高達	博士 南斉に使臣	「高」銘塼	黄海道信川郡
楊氏	楊茂	南斉に使臣	「楊氏」銘塼	右同
王氏	王茂	南斉に使臣	正始九年（二四八）銘塼	右同の王卿墓
張氏	張威 張塞	劉宋に使臣 南斉に使臣	「張撫夷塼」（三四八）	黄海道鳳山郡
会氏	会邁	南斉に使臣	建興四年（三一六）銘塼の「會景」	黄海道

百済との文化交流が盛んに行われている。高句麗では漢人勢力が、百済では旧帯方郡出身者が、成文法制定において活躍したことは既述のとおりである。つまり、新羅の成文法における前漢～曹魏の律令の影響は、高句麗・百済で漢人勢力・旧帯方郡出身者の活躍によって制定された成文法が、新羅と高句麗・百済間の頻繁な文化交流を通して、新羅へ影響を与えた結果であると考えられるのではなかろうか。

そのように想定した場合、新羅の君主欺瞞罪の処罰規定には漢律の不道罪の影響があり、主に前秦の使節と漢人勢力によって制定され、漢律の影響が強かった高句麗の法令から影響を受けたと推定される。背公営私罪・官人収賄罪には後漢の律令の影響があり、主に旧帯方郡出身者によって制定され、後漢～曹魏の律令の影響が強かった百済の法令から影響を受けたと推定される[105]。謀反罪・退軍罪には曹魏とそれ以降の影響があり、主に北魏からの亡命者によって制定された高句麗の改定法令より影響を受けたと推定される。新羅と中国王朝との直接交流は、六世紀中葉の漢江流域進出から始まるので、成文法頒布当時には中国王朝の律令から直接影響を受けたとは想定しがたい。

中代（六五四～七八〇）以降の法令は、以下に述べるように一部唐の影響が見られるが、ほとんど中古期（五一四～六五四）のままであったと考えられる。官印の支給は隋唐の制度と類似しているが、六七五年から実施したので、唐から影響を受けたと考えられる。官人の休暇規定は、中代に唐の影響があった可能性もあるが、中古期と同様の可能性もある。謀反罪には中古期と中代の差異が見られない。君主欺瞞罪・退軍罪・背公営私罪・官人収賄罪などは、中代に処罰の事例が記されているが、前漢～曹魏の影響が強いので、中古期から変化があったとは考えがたい。つまり、唐と頻繁な使節交換があったにもかかわらず、法令への影響は目立たない。ただし、中央官制などはこれと異なる状況にあった可能性もあるが、それは第三章以降で検討したい。

要するに、前項で検討したように朝鮮三国の法令が両晋南北朝のそれから影響を受けた可能性は低いため、中国王朝から影響を受けたとすれば、西晋以前のそれからの影響であろう。さらに影響経路を推定してみると、高句麗では華北地域からの亡命者の影響もあったが、主に楽浪郡・帯方郡を経由して後漢・曹魏の律令から間接的に影響を受けた可能性が想定できる。以上のことを考え合わせると、朝鮮三国の法令は楽浪郡・帯方郡を経由して後漢・曹魏の律令から間接的に影響を受けた可能性が高いといえる。

おわりに

以上、本章では朝鮮三国におけるいわゆる「泰始律令継受説」の当否を判定するために、高句麗・百済の法令と唐以前の律令のうち、謀反罪・殺人罪・窃盗罪・強盗罪・官人収賄罪に対する処罰規定を検討した。また、新羅の律令における中国王朝の影響を明らかにするために、新羅の法令と唐以前の律令のうち、謀反罪・窃盗罪に対する処罰規定と官人の職務関連規定を、主に取り上げ比較検討した。

高句麗の法令のうち謀反罪・退軍罪・強盗罪の処罰規定に関しては、泰始律令以降の影響が認められたが、みな成文法の頒布以降北魏の影響によって改定されたものと推定された。また、窃盗罪・殺牛馬罪に対する処罰規定には従来の慣習法的性格が含まれていた。ただし「集安高句麗碑」をつうじて高句麗で律令が運用される方式を推定してみると、泰始律令よりはいわゆる「原始律令」と類似する部分が多かった。

百済の法令のうち謀反罪・官人収賄罪の処罰規定に関しては、後漢または曹魏以前の「原始律令」の影響が認められた。新羅の法令における謀反罪・退軍罪の処罰は、曹魏までの中国律令と共通点が見られる。また、君主欺瞞罪に対する処罰は漢代の不道罪に類似している。背公営私罪・官人収賄罪の処罰は、後漢代の律令に類似している部分がある。官印の支給については、六七五年以前は漢代～魏晋南北朝の影響があったと推定される。

また、高句麗の法令に関しては、漢代の「原始律令」が華北地域からの亡命者と楽浪郡・帯方郡を経由して四世紀前半に伝播され、四世紀後半に前秦の影響下で慣習法を成文化して頒布したと推定される。そして六世紀前半に北魏から亡命した遺民によって成文法が改定された可能性もうかがえたが、その内容は謀反罪の縁坐刑が籍没となり謀反罪と退軍罪の条文と刑罰が区分されることであった。百済に関しては、三世紀前半の中国王朝の「原始律令」が主に帯方郡を経由して四世紀前半に伝播し、五世紀前半（または四世紀中葉）に成文法として頒布されたと考えられる。新羅の法令に関しては、漢代の「原始律令」が主に華北地域からの亡命者と楽浪郡・帯方郡を経由し、三世紀前半の中国王朝の「原始律令」が主に帯方郡を経由したうえで、前者が高句麗によって、後者が百済によって六世紀前半まで影響を及ぼして「原始律令」的性格が見られるようになったと考えられる。

以上のような検討の結果、少なくとも朝鮮三国で成文法が頒布される時期に、泰始律令やそれ以降のいわゆる「律令」から影響を受けた痕跡は見つからなかった。一部いわゆる「律令」から影響を受けたと考えられる部分は、成文法が頒布される時期のものではなく、六世紀以降に改定されたものであった。

ただし、第一部では、律令の一部を比較検討し、古代東アジアにおける律令の伝播と変容を論じたという点で限界があることも事実である。その危険性をできる限り避けるためには、比較検討の対象を増やすことが必要である。そのために、さらに中央官制・地方行政制度なども比較検討する必要がある。

註

（1）本章で比較・検討する殺人罪とは、漢律の賊殺、唐律の故殺などに該当する故意殺人である。賊殺・故殺以外に漢律・唐律の戯殺・過失殺は死刑まで至っておらず（以上、水間大輔『秦漢刑法研究』知泉書館、二〇〇七年、九七～一〇九頁を参照）、高句麗・百済の殺人罪が死刑に処されることと異なるためである。高句麗・百済の殺人罪に賊殺・故殺と戯殺・過失殺の区別があったのかは不明であるため、戯殺・過失殺も死刑に処された可能性があるが、両国が中国王朝の影響下で成文法を制定したことを考えれば、そのような可能性は低いと思われる。

（2）以下、「二年律令」を検討する際には早稲田大学簡帛研究会「張家山第二四七号漢墓竹簡訳注（一）――二年律令賊律訳注（一）」『長江流域文化研究所年報』創刊号、二〇〇二年と専修大学『二年律令』研究会「張家山漢簡『二年律令』訳注（一）・（二）――賊律・盗律」『専修史学』三五・三六、二〇〇三・二〇〇四年を、中国正史の刑法志については内田智雄編『訳注中国歴代刑法志』・『訳注続中国歴代刑法志』（創文社、一九六四年・一九七一年）を、『唐律疏議』については律令研究会編『訳註日本律令五～八：唐律疏議訳註篇一～四』（東京堂出版、一九七九～一九九六年）をそれぞれ参照した。史料の中で〈 〉を付けた部分は割注である。

（3）以城・邑・亭・障反、降諸侯、及守乗城・亭・障、諸侯人來攻盗、不堅守而棄去之、若降之、及謀反者、皆腰斬。其父母・妻子・同産、無少長皆棄市。…（張家山漢簡「二年律令」賊律第一・二簡）

（4）賊殺人、鬬而殺人、棄市。其過失及戯而殺人、贖死。傷人、除。（張家山漢簡「二年律令」賊律第二一簡）

（5）「攻盗」はその用例から「強盗」よりもさらに害悪の甚だしい盗賊を指すが、本条の「攻盗」は諸侯の軍による侵攻を犯罪に擬え、侮辱して呼んだものであろう（早稲田大学簡帛研究会前掲註2論文、八四～八五頁）。

（6）角谷常子「秦漢時代における家族の連坐について」『江陵張家山二四七号墓出土漢律令の研究論考篇』（朋友書店、二〇〇六年）、一八二～一八四頁。

（7）古人堤漢簡とは一九八七年、湖南省張家界市古人堤の漢代房屋建築遺址から出土した九〇片の木牘のこと。木牘の紀年から後漢の和帝・安帝期（八九～一二三）のものと考えられる。それらのうち二枚の木牘に賊律の条文と賊律・盗律の目録が記されている（水間大輔前掲註1書、四四五～四四六頁）。

（8）水間大輔前掲註1書、四四五～四七七頁。

（9）内田智雄編前掲註2書（一九六四年）、一一〇～一一五頁は、「不在律令、所以嚴絶悪跡也」の部分について、「その刑罰の仕方を律令に記載しない理由は、極悪な行為をなすものが、また現れてこないように、厳しくその跡を断つためである」と注記している。

（10）改漢舊律不行於魏者皆除之、更依古義制爲五刑。…又改賊律、但以言語及犯宗廟・園陵、謂之大逆無道、要斬、家屬從坐、不及祖父母・孫。至於謀反大逆、臨時捕之、或汙瀦或梟菹、夷其三族、不在律令、所以嚴絶悪跡也。（『晋書』巻三〇

刑法志）

(11) 神䴥中、詔司徒崔浩定律令。…大逆不道腰斬、誅其同籍、年十四已下腐刑、女子沒縣官。…太保・高陽王雍、議曰、…案賊律云、「謀殺人而發覺者流、從者五歳刑。已傷及殺而還蘇者死、從者流。已殺者斬、從而加功者死、不加者流。」（『魏書』巻一一一　刑罰志）

(12) 母・妻・姉妹は犯人の母・妻・姉妹を（娘は省略されたと推定）、妻子女妾は犯人の父子・同産の妻子女妾つまり犯人の義姉妹と甥姪、および嫁と孫を指す。内田智雄編前掲註2書（一九七一年）、二七頁を参照。

(13) 天監元年八月、…於是以尚書令王亮・侍中王瑩・尚書僕射沈約・吏部尚書范雲・長兼侍中柳惲・給事黃門侍郎傅昭・通直散騎常侍孔藹・御史中丞樂藹・太常丞許懋等、參議斷定、定爲二十篇。…其謀反・降叛・大逆已上皆斬。父子・同產男、無少長、皆棄市。母・妻・姉妹及應從坐棄市者妻子女妾同補奚官爲奴婢、貲財沒官。（『隋書』巻二五　刑法志　梁）

(14) 小早川欣吾「支那法における族刑と縁坐刑との関係について」『法学論叢』四六‐六、一九四二年、九七〇～九七四頁。

(15) 西田太一郎『中国刑法史研究』（岩波書店、一九七四年）、一九一～一九七頁。

(16) 小早川欣吾前掲註14論文、九七〇～九七四頁。ただし、父子・兄弟に対する死刑は、梁では「少長となく」行われたのに対し、隋ではそのような記述は見えない。隋では年齢に応じて死刑に処されるか否かが決められていた可能性がある。

(17) 昭成建國二年（三三九）：當死者、聽其家獻金馬以贖。犯大逆者、親族男女無少長皆斬。（『魏書』巻一一一　刑罰志）

(18) 松下憲一「北魏崔浩国史事件――法制からの再検討――」『東洋史研究』六九‐二、二〇一〇年、三六～三九頁。

(19) 唐律を参照すれば、謀反は「天子に危害を加えようと謀る」こと、謀大逆は「皇帝の権威を象徴する重要な営造物（宗廟・山陵・宮殿など）を破壊しようと謀る」こと、謀叛は「国から離脱して外国もしくは偽政権の側に寝返ろうと謀る」ことである（律令研究会編前掲註2書第一巻、三三～三六頁）。

(20) 大庭脩「漢律における「不道」の概念」『秦漢法制史の研究』（創文社、一九八二年）、一三四～一三六頁。

(21) 早稲田大学簡帛研究会前掲註2論文、八四頁。

(22) 内田智雄編前掲註2書（一九六四年）、一一〇～一一五頁。

(23) 諸主將守城、爲賊所攻不固守而棄去及守備不設爲賊所掩覆者、斬。（『唐律疏議』巻一六　擅興律「主將守城」条）諸主將以下、臨陣先退、若寇賊對陣、捨仗投軍及棄賊來降輒殺者、斬。（同「主將臨陣先退」条）

(24) 贖死、金二斤八兩。贖城旦舂・鬼薪白粲、金一斤八兩。贖斬・腐、金一斤四兩。贖劓・黥、金一斤。贖耐、金十二兩。贖遷、金八兩。有罪當腐者、移內官、內官腐之。（張家山漢簡「二年律令」具律第一一九簡）晉氏受命、…贖死金二斤、贖

五歳刑金一斤十二兩、四歳・三歳・二歳各以四兩爲差。（『唐六典』巻六　刑部郎中）西晋以降の贖刑は、正刑ではなく換刑としての贖刑である。二年律令では贖死が換刑として用いられている例は見えないが、正刑・換刑の双方について定めたものと考えられる。

(25) 天監元年八月、…罰金一兩已上爲贖罪。贖死者金二斤、男子十六疋。（『隋書』巻二五　刑法志　梁）高祖、既受周禪、開皇元年、…應贖者、皆以銅代絹。…二死皆贖銅百二十斤。（同　隋）

(26) 諸謀反及大逆者、皆斬。父子年十六以上、皆絞。十五以下及母女・妻妾・祖孫・兄弟・姉妹若部曲・資財・田宅並沒官。（『唐律疏議』巻一七　賊盗律「謀反大逆」条）

(27) 諸謀叛者、絞。已上道者、皆斬、妻子流二千里。（『唐律疏議』巻一七　賊盗律「謀叛」条）

(28) 諸謀殺人者、徒三年。已傷者、絞。已殺者、斬。（『唐律疏議』巻一七　賊盗律「謀殺人」条）

(29) 中村茂夫「縁坐考」『金沢法学』三〇-二、一九八八年、一〇八～一一一頁。

(30) 死刑二：絞。斬。〈贖銅一百二十斤。〉（『唐律疏議』巻一　名例律　死刑条）隋の事例は前掲註25の史料。

(31) 火刑は歴代中国王朝の律令にはないが、中国の古刑法では『周礼』以降主に親族殺害に対する同害報復的刑罰として科せられており（仁井田陞『中国法制史研究――刑法』東京大学出版会、一九五九年、三八九～三九二頁）、成文化せずに慣習に基づいて施行される慣習法上の処罰であったと考えられる。

(32) ちなみに、後漢末期になると「三族」の範圍が父母・妻子・同産から大幅に拡大したとする見方もある（冨谷至『秦漢刑罰制度の研究』同朋舍、一九九八年、二六八～二七〇頁）。たとえそのとおりとしても、西晋以降「族刑」の範囲が縮小されたことに変わりはない。

(33) ただし、縁坐刑を科すべき反叛罪とそれを科されない殺人罪をともに縁坐刑を科さない「斬」に処したとは考えにくいため、反叛罪と殺人罪は別の条文に見え、しかも反叛罪のみに縁坐刑が科されていった可能性が高い。したがって、反叛罪と退軍罪も異なる条文で定められていると同時に、反叛罪のみに縁坐刑が科されていた可能性もある。しかし、異なる条文に定められつつも、両方ともに縁坐刑が科されていた可能性も否定できない。退軍罪は『後漢書』巻七〇　孔融列伝に後漢末の建安年間（一九六～二二〇）に「大逆不道」で棄市に処された孔融の事例があるため、後漢までには「大逆不道」の一つとして反叛罪と同じ条文にあり同様に処罰されたと考えられるので、曹魏以降のある時期に反叛罪と条文も処罰も異にするようになったのかもしれない。

(34) 盜贓値過六百六十錢、黥爲城旦舂。六百六十到二百廿錢、完爲城旦舂。不盈二百廿到百一十錢、耐爲隸臣妾。不盈百一

十到廿二錢、罰金四兩。不盈廿二錢到一錢、罰金一兩。（張家山漢簡「二年律令」盗律第五五・五六簡）

(35) 受賕以枉法、及行賕者、皆坐其贓爲盗。罪重於盗者、以重者論之。（同右第六〇簡）

(36) 劫人・謀劫人求錢財、雖未得若未劫、皆磔之。完其妻子、以爲城旦舂。（同右第六八簡）

(37) 従来、F-1の黥・完・耐はすべて肉刑であり、城旦舂・隷臣妾などは労役刑であると見なした研究者が少なくなかった。しかし、出土文字資料の分析など新たな研究により完・耐は黥などの肉刑とは異なる性格の刑罰であり、城旦舂・隷臣妾などもF-1の段階までは無期の労役に従事し、諸種の権利制限、犯罪以外の来減、贖身制度などがあるため、労役刑よりは身分刑として見なすべきという指摘が出されている（陶安あんど『秦漢刑罰体系の研究』創文社、二〇〇九年、一二〜八一・一二一〜一三〇頁。鷹取祐司「秦漢時代の刑罰と爵制的身分序列」『立命館文学』六〇八、二〇〇八年）。本章においては、完・耐が肉刑とは異なる刑罰であることは認めるが、城旦舂・隷臣妾は文帝の刑制改革などによって有期の労役に従事するように変わるので（鷹取祐司「秦漢時代の司寇・隷臣妾・鬼薪白粲・城旦舂」『中国史学』一九、二〇〇九年、一二三〜一二四頁）、漢の文帝以降に関していえば、身分刑よりは労役刑として見なして大過なかろう。

(38) 冨谷至「儀礼と刑罰のはざま——賄賂罪の変遷」『東洋史研究』六六-二、二〇〇七年、三八〜四五頁。

(39) 磔は死刑の一種であり、処刑後に死体をさらしものにする刑罰であると考えられる（水間大輔前掲註1書、一七〜三六頁）。

(40) 孝文皇帝時、貴廉絜、賤貪汙、賈人贅壻及吏坐贓者、皆禁錮不得爲吏。（『漢書』巻七二 貢禹伝）安帝初、清河相叔孫光坐臧抵罪、遂增錮二世、釁及其子。…愷獨以爲「…如今使臧吏禁錮子孫、以輕從重、懼及善人、非先王詳刑之意也。」（『後漢書』巻三九 劉愷伝）

(41) 鎌田重雄は贓吏子孫の仕官禁止を後漢の制度と見なしたが（『漢代史研究』川田書房、一九四九年、一七一〜一七八頁）、最近廖伯源はこれを一時的な特例とした（『秦漢史論叢』中華書局、二〇〇八年、二〇九〜二一一頁）。

(42) 其後、天子又下詔改定刑制、…傍采漢律、定爲魏法、制新律十八篇、…盗律有受所監・受財枉法、雜律有假借不廉、令乙有呵人受錢、科有使者驗賂、其事相類、故分爲請賕律。（『晋書』巻三〇 刑法志）

(43) （太平眞君）六年春、…初盗律、贓四十匹致大辟。民多慢政、峻其法、贓三匹皆死。…律、「枉法十匹、義贓二百匹大辟。」至（太和）八年、始班祿制、更定義贓一匹、枉法無多少皆死。…至遷鄴（五三四）、…侍中孫騰上言：「…案律、公私劫盗、罪止流刑、…」（『魏書』巻一一一 刑罰志）

(44) 冨谷至前掲註38論文、四六〜五〇頁。

(45) 李俊芳『晋朝法制研究』(人民出版社、二〇一二年)、一八五頁。
(46) 吏犯不孝、謀殺其國王侯伯子男官長、誣偸、受財枉法及略人和賣、誘藏亡奴婢、雖遇赦、皆除名爲民。(『太平御覧』巻六五一引晋律)この史料では「受財枉法」した吏を「除名」としている。吏の「除名」は犯罪を犯した官吏を「免官」したうえで、身分を「庶人」に落す処罰であるため、当然仕官禁止の「禁錮」を含んでいる。
(47) 程樹徳『九朝律考』(中華書局、一九六三年、初版は一九二七年)、二四二～二四三・三二六頁。
(48) 諸監臨主司、受財而枉法者、一尺杖一百、一疋加一等、十五疋絞。不枉法者、一尺杖九十、二疋加一等、三十疋加役流。(『唐律疏議』巻一一 職制律「監臨主司受財」条)
(49) 諸竊盜、不得財笞五十、一尺杖六十、一疋加一等、五疋徒一年、五疋加一等、五十疋加役流。(『唐律疏議』巻一九 賊盗律「窃盗」条)
(50) 諸强盜、不得財徒二年、一尺徒三年、二疋加一等、十疋及傷人者絞、殺人者斬。(同右「強盗」條)
(51) 諸彼此俱罪之贓〈謂計贓爲罪者。〉、及犯禁之物、則沒官〈若盜人所盜之物、倍贓亦沒官。〉。取與不和〈雖和、與者無罪。〉、若乞索之贓、並還主。(『唐律疏議』巻四、名例律「彼此俱罪之贓」条)諸以贓入罪、正贓見在者、還官・主。已費用者、死及配流勿徵、餘皆徵之〈盜者、倍備。〉。(同「以贓入罪」条)
(52) 冨谷至前掲註38論文、三五～三七頁。
(53) 諸犯十惡・故殺人・反逆緣坐、獄成者、雖會赦、猶除名。卽監臨・主守、於所監守內犯姦・盜・略人、若受財而枉法者、亦除名。獄成會赦者、免所居官。(『唐律疏議』巻二 名例律「除名」条)諸犯姦・盜・略人及受財而不枉法：若犯流・徒、獄成逃走：祖父母・父母犯死罪被囚禁、而作樂及婚娶者：免官。(同書巻三 名例律「免官」条)諸除名者官・爵悉除、課役從本色、六載之後聽敘、依出身法。若本犯不至免官、而特除名者、敘法同免官例。免官者、三載之後、降先品二等敘。(同「除免官當敘法」条)
(54) 大庭脩前掲註20書、一〇三～一一四頁を参照。林紀昭はE-1を唐律職制律の「官人無故不上」(その処罰は徒・杖・笞)に相当すると解している(「新羅律令に関する二・三の問題」『法制史研究』一七、一九六七年、一五八頁)。しかし、E-1は君主を欺瞞したことで重く処罰されたと考えられるので、本章では従わない。
(55) 諸貸所監臨財物者、坐贓論。授訖未上、亦同。餘條取受及相犯、準此。…强者、各加二等。餘條强者準此。若賣買有剩利者、計利、以乞取監臨財物論。强市者、笞五十、有剩利者、計利、準枉法論。(『唐律疏議』巻一一 職制律 貸所監臨財物)

(56) 片岡一忠『中国官印制度研究』（東方書店、二〇〇八年）、四五～四六・五五～七〇・七三～八三頁。

(57) 大庭脩前掲註20書、五六七～五八一頁。

(58) 高村武幸『漢代の地方官吏と地域社会』（汲古書院、二〇〇八年）、一五二・一八八頁。

(59) 告、請假也。漢制、吏病滿三月當免、天下優賜其告、使得帶印綬、將官屬、歸家養病、謂之賜告也。（『後漢書』巻三九 劉趙淳于江劉周趙列伝李賢注）

(60) 身有疾病滿二百日、若所親疾病滿二百日及當侍者、並解官申省以聞。（『唐六典』巻二 吏部郎中）

(61) 筆者は以前B-2に基づき、百済の官人収賄罪関連の法令を盗律と分離する以前の漢代の律令と類似すると述べた（鄭東俊「高句麗・百済律令における中国王朝の影響についての試論」『国史学』二一〇、二〇一三年および博士学位論文）。しかし、第一章註36で述べたとおり、B-2に対する解釈を修正したので、本文のとおりに解釈を改めた。

(62) 田鳳徳は、E-6が唐の公式令の「凡内外百司、皆給銅印一鈕。」（『唐六典』巻四 礼部郎中）という規定を継受したものとしている（「新羅의律令攷」『서울大学校論文集－人文社会科学』四、一九五六年、三五〇頁）。

(63) 昭成建國二年（三三九）：當死者、聽其家獻金馬以贖。…盜官物、一備五、私則備十。（『魏書』巻一一一 刑罰志）

(64) 仁井田陞前掲註31書、三五一～三五三頁。

(65) 賊殺傷人畜産、與盜同法。（「二年律令」賊律第四九簡）諸故殺官私馬牛者、徒一年半。贓重及殺餘畜産若傷者、計減價準盜論。（『唐律疏議』巻一五 廄庫律「故殺官私馬牛」条）

(66) 凡謀反及大逆者、皆斬。父子、若家人資財田宅、並沒官。（『律』巻第七 賊盜律 謀反大逆）

(67) 金寿泰「「집안고구려비」에보이는율령제」『韓国古代史研究』七二、二〇一三年、五六～五八頁。

(68) 洪承祐「〈集安高句麗碑〉에나타난高句麗律令의형식과守墓制」『韓国古代史研究』七二、二〇一三年。洪承祐「고구려율령의형식과제정방식」『木簡과文字』一六、二〇一六年。

(69) 全徳在「３７３년고구려율령의반포배경과그성격」『韓国古代史研究』八〇、二〇一六年。

(70) 廣瀬薫雄『秦漢律令研究』（汲古書院、二〇一〇年）、一四一～一七七頁。

(71) 金昌錫「5세기이전고구려의王命体系와집안고구려비의「教」・「令」」『韓国古代史研究』七五、二〇一四年。

(72) 林紀昭前掲註54論文、一五五～一五六頁。

(73) 高句麗王釗遣使謝恩、貢其方物。儁以釗爲營州諸軍事・征東大將軍・營州刺史、封樂浪公、王如故。（『晉書』巻一一〇 慕容儁載記）二年（三七二）夏六月、秦王苻堅遣使及浮屠順道、送佛像經文。王遣使廻謝、以貢方物。（『三国史記』巻一八

高句麗本紀六　小獣林王）

(74) 前燕の慕容儁時代に刑律を作る試みがあったが、実現しなかった（池培善『中世中国史研究――慕容燕과北燕史』延世大学校出版部、一九九八年、一九三～一九八頁）。前秦は律令関連の史料が見られず、苻堅は漢の文帝を理想的君主像として漢代の政策を継承し、東晋を意図的に否定している（朴漢済『中国中世胡漢体制研究』一潮閣、一九八八年、七六～八三頁）ため、もし前秦の律令があったとしても、それは泰始律令の新しい要素をあまり受け入れておらず、漢律の影響を色濃く受けたものであった可能性が高い。

(75) 晉安帝義煕九年（四一三）、遣長史高翼奉表獻赭白馬。以璉爲使持節・都督營州諸軍事・征東將軍・高句驪王・樂浪公。（『宋書』巻九七　高句驪国伝）

(76) 咸安二年（三七二）六月、遣使拜百濟王餘句爲鎭東將軍、領樂浪太守。（『晉書』巻九　太宗簡文帝紀）

(77) 太祖世、毎歳遣使、獻方物。（『宋書』巻九七　高句驪国伝）元嘉二年（四二五）、太祖詔之曰：…其後毎歳遣使奉表、獻方物。（同　百済国伝）

(78) 其國小、不能自通使聘。普通二年（五二一）、王姓募名秦、始使使隨百濟奉獻方物。…無文字、刻木爲信。語言待百濟而後通焉。（『梁書』巻五四　新羅伝）

(79) 窪添慶文「楽浪郡と帯方郡の推移」『東アジア世界における日本古代史講座』三（学生社、一九八〇年）、四八～五〇頁。窪添は先端の技術・思想などは習熟した人間の派遣を媒介として伝えられると述べている。

(80) 陸詡少習崔靈恩三禮義宗、梁世百濟國表求講禮博士、詔令詡行。（『陳書』巻三三　鄭均伝）

(81) 三十五年（六一三）秋七月、隋使王世儀至皇龍寺設百高座、邀圓光等法師、説經。（『三国史記』巻四　新羅本紀四　真平王）中国王朝が新羅へ使者を派遣したという記述は、この史料以前に見えない。

(82) 太興二年（三一九）十二月乙亥、大赦。平州刺史崔毖、自以中州人望、鎭遼東、而士民多歸慕容廆、心不平。數遣使招之、皆不至、意廆拘留之、乃陰説高句麗・段氏・宇文氏、使共攻之、約滅廆、分其地。…毖與數十騎棄家奔高句麗、其衆悉降於廆。（『資治通鑑』巻九一、晋紀一三　中宗元皇帝中）咸康二年（三三六）春正月辛巳、彗星見於奎・婁。慕容皝將討慕容仁、…乙未、仁悉衆陳於城之西北、慕容軍帥所部降於皝、仁衆沮動。皝從而縦擊、大破之。仁走、其帳下皆叛、遂擒之。皝先爲斬其帳下之叛者、然後賜仁死。…慕容幼・慕容稚・佟壽・郭充・翟楷・龐鑒皆東走、幼中道而還。皝兵追及楷・鑒、斬之。壽・充奔高麗。自餘吏民爲仁所詿誤者、皝皆赦之。（同書巻九五　晋紀一七　顯宗成皇帝中之上）佟寿墓として知られている安岳三号墳は、一九四九年に黄海道安岳郡で発見された高句麗時代の壁画古墳であり、築造様式や壁画の存在など

から後漢~曹魏における塼築墳の影響が強い石室墓である。その墨書名には、冬寿（佟寿）は永和一三年（升平元年の誤り：三五七）に六九歳で死んだと記されている。

(83) 井上直樹「『韓曁墓誌』を通してみた高句麗の対北魏外交の一側面」『朝鮮学報』一七八、二〇〇一年、一〇~一五頁。안정준「6세기高句麗의北魏末流移民수용과「遊人」」『東方学志』一七〇（延世大学校国学研究院、二〇一五年）、一一~二四頁。

(84) 堀敏一「晋泰始律令の成立」『東洋文化』六〇（東京大学東洋文化研究所、一九八〇年）、二七~三九頁。冨谷至「晋泰始律令への道――第二部魏晋の律と令」『東方学報』七三、二〇〇一年、六九~七五頁。

(85) 鄭東俊『동아시아속의백제정치제도』（一志社、二〇一三年、初出は二〇〇六年）。

(86) 垂死、子寶立、以句驪王安爲平州牧、封遼東・帯方二國王。安始置長史・司馬・參軍官、後略有遼東郡。（『梁書』巻五四　高句驪伝）

(87) 中国王朝の周辺諸国における府官制は、国家的機構の未成熟なときにそれを代替する役割を果たしたとされる（鈴木靖民「倭の五王の外交と内政――府官制的秩序の形成」『林陸郎先生還暦記念：日本古代の政治と制度』続群書類従完成会、一九八五年、一七~二二頁）。

(88) 真平王期より前に設置された新羅の官司は兵部（軍事）と稟主（秘書・財政）しか見られないが、真平王期には位和府（人事）、船府（船舶）、調府（租税）、乗府（乗物）、礼部（儀礼）、領客典（使臣接待：のちに領客府へ昇格）などが設置されており、国家の主要官司である、後世でいう一三部（府）のうち八部（府）を具えるようになっている。

(89) 権五重「「楽浪史」時代区分試論」『韓国古代史研究』五三、二〇〇九年、一四〇~一四四・一四九~一五一頁。

(90) 西本昌弘「楽浪・帯方二郡の興亡と漢人遺民の行方」『古代文化』四一－一〇、一九八九年、一七~二〇頁。

(91) 金秉駿「중국고대簡牘자료를통해본낙랑군의군현지배」『歴史学報』一八九、二〇〇六年。

(92) 尹龍九、橋本繁訳「平譲出土「楽浪郡初元四年県別戸口簿」研究」『中国出土資料研究』一三、二〇〇九年。

(93) 呉永贇『낙랑군연구』、四季節、二〇〇六年、一九三~二一一頁。具体的にいえば、合葬木槨墓は楽浪郡治と推定される平壌の大同江南岸一帯を中心として分布し、漢式の漆器・装身具・車馬具などが出土する一方で細形銅剣・古朝鮮式車馬具も出土しているので、紀元後一世紀中葉から楽浪郡の再設置にともなって定着した漢人が土着化したものとする。塼室墓は帯方郡治に相当する黄海道の北部を中心として分布し、三世紀初めから完成したかたちで現れているので、帯方郡の設置にともなって新たに来た漢人が中原の様式を直接もたらしたとする。

（94）呉永賛前掲註93書、一三一～一四四頁。
（95）二十七年（四四）秋九月、漢光武帝遣兵渡海伐樂浪、取其地爲郡縣、薩水已南屬漢。（『三国史記』巻一四　高句麗本紀二　大武神王）
（96）呉永賛前掲註93書、二〇八～二一一頁。
（97）呉永賛前掲註93書、一九三～二一一・二三一～二三八頁。
（98）このことについては안정준「4～5세기 高句麗의 中国系流移民 수용과 그 지배방식」『한국문화』六八（서울大学校奎章閣韓国学研究院、二〇一五年）、一一四～一一七頁を参照。
（99）안정준前掲註98論文、一二七～一二九頁。
（100）晉安帝義熙九年（四一三）、遣長史高翼奉表獻赭白馬。以璉爲使持節・都督營州諸軍事・征東將軍・高句驪王・樂浪公。…少帝景平二年（四二四）、璉遣長史馬婁等詣闕獻方物、遣使慰勞之、曰…世祖孝建二年（四五五）、璉遣長史董騰奉表慰國哀再周、幷獻方物。（『宋書』巻九七　高句驪国伝）
（101）朴漢済前掲註74書、七六～八三頁。
（102）松下憲一前掲註18論文。
（103）鄭東俊前掲註61論文、一二五頁の表六では馮野夫・陳明も入れて彼らを楽浪郡出身と推定したが、根拠となった遺物である楽浪の漆盤には、製作に関与した四川地域の官吏や工人の名前がそこに書いてある。したがって、それを根拠として彼らと同じ姓を有している人が楽浪郡に住んでいたとは解することができない。そのため、本章では馮野夫・陳明の二人を表2-5から除外した。むしろ、馮野夫は北燕の馮氏一族として滅亡後に亡命した可能性が高い。
（104）百濟開國已來、未有以文字記事。至是、得博士高興、始有書記。（『三国史記』巻二四　百済本紀二　近肖古王）少帝景平二年（四二四）、映遣長史張威詣闕貢獻。…元嘉二十七年（四五〇）、毗上書獻方物、私假臺使馮野夫西河太守、表求易林・式占・腰弩、太祖並與之。（『宋書』巻九七　百済国伝）永明八年（四九〇）牟大又表曰：「臣所遣行建威將軍・廣陽太守・兼長史臣高達、行建威將軍・朝鮮太守・兼司馬臣楊茂、行宣威將軍・兼參軍臣會邁等三人、志行清亮、忠款夙著。…」…建武二年（四九五）又表曰：「臣所遣行龍驤將軍・樂浪太守兼長史臣慕遺、行建武將軍・城陽太守兼司馬臣王茂、兼參軍・行振武將軍・朝鮮太守臣張塞、行揚武將軍陳明、在官忘私、唯公是務、見危授命、蹈難弗顧。…」（『南斉書』巻五八　百済国伝）
（105）これまで、六世紀の新羅における各種制度の制定や文物の導入に対して高句麗の影響が強調されてきたが、それは五世

紀までのことであって、六世紀前半においては百済の影響を考える必要がある。興輪寺の初期の瓦（六世紀の前半と推定）は百済の大通寺のそれと類似しており、五二一年に新羅の使節が百済の使節団とともに梁へ行ったこと（前掲註78の史料を参照）を考慮すれば、六世紀前半では両国の関係が密接であったことがわかる。また、仏教の公認（実際には興輪寺の建立）についても従来は高句麗の影響が強調されてきたが、最近では百済の影響に注目する見方もある（李炳鎬「경주출토백제계기와제작기술의도입과정」『韓国古代史研究』六九、二〇一三年）。

第二部　百済・新羅の中央官制に対する中国王朝の影響

第三章　百済・新羅の中央官司とその構成

はじめに

本章では古代東アジアにおける中央官制の影響関係について、朝鮮三国の中央官司関連記事を検討する。

本章の検討対象である朝鮮三国の中央官制は、具体的な史料が不足し研究が困難な状況にある。しかし、少なくとも中央官司の構成が中国王朝の影響下で制定されたものであることは確実である。

百済における中央官司の構成は、中国王朝からの影響に関する定見がない状況で、五世紀の三佐平、六世紀の五佐平―二二部、七世紀の六佐平―一八部などが想定されてきた(1)（第一節で後述）。一方、高句麗の中央官制に関しては、本章で検討する中央官司の構成について判断できる資料が不足している。その官制については、『翰苑』高麗伝以外に詳しい史料が知られておらず、『翰苑』高麗伝にも一部の官職しか見られないため、官位制の研究で断片的に言及される程度に留まり、専論がまだ発表されていない状況にある。何よりも、中裏制の実体など官司制の実態を明らかにするための手がかりがまだ十分ではなく、新しい資料の出現が必要である。そのため、本章では高句麗の中央官制に関する判断を留保し扱わないことにする。

新羅における中央官司の構成は、中代に唐のいわゆる「六典組織」から影響を受けたという通説がある。[2] しかし、それは中古期（五一四～六五四）における中央官司の形成過程と中国王朝からの影響が不明であり、中代（六五四～七八〇）については前提となる唐の中央官府の構成に対する理解や、いわゆる「六典組織」という概念について問題点が指摘されている。[3] さらに、新羅の中央官司を中国王朝のそれと逐一比較した研究もあったが、[4] 中央官制における位置づけが全く異なる官司同士を比較しつつも名称の類似性に基づく推定に留まっており、比較対象も唐を中心とするほぼ同時期に限定されているという問題点もある。

これらの問題の背景には、百済と新羅の中央官制の改編という事実を過大評価し、それを百済と新羅における中央集権体制の成立と国家の先進性を裏付けるものとして認識してきたので、それに影響を及ぼした法制度も当時先端のものであるとする見方がある。しかし、両国における中央官制の内容を詳しく検討しなければ、その発展段階を明らかにできないであろう。

本章の検討対象は、中央官司の構成と職掌である。中央官司の構成と職掌は中央官制の中心でもあり、百済と新羅の中央官制に関する史料も集中的に残されている。そのため、本章では百済・新羅について主に主要官司の職掌、官員構成などを検討する。具体的には、百済については六世紀の二二部司以降の中央官司を、新羅については執事部をはじめとする一三個の中央官司を中心に扱う。ただし、百済における府官制は、史料中に外交使節としての役割を示すもののみが登場し、国内政治で役割を果たしたことを示す史料はあまり見られないため、[5] 検討対象から除外する。

本章では、これら百済と新羅の中央官司に関する史料と先行研究を一国ずつ再検討する。その後、次章でそれを漢代～隋代の中央官府と比較する。

第一節　百済の中央官司とその変遷

一　二二部司以前の官制

二二部司以前の百済の中央官司についてはは直接うかがえる史料もあまりなく、別稿で検討したこともあるので[6]、本章では具体的な史料を検討せず、その内容を要約することにする[7]。

三～四世紀における百済の政治は、会議体が決定したことを、上位の官位所持者と属下の行政実務者である「有司」が執行する、官位中心の運営が行われたが、五世紀初頭に官職的性格を有する上佐平が初めて設置されると、運営方式も変わるようになる。腆支王期（四〇五～四二〇）に設置された上佐平は、国政総括者として王権の強化に努めると同時に、貴族会議の議長として貴族の利益を代弁するという二つの属性をもつこととなったのである。上佐平の設置と前後して佐平という名称が登場すると、それ以前には同じ率系官位であったと推定される佐平・達率と名称上区分されるようになり、さらに階層上の区分まで生じた。こうして、既存の会議体も上・中・下佐平の佐平会議と、率系官位の参与する諸率会議に分離することとなった。

百済の三佐平（上・中・下佐平）は、後漢代（二五～二二〇）における三公（太尉・司徒・司空）の合議体制が楽浪郡をつうじて百済に知られ、その影響によって設置されたと推定される。本来の意図と異なり、三佐平が貴族の利益を代弁する制度になりやすいことは、三佐平が三公から影響を受けたとしても、それに対する理解や検討が不足している状況で設置されたためではないかと思われる。

内頭は以前の近侍官から起源して、東城王期（四七九～五〇一）に「近侍官僚の頭」として初めて登場し、東城王期に中央政界に進出した新進勢力の登竜門であった。また、新羅の稟主と類似する性格を有しており、分化過程を類推することが容易である。領軍は東城王期に設置されて以来、百済の滅亡まで存在した「侍衛軍の頭」である。内頭と領軍は、王の側近で活動しながら各々財政問題と軍事面に深く介入し、王権の基盤として機能した。

六世紀の武寧王期（五〇一～五二三）から七世紀初頭までに存在した五人の佐平は、特定の職掌をもたず、内政上・軍事上の重要事項を決定する会議体の構成員であった。このような佐平らの会議体は、上佐平の登場以降、定員が三人から五人に増え、泗沘時代の政事岩会議(8)にその具体的な様子がよく見えている。

二二部司は次のように段階的に成立していったとみられる。外官一〇部は、阿莘王期（三九二～四〇五）に司軍部の前身、腆支王期に司徒部・司空部の前身、毗有王期（四二七～四五五）に司寇部の前身と客部・日官部、蓋鹵王期（四五五～四七五）に点口部・外舍部・綢部・都市部が設置されたと推定される。内官一二部は、東城王期以来の内頭からしだいに分化した前内部・穀部・肉部・内椋部・外椋部の五部と、武寧王期以来新設した馬部・刀部・功徳部・薬部・木部・法部・後宮部の七部より構成されていた。

二二部司については第二項で詳しく検討するが、以上に提示した三佐平、内頭、領軍の中で中国王朝と関連づけることができるものは、三佐平と領軍であろう。このうち三佐平については後漢の三公と関連する可能性を提示し、領軍については劉宋（四二〇～四七九）・南斉（四七九～五〇二）の影響があるとすでに別稿で推定したことがあるが、両方ともに中央官制全般の影響関係を検証する中で、以前と異なる解釈を提示する余地もあろう。

二　二二部司の成立と発展

六世紀中葉以降における百済の中央官制に関する史料は、すべて中国王朝側の文献史料である。『三国史記』などには官職と解されるものに関する記事が少なく、しかもそのほとんどが佐平に関するものであり、二二部司の関連記事もまったく記されていない。それゆえ、百済の中央官司について検証するためには、中国王朝側の文献史料を検討することが有効であると思われる。

ただし、研究史において争点となっている問題のなかで、二二部司における内官と外官の差異、六佐平の設置時期とその政治的意義については、すでに別稿で検討したことがあるので[9]、本項ではその結論のみを提示する。二二部から一八部への変化についてもすでに別稿で検討したことがあるが、史料の信憑性の問題と関係するので、この問題についてのみ史料を用いて詳しく検討する。

まず、百済の中央官制について伝えている『北史』巻九四・百済伝のなかで二二部司に関する記事を見ると、

各々部司有り、衆務を分掌す。内官に前内部・穀内部・内掠部・外掠部・馬部・刀部・功徳部・薬部・木部・法部・後宮部有り。外官に司軍部・司徒部・司空部・司寇部・點口部・客部・外舎部・綢部・日官部・市部有り。長吏は三年に一たび交代す[10]。

とあり、同様の内容を伝えている『翰苑』巻三〇・百済伝のなかで一八部に関する記事を見ると、

八族は胤を殊にし、五部は司を分つ。〈『括地志』に曰く、「…又た其の内官に前内部・穀部・内部・椋部・功徳部・薬部・木部・法部・後宮部有り。又た将長有り。外官に司軍部・司徒部・司空部・司寇部・點口部・客部・外舎部・綢部・日官部有り。凡そ此の衆官に各々宰有り。官長の在任は皆な三年一代なり」と[11]。〉

とある。『北史』百済伝には、内官一一部と外官一〇部の合計二一個の部、ならびに長吏の任期制について記されている。『周書』百済伝では内官が一二部とされており、外官との合計も二二部であるが、一般的には『周書』のほうを採用することが多い。

『北史』百済伝は『周書』（対象年代：五三五～五八一）百済伝と『隋書』（対象年代：五八一～六一八）百済伝を合わせたものであり、泗沘遷都（五三八）以降の百済の情勢を反映している。[12]『翰苑』所引の『括地志』（以下、『括地志』と略称する）には、内官九部と外官九部で合計一八個の部、ならびに官長（宰）の任期制について記されている。『括地志』は、『北史』百済伝よりあと（六二四～六三〇年代初頭）の情勢を反映したもので、[13]二二部から一八部への変化を伝えている。[14]

両史料における二二部から一八部への変化については、『括地志』を信用するかどうかという問題がある。『括地志』の誤りは伝写の過程で生じたものにすぎず、その史料的価値は同時代性があるのでむしろ高い。[15]内官九部・外官九部という区分は、意図的に部の数を合わせた結果と考えられる。また、具体的な変化の内容は、内椋部・外椋部の統合、馬部・刀部の廃止（衛士佐平への統廃合）、都市部の降格（属司化）などで、六佐平への再編の準備段階として位置づけられる。[16]

次に、二二部司における内官と外官の差異は、すでに近侍官司と非近侍官司に分類する見方が提示されている。[17]それによると、前内部・穀部・外椋部は内官であったが、国政に係わる官司として文書・財政（穀物）・国庫を担当していた。従来の通説[18]は詳しい分析を行わずに内官を宮廷機関、外官を国政機関とするのに対して、上記の見方は詳しい分析に基づくものであるため従うべきであろう。このような近侍を基準とする区分は、中国王朝の内朝・外朝から影響を受けたと考えられる。

最後に、六佐平の設置時期とその政治的意義については、六三〇年代初頭に並列的な二二部司から統属関係のある

「六佐平―一八部」への官司組織の体系化があったと考えられる。[19]六佐平の設置時期については、古爾王代（二三四～二八六）、四～六世紀の逐次設置、武王代（六〇〇～六四一）という三つの説が対立しているが、七世紀における佐平の活動は幅が狭くなり限定される傾向があるので、これを佐平の官僚化と捉えると武王代に設置されたと判断できる。その場合、六佐平と一八部との関係は、「内」字を冠する三佐平が一六部（外官七部を含む）に関与し、国王が外官を掌握していたことになる。また、佐平が一八部の長官化し、六世紀においては長官であった「宰」が次官と化したことになる。この段階において、一八部は六佐平の下部組織になったと考えられる。

要するに、百済の中央官司は六世紀中葉に完備された「五佐平―二二部」から、七世紀前半の「五佐平―一八部」を経て、六三〇年代に「六佐平―一八部」として再編され、官司組織の垂直的体系化を遂げるほど官職制が発達したと考えられる。

第二節　新羅の中央官司とその変遷

一　中古期における中央官司

新羅の中央官司に関する史料としては、『三国史記』の新羅本紀と職官志がある。新羅本紀は編年体の史料であり、職官志は各々の官司・官職について個別に説明している。それらによると、新羅の中古期（五一四～六五四）における中央官司の変遷は、法興王・真興王期の第一期（五一四～五七六）、真平王期の第二期（五七九～六三二）、真徳王・

武烈王期の第三期（六四七～六六一）[20]にわたる発展があったとまとめられる。[21]

そのような変遷は両史料の性格上、表でまとめるほうが効率的であると思われる。ただし、両者の記述が一致しない部分があるので、表を提示する前にそれらを検討する必要がある。以下のA-1は新羅本紀の記事、A-2は職官志の記事であるが、それらを位和府・領客府・司正府の順に検討する。


A-1　眞平王三年春正月、始めて位和府を置く。今の吏部の如し。

眞平王十三年春二月、領客府令二員を置く。

神文王二年夏四月、位和府令二人を置き、選擧の事を掌る。[22]

A-2　位和府、眞平王三年に始めて置く。…衿荷臣二人、神文王二年に始めて置く。五年に一人を加わる。…上堂二人、神文王置く。聖德王二年に一人を加わる。哀莊王改めて卿と爲す。…大舍二人、景德王改めて主簿と爲す。…史八人。

領客府、本名は倭典。眞平王四十三年、改めて領客典と爲す。…令二人、眞德王五年に置く。…卿二人、文武王十五年に一人を加わる。…大舍二人、景德王改めて主簿と爲す。…史八人。

司正府、太宗王六年に置く。…令一人、位の大阿飡より角干に至るは之れと爲す。卿二人、眞興王五年に置く。文武王十五年に一人を加わる。…佐二人、孝成王元年、大王の諱を犯す爲に、凡て丞は改めて佐と稱える。…大舍二人、…史十人、文武王十一年に五人を加わる。[23]

位和府について、A-1は真平王三年（五八一）に設置されたとするが、当時の官員の構成は不明である。それについては二つの可能性がある。一つは、「卿―史」の構成である。[24]新羅の「～部（府）」は令が長官であり、それはA-1によると神文王二年（六八二）に設置されたという。それ以前にはA-2において神文王期（六八一～六九二）に設置されたとする「上堂」の前身として「卿」が設置されていた可能性がある。もう一つは、「大舍―史」の構成についてである。A-2に基づくと大舎は設置年代が不明であり、上堂は神文王期に設置されたことになるので、この当時に大舎が設置された可能性も想定できる。

前者については、神文王二年に設置された二人の「令」が、同五年(六八五)に三人の「衿荀臣」に改められたことから、「衿荀臣―上堂」系列の「上堂」も「令―卿」系列の「卿」が前身であった可能性がある。後者については、後掲の表3-2にまとめたように真平王三年まで官職としての大舎または同級の官職が設置されていない。つまり、位和府の設置当時における官員の構成は、「卿―史」であった可能性が高い。人事という位和府の職掌の重要性を考えても、「大舎―史」よりは「卿―史」のほうがふさわしい。[25]

領客府については、A-1には真平王一三年(五九一)に「令二人」が設置されたとあるが、その実態と当時の官員の構成は不明である。A-2に基づくと、領客府の変遷は五九一年の「倭典」から真平王四三年(六二一)の「領客典」を経て真徳王五年(六五一)の「領客府」に改められた可能性がある。

真平王一三年の官員の構成については二つの可能性がある。一つは、「卿―史」の構成であるが、A-2にあるように卿は設置年代が不明である。もう一つは、「大舎―史」の構成である。A-2にあるように大舎は設置年代が不明であるが、新羅の「~典」は大舎級(奈麻~舎知)の長官が多い。[26] 領客府の変遷を踏まえると、真平王一三年の「領客府令二人」は「領客府の前身である倭典の長官二人」の意味であると考えられる。また、表3-2にまとめたように真平王一三年には卿・大舎または同級の官職が設置されている。つまり、官員の構成として「卿―史」・「大舎―史」ともに可能性はあるが、「~典」は大舎級の長官が多いため、「大舎―史」の可能性が高い。

司正府については、A-2には真興王五年(五四四)に「卿二人」が設置されたとあるが、ほかの官職の設置年代と一〇〇年以上離れているため疑わしい。中央・地方ともに官職がいまだ整備されていない時期に、監察職が設置される可能性は低いと考えられる。表3-1にあるように真興王五年には中央官司が兵部しか存在せず、この時期には地

表3－1　法興王・真興王期（第一期）と真平王期（第二期）の中央官司

時期	第一期		第二期							
官司名	兵部（517）	稟主（565?）	兵部（517）	稟主（565?）	位和府(?)（581）	船府署（583）	調府（584）	乗府（584?）	礼部（586?）	倭典（591?）→領客典（621）
長官	令1人（516）→2人（544）	・	令2人（544）	・	・	・	令1人（584）	令1人（584）	令2人（586）	・
次官	・	典大等2人（565）	大監2人（623）	典大等2人（565）	卿2人（581?）	大監1人（583）	・	・	・	・
判官			弟監2人（589）	大舎2人（589）	・	弟監1人（583）				大舎2人（591?）
主典	史12人（517?）	史14人（565?）	史12人（517?）	史14人（565?）	史8人（581?）	史8人（583?）	史8人（584?）	史9人（584?）	史8人（586?）	史8人（591?）

表3－2　真徳王・武烈王期（第三期）の中央官司

官司名	兵部（517）	位和府(?)（581）	船府署（583）	調府（584）	乗府（584?）	礼部（586?）	領客府（651?）	執事部（651）	倉部（651）	左理方府（651）	司正府（659）
長官	令3人（659）	・	・	令2人（651）	令2人（651?）	令2人（586）	令2人（651）	中侍1人（651）	令2人（651?）	令2人（651?）	令1人（659?）
次官	大監2人（623）	卿2人（581?）	大監1人（583）	卿2人（?）	卿2人（?）	卿2人（651?）	卿2人（651?）	典大等2人（565）	卿2人（651）	卿2人（651?）	卿2人（651?）
判官	大舎2人（658）	大舎2人（?）	弟監1人（583）	大舎2人（651?）	大舎2人（?）	大舎2人（651）	大舎2人（591?）	大舎2人（589）	大舎2人（651?）	丞2人（651?）大舎2人（651?）	丞2人（659?）大舎2人（659?）
主典	史12人（517?）	史８人（581?）	史８人（583?）	史８人（584?）	史９人（584?）	史11人（651）	史８人（591?）	史14人（565?）	史8人（651?）	史15人（651?）	史10人（651?）

方行政機構もいまだ確立されていないため、司正府が監察する対象が極めて少ない。一方、表3-2にまとめたように、真徳王五年は中央官司は唐風の四等官制が完備されており、地方行政機構も州郡制が完成した時期であるので、「卿二人」が設置された可能性は高いと思われる。もし真興王五年が真徳王五年の誤りであるとするならば、「卿二人」の設置は長官の令が設置された太宗王（武烈王）五年（六五九）より若干早い程度であり、表3-2にまとめたようにその時期は全体的な官制改革の時期にあたる。

以上の結論を踏まえて、中古期における中央官司の変遷をまとめれば、法興王・真興王期の第一期

と真平王期の第二期は表3-1、真徳王・武烈王期の第三期は表3-2のようになる。(27)

表3-1にまとめたように、法興王・真興王期の第一期には、軍政担当の兵部と秘書・財政担当の稟主が設置されている。真平王期の第二期には、財政担当の調府、乗物担当の乗府、儀礼・教育担当の礼部と人事担当の位和府の前身、船舶担当の船府署、使臣接待担当の倭典(領客典と改名)が新しく設置されている。表3-2にまとめたように、真徳王・武烈王の第三期には、稟主が機密担当の執事部と倉庫担当の倉部に分かれており、司法担当の左理方府、監察担当の司正府が設置され、領客典が領客府に昇格した。

表3-1・2に基づいて検討すべきことは、①四等官制の形成過程、②各時期における官司設置の背景などである。①については表3-1・2を分析し、②については職掌と時代背景との関係を追求することが必要である。

まず、四等官制の形成過程は、第一期の長官と主典という二層から第二期の二~四層が共存する段階を経て、第三期の四等官制に至ったといえる。具体的には、表3-1にまとめたように、第一期には兵部・稟主ともに二層になっているが、第二期には兵部が四層、稟主・船府署が三層、調府・乗府・礼部・位和府・領客典が二層になっており、二~四層が共存している。表3-2にまとめたように、第三期にはまだ昇格されていない位和府・船府署以外は令―卿―大舎―史という四等官制を完備している。

次に、各時期における官司設置の背景を考えると、第一期については国家機構の基礎としての軍事と行政担当の設置、第二期については官司の拡充、第三期については官司の体系化があったといえる。具体的には、第一期において兵部は軍事を、稟主は内朝の行政を分担しており、外朝の行政は上大等と大等会議が担当していたと考えられる。第二期においては、財政を担当する調府、乗輿の管理を担当する乗府、儀礼を担当する礼部、人事を担当する位和府、船舶の管理を担当する船府署、使臣の接待を担当する領客典が設置されていた。第三期においては、機密を担当する執事部、倉庫の管理を担当する倉部、司法を担当する左理方府、監察を担当する司正府が設置されており、四等官制も完備していた。

二　中代における中央官司

『三国史記』の新羅本紀と職官志による中代における中央官司の変遷は、文武王〜孝成王期の第一期（六六一〜七四二）から景徳王期の第二期（七四二〜七六五）にかけて発展した、とまとめることができる。[28]

文武王〜孝成王期の第一期については、表3-3に見られるように右理方府・例作府の設置、船府・位和府の昇格、官職としての舎知の設置などがある。景徳王期の第二期については、表3-4にまとめたように官制が全体的に漢制に改められている様子がうかがえる。

表3-3に見える第一期の特徴としては、官司の完備、中央官司の組織の完成、四等官制の補完などをあげることができる。官司の完備については、司法をつかさどる右理方府、土木工事をつかさどる例作府を設置し、唐の尚書六部に相当する職掌を完備した。中央官司の組織の完成については、船府・位和府の昇格によって主要官司にすべて四等官制を備えたことから一三部（府）体制を完成させたと考えられる。四等官制の補完の具体的な内容としては、神文王期（六八一〜六九二）に舎知が設置されて大舎・舎知という判官が二重に設置されたことと、卿・史の定員が増加した

表3－3　文武王〜孝成王期の中央官司

官司名	兵部 (517)	調府 (584)	乗府 (584?)	礼部 (586?)	領客府 (651?)	執事部 (651)	倉部 (651)	左議方府 (692)	司正府 (659)	右議方府 (692)	船府 (678)	位和府 (581)	例作府 (686?)
長官	令3人 (659)	令2人 (651)	令2人 (651?)	令2人 (586)	令2人 (651)	中侍1人 (651)	令2人 (651?)	令2人 (651?)	令1人 (659?)	令2人 (667?)	令1人 (678)	衿荷臣3人 (685)	令1人 (686)
次官	大監3人 (675)	卿3人 (675)	卿3人 (675)	卿3人 (675)	卿3人 (675)	典大等2人 (565)	卿3人 (675)	卿3人 (678)	卿3人 (675)	卿3人 (678)	卿3人 (688)	上堂3人 (703)	卿2人 (686)
判官	大舎2人 (658) 弩舎知1人 (672)	大舎2人 (651?) 舎知1人 (685)	大舎2人 (?) 舎知1人 (685?)	大舎2人 (651) 舎知1人 (685?)	大舎2人 (591?) 舎知1人 (685?)	大舎2人 (589) 舎知2人 (685)	大舎2人 (651?) 租舎知1人 (699)	佐2人 (737) 大舎2人 (651?)	佐2人 (737) 大舎2人 (659?)	佐2人 (737) 大舎2人 (667?)	大舎2人 (663?) 舎知1人 (685?)	大舎2人 (?)	大舎4人 (686?) 舎知2人 (686?)
主典	史17人 (672) 弩幢1人 (671)	史10人 (695)	史12人 (671)	史11人 (651)	史8人 (591?)	史20人 (672?)	史19人 (699)	史15人 (651?)	史15人 (671)	史10人 (667?)	史10人 (681)	史8人 (581?)	史8人 (686?)

表3－4　景徳王期の中央官司

官司名	兵部 (517)	大府 (759?)	司馭府 (759?)	礼部 (586?)	司賓府 (759?)	執事部 (651)	倉部 (651)	左議方府 (692)	粛正台 (759?)	右議方府 (692)	利済府 (759?)	司位府 (759?)	修例府 (759?)
長官	令3人 (659)	令2人 (651)	令2人 (584)	令2人 (586)	令2人 (651)	侍中1人 (747)	令2人 (651?)	令2人 (651?)	令1人 (659?)	令2人 (667?)	令1人 (678)	衿荷臣3人 (685)	令1人 (686)
次官	侍郎3人 (759)	卿3人 (675)	卿3人 (675)	卿3人 (675)	卿3人 (675)	侍郎2人 (747)	侍郎3人 (759)	卿3人 (678)	卿3人 (675)	卿3人 (678)	卿3人 (688)	上堂3人 (703)	卿2人 (686)
判官	郎中2人 (759) 司兵1人 (759)	主簿2人 (759) 司庫1人 (759)	主簿2人 (759) 司牧1人 (759)	主簿2人 (759) 司礼1人 (759)	主簿2人 (759) 司儀1人 (759)	郎中2人 (759) 員外郎2人 (759)	郎中2人 (759) 司倉1人 (759)	評事2人 (759) 大舎2人 (651?)	評事2人 (759) 大舎2人 (659?)	評事2人 (759) 大舎2人 (667?)	主簿2人 (759) 司舟1人 (759)	主簿2人 (759)	主簿4人 (759) 司例2人 (759)
主典	史17人 (672) 小司兵1人 (759?)	史12人 (757)	史12人 (671)	史11人 (651)	史8人 (591?)	郎20人 (759)	史22人 (752)	史15人 (651?)	史15人 (671)	史10人 (667?)	史10人 (681)	史8人 (581?)	史8人 (686?)

表3－5　『三国史記』「職官志」による中央官司の官員の構成

官司名	執事部	兵部	調府	倉部	礼部	乗府	司正府	例作府	船府	領客府	位和府	左理方府	右理方府
長官	中侍1人 (2～5)	令3人 (0～5)	令2人 (0～5?)	令2人 (0～5)	令2人 (0～5)	令2人 (1～5)	令1人 (1～5)	令1人 (1～5)	令1人 (1～5)	令2人 (1～5)	令3人 (0～2)	令2人 (3～9)	令2人 (3～9)
次官	典大等2人 (6～11)	大監3人 (6～9)	卿3人 (6～9)	卿3人 (6～9)	卿3人 (6～9)	卿3人 (6～9)	卿3人 (6～9)	卿2人 (6～9)	卿3人 (6～9)	卿3人 (6～9)	卿3人 (6～9)	卿3人 (6～9)	卿3人 (6～9)
判官	大舎2人 (11～13) 舎知2人 (12～13)	大舎2人 (11～13) 弩舎知1人 (12～13)	大舎2人 (11～13) 舎知1人 (12～13)	大舎2人 (11～13) 租舎知1人 (12～13)	大舎2人 (11～13) 舎知1人 (12～13)	大舎2人 (11～13) 舎知1人 (12～13)	丞2人 (10～11) 大舎2人 (11～13)	大舎2人 (11～13) 舎知2人 (12～13)	大舎2人 (11～13) 舎知1人 (12～13)	大舎2人 (11～13) 舎知1人 (12～13)	大舎2人 (11～13)	丞2人 (10～11) 大舎2人 (11～13)	丞2人 (10～11) 大舎2人 (11～13)
主典	史20人 (12～17)	史17人 (12～17) 弩幢1人 (12～17)	史12人 (12～17)	史30人 (12～17)	史11人 (12～17)	史12人 (12～17)	史15人 (12～17)	史8人 (12～17)	史8人 (12～17)	史8人 (12～17)	史8人 (12～17)	史10人 (12～17)	史10人 (12～17)

ことを指摘でき、これらのことから行政の需要の増加がうかがえる。

表3-4に見える第二期の特徴としては、『周礼』に認められる官制の影響を受けたこと、中国王朝の官制に基づく官名に改められたこと、尚書六部の影響を受けたこと、漢文式の名称に改名されたことがあげられる。『周礼』の影響については、乗府・領客府・位和府などを「司～府」に、舎知を「司～」に、弩幢を「小司兵」に改名したことを指摘できる。中国王朝の官制に基づく官名は、調府を「大府」、司正府を「粛正台」、丞を「評事」、大舎を「主簿」に改めたことからうかがえる。尚書六部の影響については、兵部・執事部・倉部の卿と大舎を「侍

郎」・「郎中」に、執事部の舎知を「員外郎」に改名したことを指摘できる。漢文式の名称への改名については、船府を「利済府」に、例作府を「修例府」に改名したことを事例としてあげることができよう。

以上、主に官司と官職の変遷を取り上げた。次に官員の構成についても検討してみたいと思う。『三国史記』職官志に記されている中央官司の官員の構成をまとめると、表3-5のようになる。[29]

中央官司の官員の構成に関して検討すべき点は、①長官の複数制、②判官の二重設置などである。

まず、長官の複数制については、骨品制との関係のみならず、宰相制と係わる兼職制について検討しなければならない。[30] 骨品制との関係は、中央官司の長官が左・右理方府を除外してほぼ第五位の大阿湌以上であるため、真骨のみが就任できたという点を指摘できる。宰相制と係わる兼職制については、宰相が複数の官司の長官を兼職する事例があることがすでに先行研究で指摘されている。[31]

次に判官の二重設置については、唐と古代日本に類例が見える。唐の類例は、尚書六部の郎中・員外郎が代表的である。さらに、隋代の一時期にも員外郎が設置された前例がある。[32] 古代日本の二重設置は判官だけではなく、次官・主典も「大・少」で重複して設置されている。このような影響は、七世紀前半の唐から七世紀後半の新羅を経て、八世紀初頭の日本にもたらされたと考えられる。

おわりに

以上、本章では百済と新羅の中央官制における中国王朝の影響を明らかにするため、百済と新羅の中央官制のうち、中央官司の構成と職掌を主に検討した。

百済の中央官司は、五世紀における三佐平―外官一〇部→六世紀における五佐平―二二部司→七世紀における六佐平一一八部へしだいに変化した。

中古期の中央官司は、第二期（真平王期）までは官司の設置と四等官制の整備が行われ、第三期（真徳王・武烈王期）には四等官制が完成した。中代の中央官司は、官司の設置を完了し、官司・官職の漢式改名と復古が行われたが、長官の複数制など独自性も有していた。

以上のような朝鮮三国の中央官司から中国王朝の影響を検出するためには、中国王朝の中央官府の変遷をまとめたうえで、朝鮮三国の中央官司の変遷と比較検討する必要がある。この問題については次章で検討する。

註

（1）百済の官職制は、ほとんど佐平制に研究が集中されているが、最近五世紀の三佐平、六世紀の五佐平―二二部、七世紀の六佐平―一八部が想定されている。そのような研究としては鄭東俊「4~5세기백제의정치제도정비과정」『史林』三二（首善史学会、二〇〇九年）。同「백제22부사체제의성립과정과그기반」『韓国古代史研究』五四、二〇〇九年。同「百済の武王代における六佐平―一八部体制」『朝鮮学報』二二〇、二〇一一年などがあげられる。

（2）李基東『新羅骨品制社会와花郎徒』（一潮閣、一九八四年）、一二〇~一二八頁。

（3）鄭東俊『동아시아속의백제정치제도』（一志社、二〇一三年）、三〇二~三一二頁（初出は二〇〇九年）。

（4）李仁哲『新羅政治制度史研究』（一志社、一九九三年）、二三一~五三頁。

（5）鄭東俊前掲註3書、一五五~一五九頁。

（6）鄭東俊前掲註1論文（『史林』・『韓国古代史研究』）。

（7）以前五世紀の「南北朝官制」（将軍号、王・侯、太守・府官）についても検討したことがあるが（鄭東俊「5세기백제의중국식관제수용과그기능」『韓国史研究』一三八、二〇〇七年。鄭東俊前掲註3書では「中国式官制」を「南北朝官制」と修正し

た）、それらはすべて百済の官職または官司制と関連づけがたいものである。したがって、本章の検討対象から除外した。

（8）政事岩会議は虎岩寺の政事岩で開催される百済の最高決定会議である。その構成員が佐平であることから「佐平会議」とも呼ぶ。『三国遺事』巻二　紀異二・南扶余前百済にはその会議で宰相を選出するとある。

（9）二二部司における内官と外官の差異については、鄭東俊「백제22부사성립기의내관・외관」『韓国古代史研究』四二、二〇〇六年で、六佐平の設置時期と政治的意味については、鄭東俊前掲註1論文（『朝鮮学報』）で検討した。

（10）各有部司、分掌衆務。内官有前内部・穀内部・内掠部・外掠部・馬部・刀部・功徳部・薬部・木部・法部・後宮部。外官有司軍部・司徒部・司空部・司寇部・點口部・客部・外舍部・綢部・日官部・市部。長吏三年一交代。（『北史』巻九四百済伝）

（11）八族殊胤、五部分司。括地志曰、「…又其内官有前内部・穀部・内部・椋部・功徳部・薬部・木部・法部・後宮部。又有将長。外官有司軍部・司徒部・司空部・司寇部・點口部・客部・外舍部・綢部・日官部。凡此衆官各有宰。官長在任皆三年一代。」（『翰苑』巻三〇　百済伝）

（12）鄭東俊前掲註1論文（『韓国古代史研究』）、二七二頁を参照。

（13）鄭東俊「『翰苑』百済伝所引の『括地志』の史料的性格について」『東洋学報』九二―一、二〇一〇年、二三～二五頁。

（14）鄭東俊前掲註1論文（『朝鮮学報』）、七七～七九頁。

（15）鄭東俊前掲註13論文、一三～二二頁。

（16）鄭東俊前掲註1論文（『朝鮮学報』）、七九～八二頁。

（17）鄭東俊前掲註9論文、二〇四～二一五頁。

（18）武田幸男「六世紀における朝鮮三国の国家体制」『東アジア世界における日本古代史講座』四（学生社、一九八〇年）、五八～五九頁。盧重国『百済政治史研究』（一潮閣、一九八八年）、二二七～二二九頁。

（19）鄭東俊前掲註1論文（『朝鮮学報』）、七五～七七頁。

（20）武烈王期（六五四～六六一）は中古期ではなく中代（六五四～七八〇）に属するが、中央官司の変遷においては真徳王期（六四七～六五四）以来の官制改革が終了した時期であり、百済を統合した影響による中央官司の再編が行われる文武王期以降とは性格が異なるので、あえて中古期に入れた。

（21）表3-1にあるように、法興王・真興王期には兵部と稟主という基礎的な官司が、真平王期には位和府・調府・乗府・礼部・領客典・船府署などの主要官司が設置されている。表3-2にあるように、真徳王・武烈王期には稟主が執事部と倉部とに分離し、左理方府・司正府が設置され、領客典が領客府に昇格した。これらのことを踏まえて三期に区分した。

(22) 三年（五八一）春正月、始置位和府。如今吏部。…十三年（五九一）春二月、置領客府令二員。（『三国史記』巻四　新羅本紀四　真平王）　二年（六八二）夏四月、置位和府令二人、掌選擧之事。（同書巻八　新羅本紀八　神文王）

(23) 位和府、眞平王三年、始置。…衿荷臣二人、神文王二年、始置。五年（六八五）、加一人。…上堂二人、神文王置。聖徳王二年（七〇三）加一人。哀荘王改爲卿。…大舍二人、景徳王改爲主簿。…史八人。領客府、本名倭典。眞平王四十三年（六二一）、改爲領客典。…令二人、眞徳王五年（六五一）、置。…卿二人、文武王十五年（六七五）、加一人。…大舍二人、景徳王改爲主簿。…史八人。司正府、太宗王六年（六五九）、置。…令一人、位自大阿湌至角干爲之。卿二人、眞興王五年（五四四）、置。文武王十五年、加一人。…佐二人、孝成王元年（七三七）、爲犯大王諱、凡丞改稱佐。…大舍二人、…史十人、文武王十一年（六七一）、加五人。（『三国史記』巻三八　職官志上）

(24) 井上秀雄は六世紀における新羅の王権は貴族勢力により制限されたので、実務担当者の史は中央官司が最初に設置される時期には存在せず、新羅の王権が貴族勢力より強くなる真徳王五年（六五一）前後に設置されるようになったとする（『新羅史基礎研究』東出版、一九七四年、二八五〜二八六頁）。しかし、井上の研究以降、新たな資料の出土と研究の発展により、六世紀（特に真平王期）における新羅の王権に対する評価も変化したので、本章では中央官司が最初に設置される時期に実務担当者として史も設置されたと推定している。

(25) 位和府令の官位がほかの令より高いことなどから、位和府の職掌を高級官人の人事までも含むとする見方もあった（李仁哲前掲註4書、三八〜三九頁）が、一般的に人事の担当部署（吏部・式部省など）は中下級官人の人事を担当し、高級官人の人事は君主あるいは最高決定機関（会議体・太政官など）で決定するので、その可能性は低いと考えられる。九世紀に上大等が人事を行う事例［至憲徳大王十年戊戌（八一八）、爲執事侍郎。十四年（八二二）、國王無嗣子、以母弟秀宗爲儲貳、入月池宮。時、忠恭角干爲上大等、坐政事堂、注擬内外官、…（『三国史記』巻四五　禄真伝）］も上大等が位和府令を兼任したためではなく、会議体の代表であるためのことであると考えられる。ただし、君主あるいは最高決定機関が人事を決定するためには、判断の基準になる候補者の情報が必要であるので、その情報を位和府が整理して提供した可能性は高い。

(26) 大日任典・食尺典・直徒典と内省の諸典などの長官はちょうど大舍級である。彩典・東市典・西市典・南市典などの長官は大舍級より少し高い大奈麻〜奈麻であるが、卿級の阿湌〜級湌よりは確実に低い。

(27) 表3-1〜4において、①（　）内の数字は、その上にある名称や員数に変化した西暦の年代である。②□内の内容は、新設したり以前の時期と変化したりした部分を指す。③太い文字は、後の令級ではないが当時に該当官司の長官である場合に表示した。

(28) 中代のうち恵恭王期(七六五~七八〇)について言及していないが、この時期は景徳王期の措置を復旧しただけであるため、検討対象から除外した。

(29) 表3-5において、①新羅の官職(官司)は本章第一節の検討結果に基づいて作成した。②「長官」欄の( )内の数字は、該当官職の官位を最上位から数えたものである。

(30) 長官の複数制については李基白『新羅政治社会史研究』(一潮閣、一九七四年)、一四六頁と李基東前掲註2書、一三七頁を参照。長官の兼職制については李文基「新羅時代의兼職制」『大丘史学』二六、一九八四年を参照。

(31) 木村誠『古代朝鮮の国家と社会』(吉川弘文館、二〇〇四年)、二三八~二六七頁(初出は一九七七年)。

(32) 開皇六年(五八六)、尚書省二十四司、各置員外郎一人、以司其曹之籍帳。侍郎闕、則釐其曹事。(『隋書』巻二八 百官志下 隋文帝) しかし、表4-5(第四章に掲載)にあるように、この員外郎は尚書六部にまだ次官が存在しない時期のものである。

第四章

朝鮮三国に対する中国王朝の中央官府の影響と九卿制

はじめに

本章では前章で検討した朝鮮三国の中央官司を歴代中国王朝の中央官府と比較し、その影響時期と影響経路を検証する。

百済・新羅の中央官司に関する先行研究についてはすでに前章で詳細に紹介したので、本章では省略する。当時先端の法制度が百済に受容されたという通説的な理解[1]と新羅が中代に唐の六典組織から影響を受けたという説には、以下の二つの点から成立しがたいと考えられる。

第一に、東晋（三一七~四二〇）と百済との関係、北魏（三八六~五三四）・梁（五〇二~五五七）・北斉（五五〇~五七七）と中古期の新羅との関係が中央官制を受容し合うほど深いとはいえない点である（本章第二節で後述）。第二には、東晋・南朝の中央官府は複雑な構造であり、しかも中央集権の面では漢代より退行したと見られるので、百済においてそれが制定された背景と類似するとはいえず、受容すべき理由が存在しない点である。新羅の場合も、唐の中央官制は律令格式体制に基づいたものであり、その前提として律令格式体制の受容が必要であるが、新羅では唐の律令格式体制の受容を認めがたく、[2]中央官司の構成からも受容を証明しがたいという点である。

本章では、百済と新羅における中央官司について、漢~唐の中央官府と比較し、どの時期の中央官府が百済と新羅に影響を及ぼしたのかを検討する。中国王朝の中央官制は、これまで特定の官職などについて百済・新羅のそれとの比較検討が行われたことがあるが、[3]官制全体に及ぶ比較検討はまだ行われていないため、本章でそれを行いたいと思う。特に、漢代の中央官府は三公九卿制を中心とする中国王朝の官制の原型であり、その影響を受けたか否かは百済と新羅の中央官司の性格に関する重要な問題である。また、中国王朝の中央官府が受容された経路も推定してみたいと思う。

検討にあたっては、第一節では歴代中国王朝の中央官府の変遷を整理したうえで、百済と新羅の中央官司に関する史料と比較する。第二節ではどの時期の中国王朝の中央官府が百済と新羅の中央官司に影響を及ぼしたかを明らかにし、その経路を推定してみる。朝鮮三国における中国王朝の中央官府の受容と変容に加えて、当時の時代状況との齟齬にも注意したい。

ちなみに、歴代中国王朝の中央官府の変遷と百済・新羅の中央官司に関する記録とのあいだには、のちに検討するように両者の名称上の類似性などはあまり見られない。そのため、両者を比較する際には、百済と新羅の官司における長官の官位と中国王朝の官府における長官の官品(または官秩)を対照するための基準を提示したうえで、百済と新羅における最上位の行政組織と中国王朝において類似する職掌をもつ中央官府を比較して、①長官の官位と官品、②官司と官府の官員構成に類似性が見られる場合には、中国王朝の影響があった可能性も想定できるかもしれない。なぜならば、最上位またはそれに次ぐ行政組織に、どのような職掌をもつ官司(官府)が配置されるかは、その官制の特徴を示す最も著しい要素であると考えられるためである。また、百済と新羅における中央官司の職掌について具体的に見える史料が全くないため、中国王朝の中央官府の職掌と詳細に比較することができない状況であるからでもある。

第一節　漢代~隋代の中央官府

一　九卿制の変遷

本節では百済と新羅の中央官司と比較するために、漢代~隋代の中央官府の変遷を検討する。その結論を簡単にまとめれば、漢代における中央官府は三公・九卿を中心とする体制であったが、魏晋南北朝になって三公（または八公）の名誉官化や、九卿よりも三省が中央官府の中心となるなどの変化が生じた。

まず、漢~隋における九卿を中心とする体制の変遷を歴代中国正史の「職官志」（百官志）を中心にまとめれば、[4]表4-1・2のようになる。[5]ただし、百済の二二部には太子詹事・御史中丞・都水使者に相当する官司が、新羅の一三部（府）には執金吾・太子詹事・大長秋に相当する官司が存在しないので、本章では太子詹事を検討の対象から除外する。

表4-1・2に基づいて各時代における変化を確認すると、後漢（二五~二二〇）では水衡都尉が廃止され、少府・将作大匠の職掌に変動があった。曹魏（二二〇~二六五）では九品制が実施されたうえで、衛尉が執金吾を統合し、

表4－1　漢代〜隋代における諸卿の長官品階と職掌

前漢	後漢	曹魏・西晋	東晋〜南斉	梁	北魏	北斉	隋(文帝)	隋(煬帝)
太常(2/15) 祭祀・儀礼	→	→(3/9) →	→	太常卿(5/18) →	→(5/30) →	→	→	→(5/18) →
光禄勲(2/15) 宮殿警備	→	→(3/9) →	→	光禄卿(8/18) →	→(5/30) 宮中事	→	→	→(6/18) →
衛尉(2/15) 宮城警備	→	→(3/9) →	→	衛尉卿(7/18) →	→(5/30) →	→	→	→(6/18) →
太僕(2/15) 乗輿	→	→(3/9) →	非常設	太僕卿(9/18) 乗輿	→(5/30) 乗輿・畜産	→	→	→(6/18) →
廷尉(2/15) 刑獄・司法	→	→(3/9) →	→	廷尉卿(8/18) →	→(5/30) →	大理卿 →	→	→(6/18) →
大鴻臚(2/15) 蕃客・諸侯	→	→(3/9) →	非常設	鴻臚卿(10/18) 諸侯	→(5/30) 蕃客・諸侯	→	→	→(6/18) →
宗正(2/15) 皇室	→	→(3/9) →	太常	宗正卿(6/18) →	→(5/30) →	→	→	→(6/18) →
大司農(2/15) 穀貨(外財)	→	→(3/9) 農畜産物供給	→	司農卿(8/18) 農業・穀倉	→(5/30) →	→	→	→(6/18) →
少府(2/15) 山澤税(内財)	→ 宮中御物	→(3/9) →	→	少府卿(8/18) →	・	・	・	少府監(6/18) 宮中御物
・	・	・	・	太府卿(6/18) 財貨・金庫	→(5/30) →	→	→	→(6/18) →
執金吾(2/15) 都城警備	→	衛尉	・	・	・	・	・	・
将作大匠(3/15) 宮中工事	→ 宮内外工事	→(3/9) 土木工事	非常設	大匠卿(9/18) 土木工事	将作大匠(6/30) →	→	→	将作大監(7/18) →
大長秋(3/15) 皇后	→	→(3/9) →	非常設	大長秋(10/18) 皇后	→(6/30) 宮閣	長秋卿 →	・	長秋監(7/18) →
中丞(5/15) 監察	→	→(4/9) →	→	→(8/18) →	中尉(6/30) →	中丞 →	大夫(6/30) →	→(7/18) →
水衡都尉(3/15) 御苑	・	都水使者(4/9) 河川・船舶	→	大舟卿(10/18) →	都水使者(14/30) 河川	→	→ 河川・船舶	都水監(7/18) →

表4－2　漢代〜隋代における九卿（九寺）の官員構成

	前漢	後漢	曹魏〜南斉	梁	北魏・北斉	隋(文帝)	隋(煬帝)
長官	卿(2/15)	→	→(3/9)	→(5〜10/18)	→(5/30)	→(5/30)	→(5・6/18)
次官	丞(5/15)	→(6/15)	→(7/9)	→(14〜17/18)	少卿(7/30)	→(7/30)	→(8/18)
判官					丞(18・20/30)	→(18・20/30)	→(10/18)
主典	功曹(無) 主簿(無) ・	→	→	→(21・22) →(22・23) ・	→(30/30・無) →(無) 録事(無)	・ → →	→

都水使者が設置され、大司農・将作大匠の職掌が変化した。東晋では太常が宗正を統合し、衛尉が一時廃止され(劉宋において復活)、太僕・大鴻臚・将作大匠・大長秋が臨時の官となった。

梁(五〇二~五五七)では一八班制が実施されたうえで、諸卿の官品の等級が階層化し、宗正・太府が設置され、太僕・鴻臚・大匠・大長秋が常設化し、都水使者が太舟卿に昇格した。北魏(三八六~五三四)では正従九品制(三〇官階制)が実施されたうえで、各官府に少卿が設置され、少府が廃止され、光禄・太僕・鴻臚・大長秋の職掌が変化した。隋(五八一~六一八)では、煬帝期(六〇四~六一七)に少府監が設置され、太常以外の諸卿が降格されながらも都水監が昇格した。

官員の構成の特徴は、①卿と丞の官階の差異が曹魏からしだいに大きくなり、②梁までは次官と判官の区分が見られず、③梁では各官府の長官・丞のあいだに官階の差異が設けられたが、北魏・北斉(五五〇~五七七)では丞のみに限られていた点にある。

このような中央官府の変遷に関する先行研究では、①財政機構の変遷、②大鴻臚の職掌の変化などが議論されてきた。ほかの官府については、ほとんど研究されておらず、先述した内容以外に深く検討すべき問題もさほど見られない。それらをまとめれば、以下のとおりである。

まず、財政機構[6]については大司農、少府、太府が研究の対象とされてきた。大司農は、前漢(前二〇六~後八)では国家財政を、後漢~南斉(四七九~五〇二)では財政全体を、梁以降は農業と穀倉を担当していた。少府は前漢では帝室財政を、後漢~梁・隋の煬帝期では宮中御物を担当し、北魏・北斉・隋の文帝期には一時廃止された。太府は梁において設置され、財貨・金庫を担当していた[7]。

次に、大鴻臚の職掌の変化[8]については、前漢~西晋では蕃客・諸侯への儀礼(賓礼)を担当し、国際秩序の頂点に君臨する中国王朝を示している。東晋~南斉では、蕃客を対象とする儀礼を担当しなくなり、諸侯を対象とする儀礼時のみ設置される臨時の官府となった。梁においても蕃客との関係が職掌からはうかがえないが、これは東晋以降に中国王朝における蕃客に対する儀礼が減少することと関連するのではなかろうか。一方、北魏・北斉・隋では、蕃客・諸侯に対する儀礼を担当しており、それは外国との頻繁な交流を示している。

表4－3　後漢～隋代における諸省と尚書六曹の長官品階と職掌

	後漢(少府)	曹魏～南斉	梁	北魏	北斉	隋(文帝)	隋(煬帝)
尚書省 (尚書台)	令(5/15) 文書上奏	→(3/9) →	→(3/18) →	→(3/30) →	→	→ 行政総括	→(3/18) →
中書省 (内史省)	・	監(3/9) 令(3/9) 詔命	→(4/18) →(6/18) →	→(4/30) →(5/30) →	→	・ 内史令 →	・ →(5/18) →
門下省	侍中(4/15) 近侍	→(3/9) →	→(7/18) →	→(5/30) →	→ 近侍・侍奉	納言 ＋詔命審議	→(5/18) 近侍
尚書六曹	尚書(7/15) 文書	→(3/9) →	→(5・6/18) →	→(5/30) →	→	→	→(5/18) →

二　三省と尚書六曹の変遷

曹魏・両晋南朝における中央官府は、三省（尚書省・中書省・門下省）と尚書六曹の発展が著しい。このような現象は前漢後期の成帝期（前三三～七）から始まることが知られている。後漢～隋における三省と尚書六曹の変遷を歴代中国正史の「職官志」（百官志）を中心にまとめれば、表4-3のようになる。

表4-3に基づいて各時代における変化を確認すると、曹魏では九品制が実施されたうえで、中書省が設置され、三省の長官の官階がみな第三品となった。梁では一八班制が実施されたのちに、長官同士の官品に差異が設けられた。その差異は、特に尚書令と六曹尚書のあいだで著しい。北魏では正従九品制が実施され、内朝の強化とも見られる門下省の昇格があった。北斉では、門下省の職掌に皇帝の侍奉が追加される程度の変化に留まった。隋の文帝期には門下省が詔命を審議する集書省を統合し、中書監が廃止され、尚書省が文書行政を総括するようになった。煬帝期には門下省の職掌から皇帝の侍奉、詔命の審議が除外されて機能が縮小された。

表4－4　後漢～隋代における尚書省（尚書台）と尚書六曹の官員構成

官府	階層	後漢	曹魏～南斉	梁	北魏・北斉	隋(文帝)	隋(煬帝)
尚書省(尚書台)	長官	令(5/15)	→(3/9)	→(3/18)	→(3/30)	→	→(3/18)
	次官	僕射(7/15)	→(3/9)	左僕射(4/18) 右僕射(4/18)	僕射(4/30)	左僕射(4/30) 右僕射(4/30)	→(4/18)
	判官	左丞(9/15) 右丞(9/15)	→(6/9) →(6/9)	→(10/18) →(11/18)	→(9/30) →(10/30)	→	→(7/18)
	主典	・	都令史(8/9) 令史(8/9)	→(17/18) →(19)	→(25/30)	都事(25/30)	→(15/18)
尚書六曹	長官	尚書(7/15)	→(3/9)	吏部尚書(5/18) 列曹尚書(6/18)	尚書(5/30)	→	→(5/18)
	次官 判官	侍郎(9/15)	郎(6/9)	吏部郎中(8/18) 列曹郎中(14/18)	→(7/30) →(15/30)	吏部侍郎(7/30) 列曹侍郎(15/30)	侍郎(7/18) 郎(10/18?)
	主典	令史(13/15)	令史(8/9)	令史(20)	主事	→	→

表4－5　曹魏～隋代における中書省・門下省の官員構成

官府	階層	曹魏～南斉	梁	北魏	北斉	隋(文帝)	隋(煬帝)
中書省(内史省)	長官	監(3/9) 令(3/9)	→(4/18) →(6/18)	→(4/30) →(5/30)	→	・ 内史令	・ →(5/18)
	次官	侍郎(5/9)	→(10/18)	→(9/30)	→	→(8/30)	→(7/18)
	判官	舎人(7/9)	→(15/18)	→(16/30)	→(15/30)	→	→(11/18)
	主典	令史(8/9)	令史(20)	主書(25/30)	→(24/30)	→(25/30) 録事(27/30)	→(15/18) →(17/18)
門下省	長官	侍中(3/9)	→(7/18)	→(5/30)	→	納言	→(5/18)
	次官 判官	黄門侍郎(5/9)	→(9/18)	→(7/30)	→	→	黄門侍郎(7/18) 黄門郎(10/18)
	主典	令史(8/9)	令史(20)	録事(25/30)	→	→	→(15/18)

各省の官員の構成も変化が著しい。後漢～隋における三省と尚書六曹の官員構成をまとめれば、次の表4-4・5のようになる。

表4-4に基づいて各時代における変化を確認すると、尚書省（尚書台）の場合、後漢では令―僕射―左・右丞の三層構成であるが、曹魏～南斉では都令史・令史が追加されて四層構成になり、梁では僕射が左・右に分けられ、北魏・北斉では僕射が統合され、令史が流外官として主要官員から除外されるようになった。隋の文帝期には僕射が再び左・右に分けられ、都令史の名称が都事に改められた。

尚書六曹の場合、後漢では尚書―侍郎―令史の三層構成であるが、曹魏～南斉では侍郎が郎に改名された。梁では郎が再び郎中に改名されたうえで、吏部の尚書・郎中とほかの五曹のそれとのあいだに官品の差異が生じた。北魏・北斉では令史の名称が主事に改められ、尚書のあいだに官品の差異がなくなった。隋の文帝期には郎中が侍郎に改名され、煬帝期には侍郎が次官の侍郎と判官の郎に分けられ、侍郎・郎のあいだに官品の差異がなくなった。

表4-5に基づいて各時代における変化を確認すると、中書省の場合、曹魏〜南斉における監・令—侍郎—舎人—令史という四層構成が梁まで維持されており、北魏・北斉では令史の名称が主書と改められた。隋の文帝期には中書省が内史省に改名されたうえで、長官の監が廃止され、主典として主書の下に録事が追加されるなどの変化があった。その結果、隋の文帝期における内史省の四等官制は令—侍郎—舎人—主書・録事となった。

門下省の場合、曹魏〜南斉における侍中—黄門侍郎—令史という三層構成が梁まで維持されており、北魏・北斉では令史の名称が録事と改められた。隋の文帝期には侍中が納言に改名され、さらに煬帝期には黄門侍郎の下に判官として黄門郎が新設されて、納言—黄門侍郎—黄門郎—録事という四等官制を備えるようになった。

このような変遷に関する先行研究では、魏晋南北朝の三省と尚書六曹の職務分担について議論されてきた。三省と尚書六曹の職務分担については、尚書省は文書の上奏を担当し、尚書六曹は文書行政を分担していた。中書省は詔命の作成と頒布を、門下省は近侍・諮問および詔命の審議を担当しているが、両晋・北魏においては詔書の起草権を門下省が兼ねることがあり、両省の職務分担が明らかではない場合もあった(9)。

また、先行研究ではそれほど扱われていないが、新羅一三部(府)と比較するために、長官・次官・判官・主典という四等官制の起源をまとめる必要がある。四等官制の起源については、曹魏の中書省・尚書省に求められる。曹魏では、尚書省と中書省は四等官制であり、門下省と尚書六曹が九卿と同様の官員の構成を有していた。北魏では、それ以前にすべての官府において「令史」であった主典の名称が、主書・録事・主事のように官府によって異なるようになる。また、隋の煬帝期には門下省も納言—黄門侍郎—黄門郎—録事という四等官制を備えるようになった。

第二節　中国王朝の中央官府の影響時期と影響経路

一　漢代～唐代の中央官府の影響と変容

本節では、第三章と前節の検討結果を比較して、その類似点と相違点に基づき、中国王朝のどの時期の中央官府が百済と新羅に影響を及ぼしたのかという点と、その制度が影響を及ぼした後にどのように変容したのかという点について検討してみたいと思う。ただし、どの時期の中国王朝の中央官府が百済と新羅に影響を及ぼしたのかという点とその経路については、現在それを客観的に立証できる史料が全くないため、当時の歴史的状況から推定してその範囲を絞る作業に留めておき、新しい史料の出現を待つことにする。

第三章の検討結果をまとめれば、表4-6・7のようになる。表4-6の内容を簡単にまとめると、六世紀中葉～七世紀初頭における百済の中央官司には、内朝的性格の内官一二部と外朝的性格の外官一〇部があり、両方ともに宰―佐官―書吏層という三層の官員構成を有しており、その上に佐平五人の貴族会議体が存在した。七世紀中葉における百済の中央官司には、内朝的性格の内官九部と外朝的性格の外官九部があり、両方ともに佐平―宰―佐官―書吏層という四層の官員構成を有しており、官僚化した六佐平で構成され隋唐の宰相会議に相当する役割を担う、佐平六人の会議体がその上に存在した。

表4-7に基づくと新羅の中央官司の特徴は、中古期と中代に分けて説明することができる。中古期には官司が設置されていく過程が認められるが、四等官制は第三期になって完成したので、全体的には官制がいまだ完了していいな

表4－6　六世紀中葉以降における百済の中央官司

時期	内朝的機構		外朝的機構		官員構成	貴族会議体
6世紀中葉 ～7世紀初頭	内官	前内部(王命出納・近侍) 穀部(穀物出納) 肉部(供膳) 内椋部(王室倉庫) 外椋部(国家倉庫) 馬部(乗物) 刀部(軍器→護衛) 功徳部(仏教) 薬部(御医・製薬) 木部(宮内建築) 法部(宮内儀礼・王族) 後宮部(後宮管理)	外官	司軍部(軍事) 司徒部(儀礼・教育) 司空部(土木) 司寇部(刑罰・司法) 点口部(戸口把握) 客部(外交・使臣接待) 外舎部(人事) 綢部(織物出納) 日官部(天文・暦法) 都市部(市場・交易)	宰 (2～6/16) 佐官 (7～?/16) 書吏層 (?, 未詳)	佐平 (1/16)5人
7世紀中葉	内官	前内部(王命出納・近侍) 穀部(穀物出納) 内部(宮中事) 椋部(倉庫) 功徳部(仏教) 薬部(御医・製薬) 木部(宮内建築) 法部(宮内儀礼・王族) 後宮部(後宮管理)	外官	司軍部(軍事) 司徒部(儀礼・教育) 司空部(土木) 司寇部(刑罰・司法) 点口部(戸口把握) 客部(外交・使臣接待) 外舎部(人事) 綢部(織物出納) 日官部(天文・暦法)	佐平 (1/16) 宰 (2～6/16) 佐官 (7～?/16) 書吏層 (?, 未詳)	佐平 (1/16)6人 (六佐平:宰相)

表4－7　中古期・中代における新羅の中央官司の変遷

官司 (長官の官位)	中古期			中代	
	第1期	第2期	第3期	第1期	第2期
執事部(2～5)	稟主(2)	→(3)	執事部(4)	→	→
兵部(0～5)	兵部(2)	→(4)	→	→	→
調府(0～5)	・	調府(2)	→(4)	→	大府
礼部(0～5)	・	礼部(2)	→(4)	→	→
乗府(1～5)	・	乗府(2)	→(4)	→	司馭府
船府(1～5)	・	船府署(3)	→(3)	船府(4)	利済府
領客府(1～5)	・	倭典(2)／領客典(2)	領客府(4)	→	司賓府
位和府(0～2)	・	位和府(?, 2)	→(3)	位和府(4)	司位府
倉部(0～5)	・	・	倉部(4)	→	→
司正府(1～5)	・	・	司正府(4)	→	粛正台
左理方府(3～9)	・	・	左理方府(4)	左議方府	→
右理方府(3～9)	・	・	・	右理方府(4)／右議方府	→
例作府(1～5)	・	・	・	例作府(4)	修例府

表4－8　中国王朝の品階制と百済・新羅の官位との対照表

漢	万石			中二千石		二千石		比二千石		千石	比千石	六百石	比六百石	四百石	比四百石	三百石	二百石
曹魏～南斉	第1品	第2品		第3品		第4品		第5品		第6品		第7品		第8品		第9品	
梁	18班 17班	16班	15班	14班	13班	12班	11班	10班	9班	8班	7班	6班	5班	4班	3班	2班	1班
北魏～唐	1品	正2品	従2品	正3品	従3品	正4品	従4品	正5品	従5品	正6品	従6品	正7品	従7品	正8品	従8品	正9品	従9品
新羅	伊伐湌	伊湌	迊湌	波珍湌	大阿湌	阿湌	一吉湌	沙湌	級伐湌	大奈麻	奈麻	大舎	舎知	吉士	大烏	小烏	造位
百済	佐平 (5人)				達率 (30人)	恩率	徳率	扞率	奈率	将徳	施徳	固徳	季徳 対徳	文督 武督	佐軍	振武	克虞
『周礼』	・			卿		中大夫		下大夫		上士		中士		下士		府（史）	

いと見受けられる。中代には官司の設置が完了し、第三章で検討したように長官の複数制と判官の二重設置などが認められるので、この時期に新羅的特徴がある官制が完成したといえる。

次に、中国王朝との比較を行う前提として、百済の官位制と中国王朝の官階制との関係を明確にする必要がある。それをまとめたものが表4-8である。

表4-8を作る際、百済については各々佐平・達率（1・2）、恩率～奈率（3～6）、将徳～対徳（7～11）、文督～克虞（12～16）という四つの階層が[10]、新羅については各々伊伐湌～大阿湌（1～5）、阿湌～級伐湌（6～9）、大奈麻～舎知（10～13）、吉士～造位（14～17）の四つの階層が存在するという事実に基づいた。中国王朝において漢・梁の部分は宮崎市定による対比表に[12]、『周礼』の部分は卿・大夫・士・府（史）という四つの階層が存在することに基づいた。このように基準を定めたのは、中国王朝の場合、最上層として主要官府の長官級に該当するものが大体三品程度であり、貴族として世襲的特権を享有できる最小限の資格が五品程度であり、中級と下級との区分線が七品程度であることを考えれば、百済と新羅の官位制における四つの階層をそのまま対照させても大きな問題はないと思われるためである。百済では達率以上は外官一〇部・五方など主要官府の長官級で定員があり、奈率以上は世襲的特権を享有する貴族と認識されており、徳系官位は実務者階層で中級官人と認識されていた[13]。新羅においても大阿湌以上は主要官府の長官級で真骨貴族が独占し、級伐湌以

表4－9　百済の22部司と歴代中国王朝の中央官府との比較

	百済	漢	曹魏・西晋	東晋～南斉	梁	北魏・北斉	『周礼』	隋文帝	隋煬帝
内官	前内部	尚書台(正6品) 侍中(第5品)	中書省(第3品) 門下省(第3品)	→	→(従2品) →(正4品)	→ →(正3品)	内史(第4品) 大僕(第5品)		
内官	穀部	大司農(第3品)	→	→	司農寺(従4品)	→(正3品)	廩人(第5品)		
内官	肉部(内部)	太官(正7品)	→(第7品)	→	→(従9品)	太官署(従8品上)	膳夫(第6品)	・	殿内省(正4品)
内官	内椋部	中蔵府(正7品)	中黄左右蔵(第7品)	・	右蔵(品外)	左右蔵署(従8品上)	内府(第7品)		
内官	外椋部	太倉(正7品)	→(第7品)	→	→(従9品)	太倉署(従8品上)	外府(第7品)		
内官	馬部	太僕(第3品)	→	非常設	太僕寺(正5品)	→(正3品)	校人(第4品) 巾車(第5品)		
内官	刀部	考工(正7品) 武庫(正7品)	武庫(第7品)	→	南北武庫(従9品)	南北武庫署(従8品上)	司甲(第5品)	衛尉寺(正3品)	→(従3品)
内官	功徳部	・	・	・	・	典寺署(従9品上)	・		
内官	薬部	太医(正7品)	→(第7品)	→	→(従9品)	太医署(正9品上)	医師(第6品)		
内官	木部	将作大匠(第4品)	→(第3品)	非常設	大匠寺(正5品)	将作寺(従3品)	・		
内官	法部	宗正(第3品)	→	太常	宗正寺(従3品)	→(正3品)	宮正(第6品)		
内官	後宮部	大長秋(第4品)	→(第3品)	非常設	長秋寺(従5品)	→(従3品)	内宰(第4品)		
外官	司軍部	太尉(第2品)	五兵(第3品)	→	→(従3品)	→(正3品)	大司馬(第3品)		
外官	司徒部	太常(第3品)	→	→	太常寺(正3品)	→	大司徒(第3品) 大宗伯(第3品)		
外官	司空部	民曹(正7品)	起部(第6品)	非常設	非常設	起部(正6品上)	大司空(第3品)		
外官	司寇部	廷尉(第3品)	→	→	廷尉寺(従4品)	大理寺(正3品)	大司寇(第3品)		
外官	点口部	三公曹(正7品)	左民(第6品)	→	→(従7品)	左右民(正6品上)	司民(第7品)		
外官	客部	大鴻臚(第3品)	→	非常設	鴻臚寺(従5品)	→(正3品)	大行人(第4品)		
外官	外舎部	吏部曹(正7品)	吏部(第3品)	→	→(正3品)	→	宰夫(第5品)		
外官	綢部	少府(第3品)	・	・	太府寺(従3品)	→(正3品)	大府(第5品)		
外官	日官部	太史(正7品)	→(第7品)	→	→(従9品)	太史署(正9品上)	大史(第5品)		
外官	都市部	洛陽市(正8品)	→(第8品)	建康市	南北市(?)	京邑市署(従7品下)	司市(第5品)		
計(一致)		10.5(6/4.5)	11(6/5)	7(3/4)	8.5(5.5/3)	7(4/3)	11(6.5/4.5)	0.5(0.5/0)	2(2/0)

注：内官はすべて達率（従３品）～奈率（従５品）、外官はすべて達率（従３品）を基準として一致することを表示した。

表4－10　百済の六佐平－18部と『周礼』・唐の中央官府との比較

百済	職掌	『周礼』	唐
内臣佐平（正3品）	宣納事	大宰（第3品）	尚書省（従2品）
内頭佐平（正3品）	庫蔵事	大司徒（第3品）	尚書戸部（正3品）
内法佐平（正3品）	礼儀事	大宗伯（第3品）	尚書礼部（正3品）
衛士佐平（正3品）	宿衛兵事	司門（第5品）	衛尉寺（従3品）
朝廷佐平（正3品）	刑獄事	大司寇（第3品）	尚書刑部（正3品）
兵官佐平（正3品）	在外兵事	大司馬（第3品）	尚書兵部（正3品）
合計（一致）	・	5/6	5/6
椋部	倉庫管理	内府（第7品）・外府（第7品）	倉部（従5品上）
合計（一致）	・	0	1

注：18部はほとんど22部と職掌が重複するので、そのうち統廃合により変化が生じた内官の椋部だけを比較対象として、達率（従三品）～奈率（従五品）を基準として一致することを表示した。

上は世襲的特権を享有する貴族と認識されており、大奈麻～舎知は実務者階層で中級官人と認識されていた(14)。

表4-8を基礎として、百済・新羅の中央官司と中国王朝の中央官府を、職掌と長官の官階を中心に比較してまとめると、表4-9～11のようになる。これらの表の（　）内の官階（官位）の中で（正従）九品制以外のものは、便宜上表4-8によってそれに相当する（正従）九品制の品階に変換して表示した。表4-9～13において、表4-8に基づき（正従）九品制に変換して比較したものがお互いに一致する場合は、該当部分に色を濃くつけて一個として計算し、一階外れた場合は、該当部分に色を薄くつけて〇・五個として計算した。

百済の中央官司と中国王朝の中央官府を比較すると、表4-9を見れば、二二部の内官一二部は「漢」・「曹魏・西晋」（一二個中それぞれ六個一致）と『周礼』（一二個中六・五個一致）の影響が、外官一〇部は「曹魏・西晋」（一〇個中五個一致）と「漢」・『周礼』（一〇個中それぞれ四・五個一致）の影響が強いことがわかる(15)。さらに表4-10を見れば、六佐平は『周礼』と唐（六一八～九〇七）（各々六個中五個一致）、一八部は唐（一個中一個一致）の影響が認められる。

二二部を個別に分析すると、内官一二部の場合、前内部は曹魏～南斉および『周礼』、穀部は漢～梁および『周礼』、内部は隋の煬帝期、馬部は漢～西晋・梁および『周礼』、刀部は『周礼』および隋の煬帝期、木部は漢～西晋・梁・北魏・北斉、法部は漢～梁、後宮部は漢～西晋・梁・北魏・北斉および『周礼』の影響が認められる。一方、肉部・薬部は中国王朝とはあまり類似性がないが『周礼』と少し関連がある程度であり、内椋部・外椋部・功徳部は中国王朝との類似性がまったく認められないため、ほぼ百済独自の官司であるといえよう。

外官一〇部の場合、司軍部は曹魏～梁および『周礼』、司徒部は漢～南斉および『周礼』、司空部は『周礼』、司寇部は漢～南斉および『周礼』、客部は漢～西晋、外舎部は曹魏～南斉、綢部は漢・梁の影響が認められる。一方、日官部・都市部は『周礼』、点口部は曹魏～南斉・北魏・北斉と少し関連がある程度で、ほぼ百済独自の官司である。

これに加えて、前節で検討した中国王朝の財政機構の変遷や大鴻臚の職掌の変化を考えると、範囲をより絞ることができよう。財政機構の変遷の場合、中国王朝において百済のように穀部と綢部に二元化している事例は、前漢の大司農と少府、梁・北魏・北斉の大司農と太府が該当する。先に長官の官階を比較した結果は漢・梁のそれと一致したため、前漢あるいは梁の影響であると見ることができる。ただし梁の場合、太府が貨幣を中心とする財貨を担当していたことから、貨幣を使用した痕跡が見えない百済とは多少異なるといえよう。

次に大鴻臚の職掌の変化について、外交的役割を主に担った時期は、漢～西晋と北魏・北斉であった。先に長官の官階を比較した結果は漢～西晋のそれと一致したため、主に漢～西晋の影響であるといえよう。

ただし、中国王朝の財政機構の変遷や大鴻臚の職掌の変化については、理念的形態である『周礼』を除外した分析の結果である。したがって、結論を下す際には『周礼』の官制も考慮すべきであろう。それはともかく、以上のように、穀部は漢および『周礼』から、綢部は漢から、客部は漢～西晋から影響を受けた可能性を想定できる。『周礼』の影響は変わらないが、漢または曹魏・西晋からの影響の可能性がより高くなったといえる。

これらの点を踏まえて、漢と『周礼』を除く各王朝の中央官府と百済の中央官司を比較し直すと、曹魏・西晋は内官五個と外官五個の合計一〇個、東晋～南斉は内官二個と外官四個の合計六個、梁は内官四・五個と外官二個の合計六・五個、北魏・北斉は内官三・五個と外官二個の合計五・五個が一致することになる。その結果として、『周礼』の影響が大きいことは変わらないが、曹魏・西晋と漢の差異が減少し、南北朝の影響はさらに減っている。内官のみに目を向けると、中国王朝の中央官府の影響における順序は『周礼』―漢―曹魏・西晋の順と考えられ、外官のみに目を向けると、曹魏・西晋―『周礼』および漢―東晋～南斉の順と考えられる。つまり、内官の場合は漢と『周礼』、外官の場合は曹魏・西晋と『周礼』・漢の影響が大きいと考えられる。

新羅の中央官司と中国王朝の中央官府を比較すると、表4-11に示したように中古期と中代との様子が異なる。中古期の第二期までは曹魏・西晋（二六五～三一六）と北魏～隋の影響が認められる。第三期における司正府・左理方府の新設と執事部・領客府の昇格には北魏～唐（六一八～九〇七）の影響が強い。倉部の新設は独自のもののように見えるが、百済（椋部）の影響も想定できる。[16]

中代における右理方府・例作府の新設には隋唐の影響が認められる。船府の昇格は独自のもののように見えるが、曹魏～南斉と隋の煬帝期の影響も想定できる。位和府の昇格は例外的に長官の官位が高いので、独自のものと判断して大過なかろう。[17]

一三部（府）を個別に分析すると、中古期第一期の兵部は漢～北斉、第二期の調府は漢～隋の文帝期、礼部は曹魏・西晋・北魏～隋の文帝期、乗府は漢～　西晋・北魏～隋の文帝期の影響が認められる。第三期の執事部は曹魏～隋の煬帝期、領客府は漢～西晋・北魏～隋の煬帝期、司正府は北魏～隋の文帝期・唐、左理方府は東晋～唐の影響が認められる。中代第一期の右理方府は漢～唐、例作府は隋の文帝期～唐の影響を受けたと見られる。一方、船府は中国王朝とはあまり類似性は見られないが曹魏～南斉・隋の煬帝期と少し関連があると考えられる。その場合には、長官の官階が第四品である曹魏～南斉よりも、正四品である隋の煬帝期のほうが類似性が高いといえる。倉部・位和府は中国王朝との類似性がまったく見えないため、新羅独自の官司と思われるが、倉部については先述したように百済

表４－11　新羅の中央官司と歴代中国王朝の中央官府との比較

新羅	漢	曹魏・西晋	東晋～南斉	梁	北魏・北斉	隋（文帝）	隋（煬帝）	唐
兵部	太尉（第2品）	五兵（第3品）	→	→（従3品）	→（正3品）	兵部	→	→
調府	少府（第3品）	大司農（第3品）	→	太府寺（従3品）	→（正3品）	→	→（従3品）	→
礼部	吏部曹（正7品）	祠部（第3品）	非常設	非常設	殿中（正3品）	礼部	→	→
乗府	太僕（第3品）	→	非常設	太僕寺（正5品）	→（正3品）	→（正3品）	→（従3品）	→
執事部	尚書台（正6品）	中書省（第3品）	→	→（従2品）	→（従2品）	内史省（正3品）	→	中書省
領客府	大鴻臚（第3品）	→	非常設	鴻臚寺（従5品）	→（正3品）	→	→（従3品）	→
倉部	・	倉部（第6品）	→	→（正7品）	→（正6品上）	→	→（従5品？）	倉部（従5品上）
司正府	御史中丞（正6品）	→（第4品）	→	御史台（従4品）	→（従3品）	→	→（正4品）	→（従3品）
左理方府	二千石曹（正7品）	都官（第6品）	→（第3品）	→（従3品）	→（正3品）	→	刑部	→
船府	・	都水使者（第4品）	→	太舟寺（従5品）	都水台（従5品下）	→	都水監（正4品）	→（正5品上）
位和府	吏部曹（正7品）	吏部（第3品）	→	→（正3品）	→	→	→	→
右理方府	廷尉（第3品）	→	→	廷尉寺（従4品）	大理寺（正3品）	→	→（従3品）	→
例作府	民曹（正7品）	起部（第6品）	非常設	非常設	起部（正6品上）	工部（正3品）	→	→
計（一致）	3/4（中古1・2期） 1/5（中古3期） 1/4（中代1期）	4/4 3/5 1.5/4	2/4 2.5/5 1.5/4	2/4 2/5 1/4	4/4 4/5 1/4	3/3 4/5 2/4	0/0 3.5/5 2.5/4	0/0 4/5 2/4

注：一三部（府）のうち、位和府は伊湌（正二品）以上を、左・右理方府は迊湌（従二品）～級伐湌（従五品）を、ほかの官司は大阿湌（従三品）以上を基準として一致することを表示した。

表4－12　漢～唐の九卿（九寺）と百済・新羅（中古期）の中央官司の官員の構成

	漢	曹魏～南斉	梁	北魏～隋（文帝）	隋（煬帝）	唐	百済（22部）	新羅（中古期）
長官	卿（第3品）	→	→（正3品～従5品）	→（正3品）	→（従3品）	→	宰（従3品～従5品）	令（1品～従3品）
次官	丞（第6品）	→（第7品）	→（従7品～正9品）	少卿（正4品上）	→（従4品）	→（従4品上）	佐官（正6品～?）	卿（正4品～従5品）
判官				丞（従6品下、正7品下）	→（従5品）	→（従6品上）		大舎（従6品～従7品）
主典	功曹（品外） 主簿（品外） ・	→	→	→（従9品下、品外） → 録事（品外）	・ 府 史	→	書吏層（未詳）	史（正7品～従9品）

（椋部）の影響も想定できる。

これに加えて、前節で検討した中国王朝の財政機構の変遷や大鴻臚の職掌の変化を考え合わせると、範囲をより絞ることができよう。財政機構の変遷の場合、中国王朝において新羅のように調府に一元化した事例は、後漢～南斉の大司農がこれに該当する。先に長官の官階を基準にした結果は漢～隋の文帝期が一致したため、そのまま後漢～南斉の影響であると見ることができる。ただし後漢～南斉の場合、穀物を中心とする大司農に一元化しているのに対し、新羅では織物を中心とした調府に一元化していることから新羅の独自性も見られよう。次に大鴻臚の職掌の変化について、外交的役割を主に担った時期は、漢～西晋と北魏～隋の煬帝期であった。先に長官の官階を比較した結果は漢～西晋および北魏～隋の煬帝期のそれと一致するため、先述の検討結果には齟齬しない。

さらに、表4-8を基礎として、百済と新羅の中央官司の中で官員の構成を把握することの可能な二二部と一三部（府）を、中国王朝の九卿（九寺）および尚書六曹（六部）と、官員の構成や各階層の官階を比較してまとめると、表4-12・13のようになる。表4-12によると、百済の二二部は官員構成の面では三層になっている前漢～梁の九卿に類似するが、二二部における各階層の官位の範囲の広さには不明な部分が多いため、九卿と各階層の官階を比較することは不可能に近い。また、中古期に四

表4－13　後漢～唐の尚書六曹（六部）と新羅（中代）の中央官司の官員の構成

	後漢	曹魏～南斉	梁	北魏・北斉	隋（文帝）	隋（煬帝）	唐	新羅（中代）
長官	尚書（正7品）	→（第3品）	尚書（正、従3品）	尚書（正3品）	→	→	→	令（1品～従3品）
次官	侍郎（正8品）	郎（第6品）	吏部郎中（従4品）列曹郎中（従7品）	→（正4品上）→（正6品上）	吏部侍郎 列曹侍郎 員外郎（?）	侍郎（正4品）	→（正4品上）	卿（正4品～従5品）
判官						郎（従5品）	郎中（従5品上）員外郎（従6品上）	大舎（従6品～従7品）舎知（正7品～従7品）
主典	令史（従9品）	令史（第8品）	令史（品外）	主事	→	→	→（従8品下）	史（正7品～従9品）

等官制を備えている一三部（府）は官員の構成の面では北魏以降の九寺に類似するが、各階層の官階を比較すると北魏～隋の文帝期の九寺に最も近い。さらに、四等官制を備える以前の一三部（府）は曹魏～南斉の尚書六曹に近い。表4-13によると、中代の一三部（府）は官員の構成の面では隋の煬帝期以降の尚書六部に類似するが、各階層の官階を比較すると唐の尚書六部に最も近い。つまり、百済の中央官司における中国王朝の影響については、二二部は漢～西晋と『周礼』から、六佐平―一八部は唐から影響を受けたといえる。

三佐平の場合、後漢の三公から楽浪郡を経由して影響を受けたものであり[18]、二二部の場合、内官一二部は漢と『周礼』から、外官は曹魏・西晋と『周礼』・漢から影響を受けたといえる。一方、内官の肉部・内椋部・外椋部・功徳部・薬部、外官の点口部・日官部・都市部は独自に作ったものと考えられる。六佐平―一八部の場合、六佐平は『周礼』と唐から、一八部は唐から影響を受けたといえるが、六佐平の衛士佐平は独自に作ったものと考えられる。

新羅の中央官司における中国王朝の影響については、中古期の第一期・第二期における兵部・調府・礼部・乗府と稟主・位和府の前身・船府署・領客典などの設置は曹魏・西晋から、第三期における司正府・左理方府の設置、兵部をはじめとする各官司の四等官制、執事部・領客府の昇格などは北魏～隋の文帝期から影響を受けたといえる。また中代における右理方府・例作府の設置などは隋の煬帝期から、判官の二重設置（舎知の追加）は唐から影響を受けたと考えられる。

以上のように、六世紀中葉以降の百済・新羅の中央官司が南北朝（特に梁と北魏）から影響を受けた可能性は低い。むしろ、百済は曹魏・西晋の影響が、新羅は曹魏・西晋と北斉・隋の影響が強いと考えられる。

六世紀の百済と新羅の状況を見ても、南北朝の中央官府を受容すべき歴史的背景が見えない。その理由として、以下の二点があげられる。

第一に、南北朝の中央官府は長官の独立性が強いので、中央集権を指向する百済と新羅の状況にはそぐわない点である。漢魏晋南北朝の各王朝において、長官は属吏の任命権を有していたが、隋唐以降には見られなくなる[19]。府官制においても、形式上では皇帝にある佐官に対する任命権を、府主（長官）が事実上有していた。そのため、長官が任命した属吏はもちろん、皇帝が任命した長吏の佐官も府主に対する従属性が強い。

第二に、南北朝の中央官府の運用方法を把握している専門家が多くないという点である[20]。百済の場合、そのような専門家が中国大陸から派遣されるようになるのは、六世紀の中葉からである[21]。その専門家である陸詡が百済に派遣されて影響を及ぼした内容は、梁の官制ではなく主に『周礼』に基づく官制改革であると推定される。なぜならば、陸詡の専門分野は三礼（『周礼』・『儀礼』・『礼記』）を中心とする礼学であり[22]、彼は五四一～五五二年ごろに百済に滞在し、二二部司の完備などの官制改革を主導したと推定されるためである[23]。ちなみに、官制改革の結果である二二部司を、梁の官制および『周礼』と比較すると、後者から影響を受けた可能性がより高い[24]。彼が礼制の整備などに貢献した可能性も否定できないが、この時期の前後に百済が礼制を整備したことをうかがえる史料は見えない。また、彼の師匠である崔霊恩は『三礼義宗』の著述以外にも『周礼』に注釈を付けており[25]、『周礼』に対する造詣が深かったようである。したがって、南北朝の中央官府から影響を受けた可能性は低いであろう。先に検討した財政機構の変遷や大鴻臚の職掌の変動を見ても、梁をはじめとする南朝の官府と百済の二二部司との共通点はあまり見つからない。そのため、二二部司は南北朝よりは漢～西晋と類似点が多く、百済の独自的な部分を除けば、後者から影響を受けた可能性が高いと思われる。

新羅の場合、中国王朝の中央官府の運用方法を把握している専門家が中国大陸から派遣された可能性があるのは、隋代（五八一～六一八）からである。(26) これ以前、陳の使節が一回新羅に来たことがあるが、陳の中央官府は梁とほぼ同様であり、また先に検討したように梁の中央官府が新羅に影響を及ぼした痕跡はそれほど多くない。さらに、当時の使節は仏教交流の目的で来たと推定される。(27) また、他国が仲介せずに新羅が中国王朝と交流するようになったのは、六世紀中葉に漢江流域を占領して以来である。六世紀中葉以降、新羅と直接交流した中国王朝は北朝の北斉と南朝の陳であるが、『三国史記』などによると、新羅は北斉（五五〇～五七七）に五六四年・五七二年の二回使節を派遣し、五六五年の一度だけ冊封された。一方、陳（五五七～五八九）には五六六年・五六七年・五六八年・五七〇年・五七一年・五七八年の六回使節を派遣し、五六五年の一度だけ陳の使節を迎えているが、冊封は受けず、ほぼ仏教関係の交流に終始している。したがって、新羅の中央官司が両国との関係によって中国王朝の中央官府から影響を受けたとは考えがたい。つまり、新羅の中央官司に見える北魏・北斉の影響が両国との直接の交流によるものである可能性は想定しがたいのである。

二　曹魏の中央官府の影響と楽浪郡

定期的な使節派遣や亡命者がもたらした中国王朝の中央官府の情報が朝鮮三国に影響を及ぼしたわけではないとすると、次に楽浪郡を経由した影響の可能性を考えてみる必要がある。楽浪郡の太守が現地で採用した属吏の中には、中央官府の運用方法を把握している専門家が少なくなかったと考えられる。(28) また、楽浪郡をつうじて朝鮮諸国に知られた中国王朝の中央官府は、中国王朝が楽浪郡に影響を及ぼした最後の時期である曹魏の正始年間またはそれ以前のものであったと推定される(29)。

中国王朝の中央官府が百済に影響を及ぼした経路を考えるうえで楽浪郡と並んで注目すべきは、公孫康が三世紀初めに楽浪郡の南部を分けて設置した帯方郡である。近年の研究では、墓制と副葬品の差異に注目する立場から、北方の楽浪郡には土着漢人が多く居住していたのに対して、南方の帯方郡には新来漢人（三世紀初めに新たに移住して来た漢人）が居住していたとする見解が提出されている(30)。土着漢人が楽浪郡に定着した時期は、墓制や遺物から一世紀前半と考えられているが(31)、これは後漢の光武帝による楽浪郡の再設置とかかわるのであろう(32)。また、新来漢人は帯方郡が新設された三世紀初めに同郡に定着したと推定される。新来漢人は土着漢人に比べて、同時代の中国文明をより正確に理解していたと考えられる(33)。

さて、四世紀初めに両郡が遼西へ移動させられて以降、旧楽浪郡出身の土着漢人は主に北方の高句麗に、旧帯方郡出身の新来漢人は主に南方の百済に亡命したと考えられる。旧帯方郡出身の人々は、四～五世紀に百済の政治と外交において活躍している(34)。彼らは中国大陸からの亡命者あるいは使節の末裔とも考えられる。もっとも、彼らと同じ姓氏を称する中国大陸からの亡命者や使節を記した史料や、四世紀以前に中国大陸から百済に多数の人が移住したことを証明する遺物などは見受けられない。しかし、百済が三一四年以降の数十年間において旧帯方郡地域を領域として支配した結果、百済国内に多くの旧帯方郡出身者が住むようになったことは容易に推定できる。また、旧帯方郡から百済に多数の人が移住したことを示す遺物も多い。したがって、現在の資料状況からは彼らが旧帯方郡出身である可能性が高いといえる。

彼らが活躍した時期は百済で中央官司が設置される最初の時期であり、中央官司の設置に彼らやその後裔が関与した可能性は高いと考えられる。その場合、彼らがもっている中国王朝の中央官府に対する知識は、彼らが帯方郡に定着した三世紀初の後漢末期、または彼らと中国王朝との交流および影響関係がほぼ断絶する三世紀中葉の曹魏後期以前のものであった可能性が高いと思われる。

また、『周礼』が本格的に経書として定着したのは、後漢末の鄭玄(一二七~二〇〇)が注釈を付けて『礼記』・『儀礼』とともに三礼と呼ばれてからであるため、旧帯方郡出身者をつうじて『周礼』に対する基礎的な知識が伝えられたのであろう。六世紀中葉に梁から派遣された陸詡は、そのような基礎知識に加えてより具体的な情報を提供し、『周礼』式の官司名の改正(司軍部・司徒部・司空部・司寇部など)と外官にあるいくつかの官司の昇格(日官部・都市部など)を主導したのではないかと思われる。[35]

前項で検討したように、百済の中央官制が南北朝のそれから影響を受けた可能性は低い。もし、中国王朝の中央官制から影響を受けたとすれば、西晋以前のそれからの影響であろう。さらに影響経路を推定してみると、帯方郡を経由して後漢・曹魏の中央官制から影響を受けた可能性が想定できる。以上のことを考え合わせると、百済の中央官制は帯方郡を経由して後漢・曹魏の中央官制から影響を受けた可能性が高いといえる。

前項の検討結果を勘案して中国王朝の影響を具体的に説明すると、五世紀における三佐平と外官一〇部の設置は後漢と『周礼』から、五世紀後半~六世紀前半における内官一二部の設置は曹魏から影響を受けており、それらの制定に彼らが関与した可能性は高いと考えられる。また、七世紀前半における六佐平—一八部の設置は、隋唐との交流によるものであろう。

一方、高句麗の中央官司については判断できる史料が不足している。その官職制については、『翰苑』高麗伝以外に詳しい史料が知られておらず、『翰苑』高麗伝にも一部の官職しか認められないため、それがいつ制定されたのか、またどの時期の中国王朝から影響を受けたのかなどが不明である。したがって、本章で中国王朝の中央官府が高句麗を経由して新羅に伝播した可能性を検討することはほぼ不可能である。ただし、高句麗の官職制や官司制があまり発達していない状態であったため、そのような可能性は低いと判断しても大過なかろう。

新羅の中央官司の設置については、旧楽浪郡・帯方郡出身者の活躍はまったく記されていない。それにもかかわらず、先述したように新羅の中央官司の設置に曹魏・西晋の中央官府から影響を受けた部分が認められることは、どのように解するべきであろうか。

周知のように、新羅では六世紀前半に百済との文化交流が盛んに行われている。百済において旧帯方郡出身者が中央官司の設置にあたって活躍したことは、先述したとおりである。つまり、新羅の中央官司が曹魏の中央官府の影響を受けて形成されたのは、旧帯方郡出身者の活躍によって設置された百済の中央官司が、新羅と百済との頻繁な文化交流を通して、新羅に影響を与えた結果であると考えられる。中古期の第二期までの中央官司は、主に曹魏・西晋の影響を想定できるが、それは高句麗より官司制が発展していた百済の影響ではないかと思われる[36]。その場合、西晋の影響を受けたというよりも、帯方郡を経由して曹魏の影響を受けたといえよう。

他国が仲介せずに新羅が中国王朝と交流するようになったのは、六世紀中葉に漢江流域を占領して以来である。中古期の第三期における中央官司の設置と改変は、中国王朝との直接の交流がきっかけになったとも推定されるが、新羅が北魏へ使節を派遣した事例は記されていない。また、先述したように中国王朝の中央官府の運用方法を把握している専門家が中国大陸から派遣された可能性があるのは、隋代（五八一～六一八）からである。したがって、新羅の中央官司に北魏～隋の文帝期の影響が見えることは、隋と直接交流した結果であると判断するのが妥当であろう。

さらに、中代における中央官司の設置と改変には、唐の影響が想定されてきたが、長官の複数制など新羅の独自性も多く見られるので、唐の一方的な影響であるとは言い切れない点に注意しなければならない。また、先述したように唐の影響以外に隋の煬帝期の影響も視野に入れなければならない。

おわりに

以上、本章では百済と新羅の中央官制における中国王朝の影響を明らかにするため、百済と新羅の中央官司と歴代中国王朝の中央官府の構成と職掌を主に比較・検討した。

中国王朝の九卿制は、漢代において中央官府の中心であったが、しだいに実務機構となった。中国王朝の三省は、曹魏から秘書機構として設置され、しだいに中央官府の中心となった。

中国王朝の中央官府の百済への影響時期は、漢代~西晋の制度が影響を及ぼし、のちには『周礼』・唐の影響もあったと考えられる。中国王朝の中央官府の百済への影響経路は、後漢・曹魏の中央官府が帯方郡を経由して伝えられたルートと『周礼』・唐の中央官府が中国大陸から直接伝えられたルートが想定できる。

中国王朝の中央官府の新羅への影響時期は、中古期の第二期までは曹魏・西晋の制度が影響を及ぼし、第三期には北魏~隋の文帝期の影響も見られるようになり、中代には隋唐の制度が影響を及ぼしたと考えられる。中国王朝の中央官府の新羅への影響については、①帯方郡から百済を経由、②中国王朝から直接、という二つの経路を想定できる。①は曹魏の中央官府の影響経路、②は隋唐の中央官府の影響経路に該当する。

以上の検討結果に基づくと、東アジアにおける中央官制（特に中央官司）の影響関係については、周辺諸国が必ずしも当時最先端の制度を受容したわけではなく、むしろ必要に応じて前代の制度を受容する場合も少なくなかったということになる。特に中代以降の新羅においては、唐との関係が密接であるにもかかわらず唐の影響は少ないが、そのことも新羅が必要に応じて前代の制度を受容した結果と解することができる。

本章の意義は、百済・新羅の中央官司が曹魏の中央官府の影響下で設置された可能性を提起した点にある。その点から新たに想定できる可能性は二つある。第一に、百済・新羅の影響下で成立したといわれてきた七世紀における古代日本の中央官司の起源を、曹魏の中央官府に求めることが可能になったことである。第二に、古代東アジアにおける中央官の官員構成について、長官―主典（二層）→長官―次官―主典（三層化）→長官―次官―判官―主典（四層化：四等官制）の三段階を想定できるようになったことである。

ただし、本章には、中央官司のみを比較・検討して、古代東アジアにおける中央官制の影響と変容を論じたものという点で限界があることも事実である。そのために、さらに地方行政制度も比較検討する必要がある。

註

（1）六佐平が四世紀に設置されたといい、その根拠として東晋の六曹制から影響を受けた可能性を指摘する金英心「漢城時代百済佐平制의 전개」『서울학연구』八、一九九七年が代表的である。

（2）北村秀人「朝鮮における律令制の変質」『東アジア世界における日本古代史講座』七（学生社、一九八二年）、一八三〜一八四頁。

（3）武田幸男「六世紀における朝鮮三国の国家体制」『東アジア世界における日本古代史講座』四（学生社、一九八〇年）、五八〜五九頁。李仁哲『新羅政治制度史研究』（一志社、一九九三年）、二二〜五三頁。

（4）第一節で唐を中央官府の変遷に対する検討対象から除外した理由は、隋の煬帝期と比較して変化があまり見えないことのみならず、唐の中央官府の職掌や官員の構成などは周知の事実であるためである。そのため、唐の中央官府については第二節において表で提示するだけでも十分であろう。

（5）表4-1〜13において、①歴代中国王朝における各官職（官府）の職掌については中国正史の職官志（百官志）に基づき、各官職の官階については中国正史の職官志（百官志）に基づいて『通典』官品条も参照して作成した。百済と新羅の官職（官司）は第三章の検討結果に基づいて作成した。②表4-1~6における（　）内の数字は、「／」の右にある数字が当時における正規官階の全体数であり、「／」の左にある数字が該当官職の官階を最上位から数えた数字である。また、「・」は同じ官職の官階が官府によって異なり、二つの官階を示す必要がある場合に表示した。③（　）内に「無」と記した場合は、該当官職が当時の正規官階体系に含まれていないという意味である。ただし、表4-2~5の梁の部分には（　）内に「19~23」などの数字だけが記されているが、梁には「一八班」という正規の官階体系以外に「流外七班」／「三品蘊位」・「三品勲位」という別の官階体系がその下にあるので、当時における正規官階の全体数である「18」に、「流外七班」／「三品蘊位」・「三品勲位」における該当官職の官階をその最上位から数えた数字である「1~5」を加えて記したためである。④表4-7における新羅の官職（官司）は本章第一節の検討結果に基づいて作成した。また、「長官」欄の（　）内の数字は、該当官職の官位を最上位から数えたものである。「／」は期間中に名称が変化したことを意味し、「／」の左側が変化する前の名称、「／」の右側が変化した後の名称である。太字で表示した部分は該当時期に初めて四等官制の令級に相当する官職が登場したことを意味する。⑤「↓」は以前の時代と変化がないことを意味する。

（6）財政機構の変遷については、以下の研究を参照した。加藤繁『支那経済史考証（上）』（東洋文庫、一九五二年）、三五～一五六頁。山田勝芳「後漢の大司農と少府」『史流』一八、一九七七年。川合安「南朝財政機構の発展について」『文化』四九－三・四、一九八六年。同「梁の太府創設とその背景」『文経論叢』二三－三、一九八八年。

（7）川合安前掲註6論文（『文経論叢』）。

（8）大鴻臚の職掌の変化については、以下の研究を参照した。熊谷滋三「前漢の典客・大行令・大鴻臚」『東洋史研究』五九－四、二〇〇一年。石暁軍「隋代鴻臚卿・少卿考」『姫路独協大学外国語学部紀要』一四、二〇〇一年。

（9）山本隆義『中国政治制度の研究――内閣制度の起源と発展』（同朋社、一九六八年）、九三～九九頁。祝総斌『両漢魏晋南北朝宰相制度研究』（中国社会科学出版社、一九九八年）、二六四～三〇五・三一四～三六〇頁。窪添慶文『魏晋南北朝官僚制研究』（汲古書院、二〇〇三年）、六二～九五頁。川井貴雄「北魏後期における門下省について」『九州大学東洋史論集』三七、二〇〇九年など。

（10）金英心「百済官等制의成立과運営」『国史館論叢』八二、一九九八年、一一〇～一一五頁などは、佐平～奈率を一つの階層と見なし、三つの階層として把握しているようである。しかし、『周書』百済伝に佐平は五人、達率は三〇人という定員があり、恩率以下はそうではないことから、達率以上を別の階層として見るべきであろう。

（11）法興王制、自太大角干至大阿湌、紫衣。阿湌至級湌、緋衣並牙笏。大奈麻・奈麻、青衣。大舎至先沮知、黄衣。（『三国

史記』巻三三　色服志）
紫衣と緋衣は本文の階層区分と一致するが、青衣と黄衣は本文の階層区分と異なっている。それは黄衣になっている大舎・舎知が一三部（府）の四等官制においては青衣の奈麻と同様に大舎（判官級）へ就任でき、大奈麻は判官級の丞には就任できるが、次官級の卿には就任できないことから説明することができよう。つまり、最上層（長官級）・上層（次官級）とそれ以下との区別は明確であるが、中間層（判官級）と下層（主典級）との区別は大舎・舎知が下層（主典級）の史にも含まれるなど、それほど明確ではないともいえよう。

（12）宮崎市定『九品官人法の研究――科挙前史』（同朋社、一九七四年）、一〇二頁の第二表および三一七頁の第一八表。ちなみに、福井重雅は漢代の官秩は万石から百石まで一五等級があったが、①万石・②中二千石・③二千石・④比二千石の最高官秩層、⑤千石・⑥比千石・⑦六百石・⑧比六百石の上級官秩層、⑨四百石・⑩比四百石・⑪三百石・⑫比三百石・⑬二百石・⑭比二百石の下級官秩層、⑮百石の最下級官秩層に区分できるという（『漢代官吏登用制度の研究』創文社、一九九八年、二七九～二八一頁）。福井説に基づいて最高官秩層を第三品以上、上級官秩層を第五品以上、下級官秩層を第七品以上、最下級官秩層を第八品以下に比定すれば、①は第一品、②は第二品、③・④は第三品、⑤・⑥は第四品、⑦・⑧は第五品、⑨・⑩は第六品、⑪・⑫は第七品、⑬・⑭は第八品、⑮は第九品に近いと考えられる。仮に宮崎説の代わりに上記のような想定をしたうえで表4-9・10を作成すれば、百済における漢代の中央官制の影響は、歴代中国王朝の中で最も強かったという結論になる。しかし、福井は自身の階層区分を曹魏以降の官品制に比定していない。

（13）奈率以上が貴族として特権を享有することは、金瑛河『한국고대사의인식과논리』（成均館大学校出版部、二〇〇二年）、八〇～八一頁を、徳系官位が実務者集団で中級官人として把握されることは、金英心前掲註10論文、一一三～一一五頁を参照。

（14）級伐湌以上が貴族として特権を享有することは、金瑛河前掲註13書、八一～八三頁を、大奈麻～舎知が実務者集団で中級官人として把握されることは、前掲註11を参照。

（15）隋の文帝期と煬帝期は二二部司の成立以降であるため、成立後の名称変化が認められる内部と職掌の拡大が認められる刀部のみを比較した。比較の結果は、煬帝期との類似性がはるかに高い。一八部の椋部も表4-10では唐との類似性を認めたが、倉部郎中の官階が曹魏以来歴代には六品であったが、隋の煬帝期に正五品に昇格したことを考えれば、隋の煬帝期との類似性も存在する。

（16）百済の椋部は、六世紀に設置された内椋部と外椋部とを七世紀に統合したものであり、その職掌は内外の倉庫業務で

あったと推定される（鄭東俊「百済の武王代における六佐平―一八部体制」『朝鮮学報』二二〇、二〇一一年、七七～八三頁）。しかも、新羅の倉部が王の近侍機構である稟主から分離されたことと同様に、百済の椋部も王の近侍機構である内頭から内椋部・外椋部が分離されたことがその起源であると考えられる（鄭東俊「백제 22부사 체제의 성립과정과 그 기반」『韓国古代史研究』五四、二〇〇九年、二七八～二七九頁）。以上のことから両官司の類似性が見られ、百済の椋部（六二四～六三〇年代推定）が新羅の倉部より早く設置されたので、前者が後者に影響を与えたと見ることができよう。

(17) 位和府の長官官位が特別に高いことについては、三人のうち一人が上大等の兼職であるためであろうと推定する見解（李仁哲『新羅政治制度史研究』一志社、一九九三年、三八～三九頁）があり、当時最高の官位を有している真骨貴族（衿荷臣）は、骨品制の運営原理に基づく協議によって官位の昇級などを位和府で処理した可能性を指摘した見解（河日植『신라집권관료제연구』慧眼、二〇〇六年、三〇〇～三〇一頁）もある。

(18) 鄭東俊「4～5세기 백제의 정치제도 정비과정」『史林』三二（首善史学会、二〇〇九年）、一〇一～一〇五頁。

(19) 両漢魏晋南北朝における官府の長官による属吏任命の意味と官府の独立性については、渡辺信一郎『中国古代国家の思想構造』（校倉書房、一九九四年）、三三九～三五四頁を参照。官府の長官による属吏任命の廃止については、宮崎市定前掲註12書、五〇六～五一四頁を参照。

(20) 窪添慶文「楽浪郡と帯方郡の推移」『東アジア世界における日本古代史講座』三（学生社、一九八〇年）、四八～五〇頁。窪添は先端の技術・思想などは習熟した人間の派遣を媒介として伝えられると述べた。

(21) 陸詡少習崔靈恩三禮義宗。梁世百濟國表求講禮博士、詔令詡行。（『陳書』巻三三　鄭均伝）

(22) 前掲註21の史料を参照。

(23) 趙景徹「百済聖王代의 儒仏政治理念」『韓国思想史学』一五、二〇〇〇年、一三～一四頁。

(24) 鄭東俊「동아시아 古代官制上의 22部司」『史林』二九（首善史学会、二〇〇八年）、七八～八九頁。

(25) 靈恩集注毛詩二十二巻、集注周禮四十巻、制三禮義宗四十七巻、左氏經傳義二十二巻、左氏條例十巻、公羊穀梁文句義十巻。（『梁書』巻四八　崔霊恩伝）

(26) 三十五年（六一三）秋七月、隋使王世儀至皇龍寺設百高座、邀圓光等法師、説經。（『三国史記』巻四　新羅本紀四　真平王）

(27) 二十六年（五六五）秋九月、…陳遣使劉思與僧明觀來聘、送釋氏經論千七百餘巻。（『三国史記』巻四　新羅本紀四　真興王）

(28) 郡国の属吏からは、前漢では上計吏の長吏に随行して毎年上京する者、後漢では上計吏として毎年上京する者が選抜された（鎌田重雄『秦漢政治制度の研究』日本学術振興会、一九六二年、三八九～四〇〇頁）。鎌田によれば、後漢の上計吏は、朝廷から郡国内の事情に関して諮問されて有能なるものと認められた場合、郎官を経て中央官へ昇進することも可能であり、中央の博士官のもとで業を受けることもあった。上計吏は魏晋南北朝期においても元会儀礼に参加して朝廷から郡国内の事情に関して諮問された（渡辺信一郎『天空の玉座』柏書房、一九九六年、一四三～一五〇頁）。ただし、辺郡の場合三年に一回の上計であった（紙屋正和『漢時代における郡県制の展開』朋友書店、二〇〇九年、三六〇～四一一頁）。このように、後漢以降の辺郡の属吏は、上計吏として選抜されて三年に一回上京することがあり、また中央朝廷との文書行政も担当していたことから、当時の楽浪郡の属吏も中央と地方の文書行政のみならず、中央官の構成や各官府の職掌などに詳細な知識をもつていたと推定される。

(29) 第一部第二章を参照。

(30) 呉永贊『낙랑군연구』（四季節、二〇〇六年）、一九三～二一一頁。具体的にいえば、合葬木槨墓は楽浪郡治と推定される平壌の大同江南岸一帯を中心として分布し、漢式の漆器・装身具・車馬具など中原系遺物が出土する一方、細形銅剣・古朝鮮式車馬具も出土しているので、紀元後一世紀中葉以降、楽浪郡の再設置にともなって移住してきた漢人が土着化したものとする。塼室墓は帯方郡治に相当する黄海道の北部を中心として分布し、三世紀初めから　中原地域の様式に近く完成したかたちで現れているので、帯方郡の設置にともなって新たに移住してきた漢人が中原の様式を直接もたらしたとする。

(31) 呉永贊前掲註30書、一三一～一四四頁。

(32) 二十七年（四四）秋九月、漢光武帝遣兵渡海伐樂浪、取其地爲郡縣、薩水已南屬漢。（『三国史記』巻一四　高句麗本紀二　大武神王）

(33) 呉永贊前掲註30著書　、二〇八～二一一頁。

(34) 鄭東俊『동아시아속의백제정치제도』、一志社、二〇一三年、一二九～一六〇頁（初出は二〇〇七年）。同「高句麗・百済律令における中国王朝の影響についての試論」『国史学』二一〇、二〇一三年、二五頁の表六では馮野夫・陳明も入れて彼らを楽浪郡出身と推定したが、根拠となった遺物である楽浪の漆盤には、製作に関与した四川地域の官吏や工人の名前がそこに書いてある。したがって、それを根拠として彼らと同じ姓を有している人が楽浪郡に住んでいたとは解することができない。そのため、本章では馮野夫・陳明の二人を除外した。

(35) 王啓発著、孫険峰訳「鄭玄『三礼注』とその思想史的意義」渡邉義浩編、『両漢における易と三礼』（汲古書院、二〇〇六年所収)、四一四~四一五頁。

(36) これまで、六世紀の新羅における各種制度の制定や文物の導入に対して高句麗の影響が強調されてきたが、それは五世紀までのことであって、六世紀前半においては百済の影響を考える必要がある。興輪寺の初期の瓦(六世紀の前半と推定)は百済の大通寺のそれと類似しており、五二一年に新羅の使節が百済の使節団とともに梁へ行ったこと[其國小、不能自通使聘。普通二年(五二一)、王姓募名秦、始使使隨百濟奉獻方物。…無文字、刻木爲信。語言待百濟而後通焉。(『梁書』巻五四、新羅伝)]を考慮すれば、六世紀前半では両国の関係が密接であったことがわかる。また、仏教の公認(実際には興輪寺の建立)についても従来は高句麗の影響が強調されてきたが、最近では百済の影響に注目する見方もある(李炳鎬「경주 출토 백제계 기와 제작 기술의 도입 과정」『韓国古代史研究』六九、二〇一三年)。

第三部　朝鮮三国の地方行政制度と中国王朝の影響

第五章

朝鮮三国の地方行政機構とその構成

はじめに

本章では古代東アジアにおける地方行政制度の影響関係について、朝鮮三国の地方行政機構関連記事を検討する。

本章の検討対象である朝鮮三国の地方行政制度は、具体的な史料が不足し研究が困難な状況にある。その理由は地方行政制度の運用実態をうかがえる史料がほとんど認められず、単に地方行政機構の存在とその構成を伝える史料しか残っていない点に求められる。しかし、少なくともその地方行政機構は中国王朝の影響下で制定されたと考えられている。

高句麗・百済における地方行政機構については、六世紀中葉以降に南北朝の州・郡・県体制から影響を受けて形成されたという三層説が通説になっている。高句麗における三層説は、『翰苑』・『旧唐書』などに見られる「大城・諸城・諸小城・城」の関係を「大城―諸城―諸小城・城」という三層と見なし、『隋書』などにある「内評外評五部褥薩」をめぐる解釈にも深くかかわっているものである。[1] 百済における三層説は、『周書』・『隋書』・『北史』・『翰苑』にある「方・郡・城」の関係を「方―郡―城」という三層と見なしたものである[2]（詳しくは第一節で後述）。

新羅の地方行政機構については、中古期（五一四〜六五四）には南北朝の州・郡・県体制から影響を受けて形成されたという三層説が通説になっており、中代（六五四〜七八〇）には唐から影響を受けたと想定されている。中古期には金石文や木簡などに基づき州の軍主・行使大等―郡の幢主・邏頭―村（城）の道使という三層が想定されており、中代には『三国史記』職官志に州の都督―郡の大守―県の少守・県令という三層が記されているが、中国王朝の具体的な影響の内容はまだ不明である（詳しくは第一節で後述）。

しかし、三層説は現存している断片的な史料に対する解釈のみに依存しており、前後の時代および当時の周辺諸国との比較が行われていないため、根拠が不足しているといえよう。そもそも三層説が提示されるにいたった原因は、六世紀における朝鮮三国の地方行政機構の改編という事実を過大評価し、それを朝鮮三国における中央集権体制の成立を裏づけるものとして認識したことにある。だが、最近の研究では当時の中央集権体制は未完成で地方に対する掌握が不十分であったという指摘があるので[3]、地方行政制度の内容とその発展段階を詳しく検討したうえで中央集権体制の成立と国家の先進性を論じる必要性があろう。

本章の検討対象は「制度としての地方官」（以下、本章では「制度としての地方官」を「地方官」といい、「人格としての地方官」である「地方官人」と区別する）の構成と職掌である。地方官の構成と職掌は地方行政機構の中心であり、なかでも朝鮮三国については、これらに関する史料が集中的に残されている。そこで本章では、主に褥薩（高句麗）・方領・方佐（百済）・軍主・行使大等・仕大等・都督・仕臣（新羅）の起源と性格、道使（高句麗・新羅）・郡将・郡令・郡佐・参司軍（百済）・幢主・邏頭・大守（新羅）の役割、可邏達・婁肖（高句麗）・道使（百済・新羅）・村使人・少守・県令（新羅）の派遣範囲などを検討する。その後、次章でそれを漢代〜唐代の地方行政機構と比較する。検討にあたっては、朝鮮三国の地方行政機構に関する史料と先行研究を再検討する。

第一節　高句麗・百済の地方行政機構

一　高句麗の地方行政機構と三層構造

六世紀中葉以降の高句麗の地方行政機構に関する史料は、すべて中国王朝側の伝世文献である。[4]『三国史記』などには地方官（または地方官人）と解されるものに関する記事が極めて少ないため、高句麗の地方行政機構を論じるためには中国王朝側の伝世文献を検討することが有効であると思われる。[5]また、中国王朝側の伝世文献の編纂者は中国側の読者に内容を理解させるために、歴代中国王朝の地方行政機構に関する理解を前提として高句麗の地方行政機構について記録したと考えられる。したがって、史料の内容を理解するために、歴代中国王朝の地方行政機構の変遷を念頭に置いてそれと高句麗の地方行政機構を比較する作業が必要不可欠であると思われる。

まず、外評五部に関しては『隋書』巻八一高句麗伝の記事を見ると、

　復た内評外評五部褥薩有り。[6]

とある。これについては、その解釈をめぐって論争がある。一つ目は、それを「復た内評・外評・五部に褥薩有り」と訓読し、「五部＝王都」と「内評＝畿内（京畿）」を区別する見方である。[7]二つ目は、それを「復た内評・外評の五部に褥薩有り」と訓読し、「内評五部」と「外評五部」の存在を想定する見方である。[8]

しかし、前者は六世紀中葉以降に王都五部とは異なる「内評＝畿内」の存在を、後者は外評五部の存在を証明しがたいという問題がある。ちなみに、『北史』巻九四高麗伝には「復た内評五部褥薩有り」とあり、第三の見方が提起される可能性もある。

諸説に共通することは、外評五部を広域の行政区域と想定せず、褥薩を最上位の地方官と認めている点である。そのうえで、外評五部の存在を否定する意見は、「五部＝王都の部族的な区画（または行政的な区画）」と把握しているが、部族的な区画としての五部は、平壌遷都以前になくなり、その範囲が王都より広く「内評＝畿内」に似ていると考えられる。[10]五部を平壌遷都以降の王都の行政区域と把握しても、別の畿内が史料から見つからないため、現在の状況では「内評＝畿内」かどうかは判断しがたい。

外評五部の存在を認める先学は、軍事的な性格を強調し軍管区として理解している。[11]この見解では『隋書』高句麗伝の記事を「復た内評・外評の五部に褥薩有り」と訓読し、「内評五部」と「外評五部」の存在を想定している。しかし、「内評」と対比される「外評」の存在は十分に認められるが、その「外評」が実際に「五部」であったかは検証しがたい。

つまり、『隋書』と『北史』にある「五部」は平壌遷都以降のものであるために王都の部族的な区画とは認めがたいが、王都の行政区域という概念が含まれると見なしても大過なかろう。ただし、王都の行政区域である「五部」が「内評五部」を指すのか、あるいは「内評＝畿内」・「外評」とは異なるものを指すのかはわからない。したがって、『隋書』の記事をどのように訓読するかは現在の状況では判断を留保せざるをえない。

しかし、『隋書』の記事から最上位の地方官である褥薩の存在を認めることは可能である。ちなみに、史料上に現れている褥薩の役割を分析してみれば、褥薩がどのような職掌と位置づけを有する地方官であるかを把握できる。褥薩に関する史料として、『三国史記』巻二一高句麗本紀九・宝臧王上の四年（六四五）五月条がある。

①北部褥薩の高延壽・南部褥薩の高惠眞、我軍及び靺鞨兵十五萬を帥いて安市を救う。……延壽・惠眞、其の衆三萬六千八百人を帥いて降るを請い、軍門に入りて拜伏し命を請う。帝、褥薩已下の官長三千五百人を簡らび、之を内地に遷す。餘は皆な之を縦ち、平壤に還らしむ。……高延壽を以って鴻臚卿と爲し、高惠眞を司農卿と爲す。

②高延壽・高惠眞、帝に請いて曰く、「……烏骨城褥薩、老耄して堅く守る能わず、兵を移して之に臨めば、朝に至れば夕に克つ。其の餘の當道の小城、必ず風を望みて奔潰せん。然る後其の資糧を収め、鼓行して前めば、平壤は必ず守られず。[12]」

『旧唐書』・『新唐書』の高麗伝などにもこれとほぼ同様の内容が伝えられている。これ以外に褥薩の役割を示す史料は認められない。

①は北部・南部の褥薩（褥薩の異表記。以下、「褥薩」と統一する）である高延寿・高恵真に関する記述である。両人は一五万の大軍を率いている指揮官であり、[13]唐に降服する際にも全軍の代表としてあげられている。さらに、降服してから鴻臚卿・司農卿（従三品）になっており、高句麗でもかなり高い官位をもっていた官人であった。[14]①の北部・南部が五部か内評五部か外評五部かについては議論があるが、どれが妥当であるかはこの史料だけでは判然としない。

②は烏骨城の褥薩がどのような位置づけであったのかに関する記述である。烏骨城は王都でも畿内でもない地方であるため、その褥薩は内評五部または内評に置かれたものではなく、地方の大城に置かれたものと見て間違いない。問題はこれを外評五部に置かれたものとして認められるかどうかである。ちなみに、②で高延寿・高恵真は烏骨城が陥落すると、その周辺の小城も唐軍に寝返ってくると主張している。さらに、両人の話から烏骨城にはかなり多くの軍資と軍糧があることもうかがえる。以上のことから烏骨城は広い範囲の軍管区を統轄する拠点であると推定される。その軍管区が外評五部かどうかは判然としないが、烏骨城が軍管区[15]の治所であることは確かであろう。

高句麗が地方行政機構を設置した時代背景を考えれば、軍管区としての外評が存在した可能性は高いと思われる。高句麗は五世紀に強い王権の下で政治的に安定したが、六世紀前半から王位をめぐる争いが頻発し政治的に不安定になった。さらに六世紀中葉以降は、突厥の勢力拡大と北周の華北統一などが続き、効率的な防御体制の必要性が高くなる時期でもあった。このような時代背景の下で設置された地方行政機構であれば、行政的な側面よりは軍事的な側面が重視されたと考えられる。そのため、『隋書』にみられる「外評」が『三国史記』の記事から広域の軍管区である可能性を想定でき、その「外評」の最上位の地方官として褥薩が存在したことを確認できた。さらに、「内評」・「外評」との関係が判断できないものの「五部」の地方官として褥薩が存在したことも『三国史記』などから確認できた。

　高句麗には褥薩以外にも多様な地方官が存在した。次に高句麗の地方行政機構を伝える『翰苑』巻三〇　高麗伝を見ると、

　官は九等を崇ぶ。〈高麗記に曰く、「……又た其の諸大城に傉薩を置き、都督に比す。諸城に處閭近支を置き、刺史に比し、亦た之を道使と謂う。道使の治所は之を名づけて備と曰う。諸小城に可邏達を置き、長史に比す。又た城に婁肖を置き、縣令に比す。……」と。[16]〉

とあり、同様の内容を伝える『旧唐書』巻一九九上　高麗伝を見ると、

　外に州縣六十餘城を置く。大城に傉薩一を置き、都督に比す。諸城に道使を置き、刺史に比す。其の下に各々僚佐有り、曹の事を分掌す。[17]

とある。『翰苑』高麗伝所引の『高麗記』（以下、『高麗記』と略称する）は、六四一年に高句麗に使行してきた唐の陳大徳（職方郎中）が帰国後に高句麗の地理・風俗関係の情報をまとめた報告書であると推定され[18]、七世紀前半における高句麗の地理・風俗関係の情報を伝える同時代史料として史料的価値が高いと評価できる。『高麗記』からは、大城には都督に相当する傉薩（褥薩の異表記。以下、「褥薩」と統一する）を、諸城（備）には刺史に相当する処閭近支

（道使の別称。以下、「道使」と統一する）を、諸小城には長史に相当する可邏達を、城には県令に相当する婁肖を置いたことがわかる。

諸小城の可邏達は長史に相当すると伝えられているが、両漢魏晋南北朝において長史は地方行政機構の補佐官として属僚を統轄する上佐であり、『高麗記』のように地方行政機構の責任者として現れているのは、東晋・南北朝における長史が都督・刺史に属して彼らを輔佐しながら治所の郡を管轄した事例[19]しかない。それ以降、隋の文帝期には総管府と州に長史を置いたが、煬帝期に州の長史と総管府が廃止され、唐初には総管府（都督府）が復活したが、長史は高宗が即位（六四九）するまで復活しなかった[20]。

つまり、『高麗記』が編纂されたと思われる六四一年頃（具体的には『高麗記』に基づいて高句麗遠征の計画を立てた六四四年以前）には唐に都督府と州は存在したが、そこに長史は設置されていなかったため、この「長史」は東晋〜隋の文帝期に存在したものを指していると考えられる。さらに、隋の文帝期には総管府と州の長史が治所の県を管轄した事例が見えないため、『高麗記』の長史は東晋・南北朝のそれを指すのであろう。ちなみに、東晋・南北朝における長史は職掌などが変化せず基本的に将軍府の所属であるため、可邏達の軍事行政的性格がうかがえる[21]。

一方、婁肖については『高麗記』以外に関連史料が認められないため、それと同様のものと見なされている「県令」からその役割と位置づけを推定することしかできない。県令は県の長官であり、漢代以来、それとかかわる変化は、その上官が両漢魏晋南北朝のように太守であるか隋唐のように刺史であるかということ以外にはほとんど見られない。『高麗記』に認められる県令は太守が一緒に記されていないため、隋唐のようにその上官は刺史である。『高麗記』にある長史は東晋・南北朝のそれを指していると考えられるため、それは都督または刺史の上佐として治所の郡を管轄し、行政上では太守と同格であった。特に『高麗記』に太守が一緒に記されていないことに注目すれば、そこにある長史は行政上で県令と同格であると見られる。したがって、諸小城の可邏達は城の婁肖の上位ではなく行政上の同格であり、褥薩に直属し軍事的に重要な城（諸小城）を治める地方官ではないかと考えられる。『旧唐書』高麗伝からは、大城・諸城の合計が六〇余であり、大城には都督に相当する褥薩一人を、諸城には刺史に相当する道使を、褥薩・道使の下に僚佐（『新唐書』高麗伝には「参佐」。以下、「僚佐」と統一する）を置いたことがわかる。大城・諸城をあわせて数えており、上下関係を設定せずに同様の構造をもっていると伝えている。また、褥薩と「州縣六十餘城」の僚佐に類似する記述が『周書』（対象年代：五三五～五八一）高麗伝に見えるので[22]、上記のような地方行政機構は六世紀中葉から存在したと考えられる。

七世紀中葉について記した諸史料には高句麗の「遼東城長史」とその属僚である「部下」・「省事」が記され[23]、この遼東城長史は遼東城の可邏達を指すと見て間違いない。遼東城は墓誌史料によると褥薩の駐在地であると考えられ[24]、褥薩の下に可邏達が存在したことが確認できる。『周書』・『旧唐書』の高麗伝に基づくと、褥薩が治める大城と道使が治める諸城はともに僚佐を配置しており、大城と諸城が同様の構造を有していると考えられるため[25]、道使の下にも可邏達が存在したと推定される。したがって、褥薩と道使はともにその下に僚佐を置き、可邏達がそれらの僚佐を上佐として統轄したと見て大過なかろう。

『高麗記』と『旧唐書』高麗伝における問題点は、高句麗の地方行政機構を大城・諸城―諸小城・城の二層と想定するか、大城―諸城―諸小城・城の三層と想定するかである。この問題を解決するためには、両説において異なる部分は褥薩・道使の関係であるため、それに相当する中国王朝の都督・刺史の関係を分析する必要がある。

高句麗の地方行政機構における三層説は、『高麗記』に重点を置き、大城―諸城―諸小城・城の三層として想定するものである[26]。しかし、褥薩・道使を各々都督・刺史になぞらえることは唐初の認識である[27]。唐初の都督は、軍令権をもたず、その役割は軍事行政上・行政手続き上では管轄内の刺史から奏上された文書や物資をまとめて中央政府に送ることに留まり、行政上では刺史と同様に県令を統轄したので、刺史とほぼ同格である[28]。さらに、褥薩については

図5－1　六世紀中葉における高句麗の地方行政機構と地方官

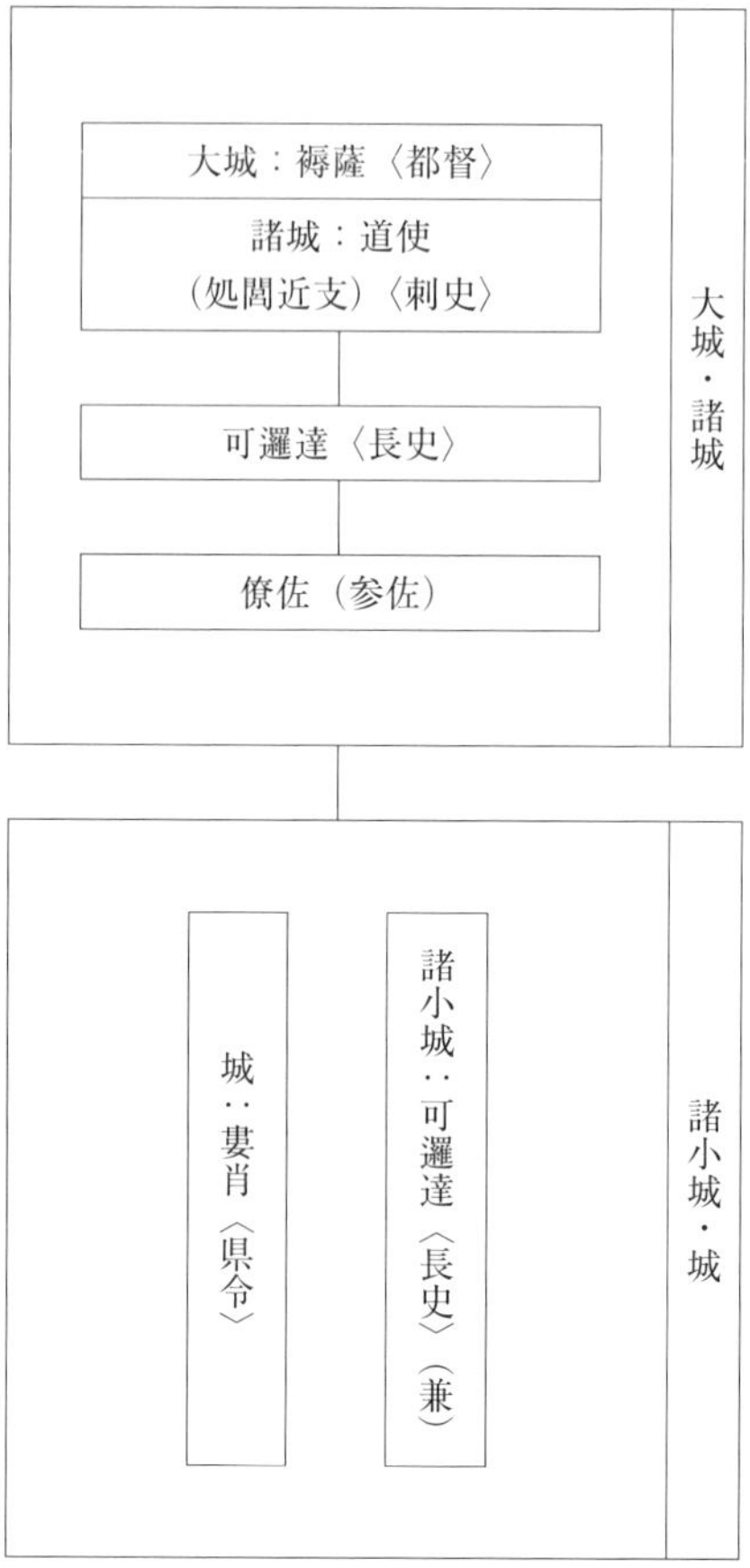

注：〈　〉内は『高麗記』でなぞらえられた中国王朝の地方官。

先述したように軍事的役割に関する史料しか伝えられておらず、道使を統轄する行政的役割を果たしていたことを示す史料は見出せない。また、三層説は六世紀中葉以降を対象とし、四世紀～六世紀前半においては守事（太守）―宰という二層の地方官による拠点支配を想定している。[29]

一方、高句麗の地方行政機構における二層説は、『旧唐書』高麗伝に重点を置き、大城・諸城―諸小城・城の二層として想定するものである。[30] 先述のように褥薩を都督に、道使を刺史になぞらえることは唐初の認識であるため、二層説では両者の関係を同格として把握している。二層説は六世紀中葉以降を対象とし、四世紀～六世紀前半においては守事（太守）―宰という二層の地方官を想定しながら、一時期守事（太守）の治める地方行政機構の代わりに郡が設置されたと想定している。

つまり、高句麗の地方行政機構において大城の褥薩と諸城の道使は、行政上ではほぼ同格である唐初の都督と刺史になぞらえられているので、同じ層の地方官として見なしても大過なかろう。したがって、その意味では三層説よりは二層説のほうが妥当ではなかろうか。

以上の検討結果を簡単にまとめると、図5-1のようになる。

二　百済の地方行政機構と方・郡・城

六世紀中葉以降の百済の地方行政機構に関する史料は、高句麗の場合と同様にすべて中国王朝側で編纂された伝世文献である[31]。これに対して、『三国史記』などには地方官（または地方官人）と見なせる官に関する記事が極少である。それゆえ百済の地方行政機構を論じるためには、中国王朝側で編纂された伝世文献を検討することが必要であると思われる[32]。

まず、五方制について伝えている『北史』巻九四　百済伝の記事を見ると、

五方に各々方領一人有り、達率を以て之と爲し、方佐之を貳す。方に十郡有り、郡に將三人有り、徳率を以て之と爲す。兵一千二百人以下、七百人以上を統ぶ。城の内外人庶及び餘の小城、咸な分かち隷す[33]。

とあり、五方制について最も詳細に伝えている『翰苑』巻三〇　百済伝の記事を見ると、

八族は胤を殊にし、五部は司を分かつ。〈括地志に曰く、「…又た五方有り、中夏の都督の如し。方は皆な達率もて之を領す。方毎に郡を管ぶるに、多き者は十に至り、少き者は六七なり。郡將は皆な恩率を以て之と爲す。郡縣に道使を置き、亦た城主と名づく。」と[34]。〉

とある。『北史』百済伝では、五方ごとに達率（二位）の方領一人と方領を補佐する方佐があり、方は一〇郡を管轄し、郡は徳率（四位）の郡将三人を置き、方は七〇〇〜一二〇〇人の兵士を統率し[35]、城内外の民と小城はすべて城に隷属したと伝えている。『北史』百済伝は、『周書』百済伝と『隋書』（対象年代：五八一〜六一八）百済伝の内容を合

わせたもので、遷都（五三八）後における百済の情勢を反映している。[36]『翰苑』所引の『括地志』（以下、『括地志』と略称する）では、五方は中国の都督に相当するもので達率によって領され、五方は各々六・七～一〇郡を管轄し、郡には恩率（三位）の郡将を置き、郡県に道使（城主）を置くと伝えている。『括地志』は『北史』百済伝より後（六二四～六三〇年代初頭）のことを伝えており、[37]郡将を徳率（四位）ではなく恩率（三位）とする点に特徴がある。

両史料に矛盾のない点をまとめれば、以下のとおりである。第一に、五方には達率の方領一人があって中国の都督に相当し、その下に方佐があって方領を補佐していた。第二に、一つの方は六～一〇個の郡を管轄していた。第三に、郡には郡将を置いていた。

両史料から方が行政上で郡の上位機構のように見受けられるが、実際にはそうであったのだろうか。方城の行政的性格については、郡レベルのものと認識されている。[38]方領・郡将を各々都督・刺史になぞらえることは唐初の認識である。[39]唐初の都督は軍令権をもたず、その役割は軍事行政上・行政手続きのうえでは管轄内の刺史から奏上された文書や物資をまとめて中央政府に送ることに留まり、行政上では刺史と同様に県令を統轄したので、刺史とほぼ同格である。[40]さらに、方領については軍事的役割に関する史料しか伝えられておらず、[41]方全体を管轄する行政的役割を果たしていたことを示す史料は見出せない。ちなみに、方を部とも伝える滅亡期の史料に基づくと、それは軍管区にすぎない可能性があり、方全体の軍事と方城の行政を方領が担当し、方佐がそれを補佐していたと考えられる。[42]

百済は、五世紀における「城」中心の拠点支配と貢納的間接支配を合わせた地方統治体系を経て、六世紀前半に全地域を対象とする檐魯制を実施した。[43]そのうえで、二二の「檐魯」を転換した三七の「郡」を効果的に統率するために、主に軍事的な目的により方が設置されたのではなかろうか。さらに六世紀中葉前後は、漢江流域をめぐる高句麗との抗争も激化し、加耶諸国をめぐる新羅との領域拡大の競争も活発であった。このような時代背景のもとで制定された地方行政機構であれば、行政的な側面よりは軍事的な側面が重視されていたと考えられる。

次に、両史料には郡将に関する記述に差異がある。『北史』百済伝には「郡将三人」が徳率であると記されているが、『括地志』には郡将が恩率であるとする。両史料における郡将の変化については、『括地志』の内容を認めるかどうかが問題であり、また、郡将三人の官位と職掌がそれぞれ異なる可能性も提起されている。(44)『括地志』の史料的価値については、『括地志』の誤りは伝写の過程の問題であり、またそれは同時代の史料であるため、史料的価値は高いと考えられる。(45)「郡将三人」の意味については、すでに別稿で検討したことがあるので、(46)その結論を要約して提示しておく。

『日本書紀』欽明紀に見える「郡令」は、「県令」と同じく行政長官であり、日本の律令官制の「郡領」の起源であるので、主に軍事的職務を担当する「郡将」とは別の行政担当官である可能性を想定することができる。羅州伏岩里木簡に記される「郡佐」も陳法子（六一五～六九〇）の墓誌銘に記される「参司軍」も、七世紀における郡将の次官と考えられる。つまり、六世紀には郡の長官として『北史』百済伝などにある郡将と『日本書紀』欽明紀にある郡令が、七世紀には郡令がない代わりに長官の郡将と次官の郡佐・参司軍が確認できる。ただし、郡将・郡令がみな長官であり、各々軍事と行政を分担していたことを考えれば、軍事・行政の次官として郡佐が六世紀から存在する可能性は十分想定できよう。その場合、六世紀に郡に派遣された地方官は郡将（軍事長官）・郡令（行政長官）―郡佐（軍事・行政次官）であり、七世紀に郡に派遣された地方官は郡将（軍事・行政長官）―参司軍（軍事次官）・郡佐（行政次官）であると考えられる。

問題は六世紀の郡将・郡令―郡佐と七世紀の郡将―参司軍・郡佐を『北史』百済伝などに認められる「郡将三人」と見なせるかどうかである。「郡将三人」のあいだに序列または官位の差異がある可能性は以前から提起されてきた。(47)この場合、「郡将三人」を「郡将だけで三人」または「郡将を代表とする長官級三人」のいずれと判断するかによって、郡の地方官同士の関係をどのように捉えるかも異なるであろう。しかし、郡へ派遣されている地方官の全体の構成を具体的に示す史料が現存していない以上、これについては推定することしかできない[48]。

さて、「郡将三人」が記される『周書』・『北史』などには方が管轄する郡の数が六〜一〇個であるにもかかわらず最も多い数である一〇個の郡を管轄することのみを記しているなど、事実を簡略化して記す傾向が見られる。そこから「郡将三人」は「郡将だけで三人」ではなく、「郡将を代表とする長官級三人」と捉えうる可能性も生じる。ちなみに、参司軍は官位が徳率であるため[49]、恩率または徳率である郡将と対等か差異が少ない。「郡将三人」のあいだに多少の官位の差異が認められるなら、参司軍は「郡将三人」の一人である可能性が高いと思われる。また、軍事次官である参司軍が「郡将三人」の一人であれば、行政次官である郡佐も他の一人である可能性は十分にあろう。

もし、参司軍・郡佐とは別に「郡将三人」が存在する場合、郡ごとに少なくとも五人（郡将三人＋参司軍一人＋郡佐一人）の地方官人が派遣されなければならず、しかもその五人の地方官のほとんどが奈率（六位）以上の高位官位の所持者であるということになる。百済の郡の数を大体三七個前後と考えるならば、百済は最少一八五人以上の率系官位（達率〜奈率：二位〜六位）の所持者を地方に派遣したことになるが、はたして百済がこの数の官人を地方全体ではなく郡のみに派遣する余力があったのか疑わしい。古代東アジアにおいても三人の地方長官が同時に存在した事例はあまり見られない[50]。さらに、六世紀には三人であった郡の長官級が、七世紀において郡将は恩率相当の官に昇格し、「郡令」は廃止されて、郡将―参司軍・郡佐という長官中心の体制になったことも想定できる[51]。

最後に、『括地志』には城主が道使の別称であるように記されているが、道使と城主の関係については、同一官職の別称ではない可能性がある。これについても別稿で道使を中央から城・邑に派遣された官とし、城主を在地勢力が任命された官とする見方を提示したことがあるので[52]、その結論を要約して提示しておく。『三国史記』地理志の旧百済領（熊州・全州・武州）には一〇五県があり、滅亡期の史料には「二百城」（『旧唐書』百済伝・『三国史記』「百済本紀」など）・「二百五十県」（「唐平百済碑」）という表現が見られる。一〇五県は道使が派遣された「城」・「邑」であり、二〇〇城は「城」の合計、二五〇県は「城」・「邑」すなわち道使と城主の担当する地方行政機構の合計であると想定できる。「佐官貸食記」木簡の「邑佐」は、七世紀における「城」と同じレベルの、城郭のない「邑」の次官であると考えられる。つまり、道使と城主はともに軍事的・行政的機能を兼ねる「城」を担当してはいるが、道使は中央から派遣される官人で、その職務は軍事よりも行政に重点を置いていた。それに対して、城主は道使のいない「城」の在地勢力で[53]、その職務は行政よりも軍事に重点を置いていた。また、「邑」は軍事的機構のない行政拠点で、道使が中央から派遣されて行政のみを担当していたと判断して大過なかろう。

つまり、六世紀中葉以降における百済の地方行政機構は軍事面では方―郡―城の三層、行政面では方・郡―城・邑の二層であったといえよう。以上の検討結果を簡単にまとめると、表5-1のようになる。

表5-1　六世紀中葉以降における百済の地方行政機構と地方官

方		郡	城邑	
方領〈都督〉（二位） 方佐	六世紀	郡将（四位）／郡令 郡佐	城	城主 道使
	七世紀	郡将（三位） 参司軍／郡佐	邑	道使 邑佐

注：〈　〉内は『括地志』でなぞらえられた中国王朝の地方官である。

第二節　新羅の地方行政機構とその構成

一　中古期における新羅の州郡制

中古期における新羅の地方行政機構に関する史料は、高句麗・百済に比べて中国王朝側の文献史料が少なく[54]、朝鮮側の文献史料と金石文が多い。『三国史記』などには地方官と解されるものに関する記事があるが、それより史料的信頼性が高い金石文などが当時の状況を直接示すと考えられるので、中古期における新羅の地方行政機構を論じるためには、当時の金石文を先に検討することが有効であると思われる[55]。ただし、六世紀における新羅の金石文は判別不可能な文字があるために現代語訳しがたく、本章で紹介する内容のほとんどが地名・官名・人名などの並びにすぎないため、原文に標点を付したものを提示することにする。

まず、五二四年の「蔚珍鳳坪碑」（以下、「鳳坪碑」と略称する）を見ると、

甲辰年正月十五日、…居伐牟羅道使本洗小舍帝智、悉支道使烏婁次小舍帝智、…阿大兮村使人奈尒利、杖六十。葛尸条村使人奈尒利・居□尺、男彌只村使人異□、…悉支軍主喙部尒夫智奈麻、…

とある。そこには奈麻（一一位）の悉支軍主一人、小舍（舍知：一三位）の居伐牟羅道使・悉支道使二人、そのほかに三〜四人の村使人（官位なし）が記されている。軍主は後述するほかの事例より官位が低いが、これは設置初期の特例と推定される[56]。

次に、五五〇年前後のものと推定される「丹陽赤城碑」（以下、「赤城碑」と略称する）を見ると、

□□年□月中、王教事。…高頭林城在軍主等、喙部比次夫智阿干支、沙喙部武力智阿干支。鄒文村幢主沙喙部導設智及干支、勿思伐城幢主喙部助黒夫智及干支。…□□□□□道使本彼部棄弗耽郝失利大舍。鄒文村幢主使人□□□□、勿思伐城幢主使人那利村□　…皆里村道使□□□□□智大烏之。

とある。そこには阿干支（阿飡：六位）の軍主二人、及干支（級飡：九位）の幢主二人、大舍（一二位）・大烏之（大烏：一五位）の道使二人、幢主使人二人（官位なし）が記されている。それらのうち軍主二人は高頭林城に駐屯しているので将軍に準ずる武官の可能性があり、幢主二人は村（鄒文村）も城（勿思伐城）も担当しており、及干支の官位を有している。道使一人は大烏の官位を有しており、最も官位が低い事例である。また、幢主使人は村使人のような在地勢力として幢主の補佐官ではなかろうか。

次に、五六一年の「昌寧新羅真興王拓境碑」（以下、「昌寧碑」と略称する）を見ると、

辛巳年二月一日立…大等与軍主幢主道使与外村主…四方軍主：比子伐軍主沙喙登□□智沙尺干、漢城軍主喙竹夫智沙尺干、碑利城軍主喙福登智沙尺干、甘文軍主沙喙心麦夫智及尺干。上州行使大等沙喙宿欣智及尺干・喙次叱智奈末、下州行使大等沙喙春夫智大奈末・喙就舜智大舍、于抽悉□□西阿郡使大等喙北尸智大奈末・沙喙須仃夫智奈□。…比子伐停助人喙覔薩智大奈末。…

とある。そこには沙尺干（沙飡：八位）・及尺干（級飡）の軍主四人、及尺干・大奈末（大奈麻：一〇位）・奈末（奈麻）・大舍の二州の行使大等四人、大奈末・奈末の一郡の使大等二人が記されている。「鳳坪碑」・「赤城碑」に記されていない州の行使大等と郡の使大等以外に、両者にすでに見えた幢主・道使も確認できる。軍主は比子伐・漢城・碑利城・甘文という四州に各一人、行使大等は上州・下州という二州に各二人、使大等も于抽悉□□西阿郡という一つの郡に二人いる。特に、郡の使大等は一つの郡の「郡使大等」ではなく、于抽・悉□（悉直と推定）・□西阿（河西阿と推定）という三つの郡から構成された臨時特殊区域の「使大等」であると考えられる。[57] 大奈麻の比子伐停助人は軍

主の補佐官として中代の州助の起源ではなかろうか。

最後に、五九一年の「南山新城碑」第一碑・第二碑を見ると、

（第一碑）辛亥年二月廿六日、南山新城作節如法。…阿良邏頭沙喙音乃古大舎、奴含道使沙喙合親大舎、營沽道使沙喙□□倣知大舎。郡上村主阿良村今知撰干、柒吐□□知尒利上干。…

（第二碑）阿大兮村。辛亥年二月廿六日、南山新城作節如法。…阿且兮村道使沙喙勿生次小舎、仇利城道使沙喙級知小舎、荅大支村道使沙喙所叱孔知□□。郡中上人沙刀城平西利之貴干、久利城首□利之撰干。…

とある。そこには大舎の邏頭一人、大舎・小舎の道使五人、撰干・上干（ともに外位）の郡上村主二人、貴干（外位）・撰干の郡中上人二人が記されている。阿良邏頭は数少ない邏頭の事例である。奴含・營沽・阿且兮村・仇利城・荅大支村の道使は大舎を官位の上限としており、幢主より官位が低い。郡上村主二人・郡中上人二人はすべて外位を有しており、在地勢力として郡司の構成員であると考えられる。また、第一碑の阿良邏頭・奴含道使・營沽道使と郡上村主二人、および第二碑の阿且兮村道使・仇利城道使・荅大支村道使と郡中上人二人は、すべて郡すなわち郡司の構成員であると指摘されてきた[58]。

以上の検討結果を簡単にまとめると、表5-2のようになる。この表の内容と『三国史記』に記されている中古期の地方官を比較したいと思う。

『三国史記』に記されている中古期の地方官を簡単にまとめると、表5-3のようになり、中古期の地方官は、軍主・仕大等・幢主がある。表5-3の軍主は伊湌（二位）～沙湌（八位）になっており、表5-2の阿湌（六位）～級湌（九位）より官位が高い。軍主の佐や幢下もあるが、これは「昌寧碑」の助人と類似の性格を有する官ではなかろうか。具体的にいえば、佐や幢下は後述する中代の州助（州輔）や長史（司馬）の前身であるかもしれない[59]。表5-3の仕大等は阿湌～沙湌になっており、「昌寧碑」の行使大等（級湌～大舎）より官位が高い。表5-3の幢主は大奈麻に

表5－2　金石文に見える中古期の地方官

	州	郡	村（城）
鳳坪碑（五二四）	悉支軍主（11）	・	居伐牟羅・悉支道使（13） 阿大兮村使人、葛尸条村使人 男彌只村使人
赤城碑（五五〇前後）	高頭林城軍主（6）	鄒文村・勿思伐城幢主（9） 鄒文村・勿思伐城幢主使人	□□□道使（12）、 皆里村道使（15）
昌寧碑（五六一）	比子伐・漢城・碑利城軍主（8） 甘文軍主（9） 上州行使大等（9・11） 下州行使大等（10・12） 比子伐停助人（10）	丁抽悉□□西阿郡使大等（10・11）	・
南山新城碑（五九一）	・	阿良邏頭（12） 郡上村主（外11・12） 郡中上人（外10・11）	奴含・營沽道使（12） 阿旦兮村・仇利城道使（13） 答大支村道使（□□）
まとめ	軍主（6・8・9・11） 行使大等（9〜12）	幢主（9） 使大等（10・11） 邏頭（12）	道使（12・13・15）
	助人（10）	幢主使人 郡上村主（外11〜12） 郡中上人（外10〜11）	村使人

注：以下、アラビア数字は官位（京位）を最上位から数えたものである。外位は『三国史記』巻四〇、職官志下の京位相当を基準とし、「外」字を付けた。

表5－3 『三国史記』に見える中古期の地方官

王	軍主 地名	軍主 官位／地位	軍主 人名（年代）	その他 地名（官職）	その他 官位	その他 人名（年代）
智証王	悉直州 何瑟羅州	2	異斯夫（五〇五） 異斯夫（五一二）	・	・	・
法興王	沙伐州	5	伊登（五二五）	・	・	・
真興王	新州 比列忽州 甘文州	6 8 8	武力（五五三） 成宗（五五五） 起宗（五五六）	国原京（仕大等）	6	春賦（五六五）
真平王	一善州	7	日夫（六一四）	金山（幢主）	10	奚論（六一八）
善徳王	大耶州 押梁州	2 6／佐 13／幢下 4（？）	品釈（六四二） 西川（六四二） 竹竹・龍石（六四二） 金庾信（六四二）	北小京（仕大等）	8	真珠（六三九）
真徳王	牛頭州	5	守勝（六四七）	・	・	・
武烈王	押梁州 大耶州	4 6	金仁問（六五六） 眞宗（六六一）	・	・	・

なっており、「赤城碑」の級湌より官位が低いが、職官志においては一吉湌（七位）～舎知（一三位）の官位を有している武官である。つまり、表5-2・3をあわせて考えれば、中古期において軍主は伊湌～級湌、幢主は級湌～大奈麻（一〇位）であったと推定される。

このような中古期の地方官に関する先行研究では、①軍主と（行）使大等の性格、②郡における地方官の構成、③

幢主・邏頭・道使の職掌などが議論されてきた。それらをまとめれば、以下のとおりである。

まず、軍主と（行）使大等の性格については、軍主は軍事、（行）使大等はその臨時的な性格から考えて監察をつかさどった可能性が高い[60]ので、比較する際には軍主は魏晋南北朝の都督、（行）使大等は漢代の刺史を参照すべきであろう。また、州の場合は州治と州の領域を区別する見方が多い[61]。前者は「停」という軍事基地として移動するが、後者は監察区として固定する傾向がある。両者の関係については、「停」が軍事的安定を確保したうえで、監察区として「州」を設定すると指摘した見方[62]がある。

次に、郡における地方官の構成については、幢主・邏頭・道使の共同統治によって軍事・行政を処理したという見方がある[63]。具体的にいえば、幢主・邏頭は郡治の道使および村主らと共同統治して行政を処理する。また、新羅の「郡」について、行政の中心が「村（城）」であるため、「郡」の役割は少ないという考えもある[64]。さらに、六世紀における新羅の地方行政制度については「州郡制」と規定してきたが、最近は「村制」として把握する見方も多い[65]。つまり、郡では幢主・邏頭が軍事を、道使が行政を担当するが、郡全体の行政は幢主・邏頭・道使の共同統治によって処理したといえよう。

最後に、幢主・邏頭・道使の職掌については、幢主・邏頭は軍事、道使は行政を担当する可能性が指摘されている[66]。幢主・邏頭については南北朝の軍官を参照すべきである[67]。道使は地方行政機構のあるいわゆる「行政村[68]」に派遣され、地方行政機構のない「自然村」を統率する地方官であると考えられる。

要するに、中古期における新羅の地方官は、州には軍事担当の軍主と監察（行政）担当の（行）使大等が、郡には軍事担当の幢主・邏頭と行政担当の道使が、村（城）には行政担当の道使が派遣された[69]。郡では幢主・邏頭・道使の共同統治によって行政を処理し、州と郡では軍事的な役割が大きかったために行政は「村（城）」を中心に行われたと考えられる。

二　中代における新羅の州郡県制

中代における新羅の地方行政機構に関する史料は、すべて朝鮮側の文献史料であり、中国王朝側の文献史料は見受けられない。まず、中代における地方官について最も体系的で具体的な『三国史記』巻四〇　職官志下の外官条を見ると、

都督九人。智證王六年、異斯夫を以て悉直州軍主と爲す。文武王元年、改めて摠管と爲し、元聖王元年、都督と稱す。位は級湌より伊湌に至るまで之を爲す。

仕臣〈或いは仕大等と云う〉五人。眞興王二十五年、始めて置く。位は級湌より波珍湌に至るまで之を爲す。

州助〈或いは州輔と云う〉九人。位は奈麻より重阿湌に至るまで之を爲す。

郡大守百十五人。位は舍知より重阿湌に至るまで之を爲す。

長史〈或いは司馬と云う〉九人。位は舍知より大奈麻に至るまで之を爲す。

仕大舍〈或いは少尹と云う〉五人。位は舍知より大奈麻に至るまで之を爲す。

外司正百三十三人。文武王十三年、置く。位は未詳。

少守〈或いは制守と云う〉八十五人。位は幢より大奈麻に至るまで之を爲す。

縣令二百一人。位は先沮知より沙湌に至るまで之を爲す。(70)

とある。これは八世紀以降の状況を伝えている。また、長史・仕大舍は定員から都督・仕臣の属官と推定されるが、郡大守の後に配置されていることから、この地方官の配列順序は地方行政機構内の序列ではなく、官位の序列であることがわかる。(71)

上記の史料に記されるように、九つの州ごとに以前の軍主・摠管を改称した伊湌~級湌の都督が一人、都督を補佐する副官として州輔ともいう重阿湌~奈麻の州助と司馬ともいう大奈麻~舎知の長史が一人ずつ配属されたと考えられる。五つの小京ごとにも仕大等ともいう波珍湌~級湌の仕臣が一人、仕臣を補佐する副官として少尹ともいう大奈麻~舎知の仕大舎が一人配属されたと思われる。

それ以外には一一五郡に重阿湌~舎知の大守一人ずつ、八五県に制守ともいう大奈麻~幢（吉士：一四位）の少守一人ずつ、二〇一県に沙湌~先沮知（造位：一七位）の県令一人ずつ配属されたことも推定できる。最後に、官位未詳の外司正が一三三人も存在し、九つの州に二人ずつ（計一八人）、一一五郡に一人ずつ（計一一五人）派遣されたと推定されるが、それは『三国史記』巻七　新羅本紀七の文武王下に、

十三年冬、…始めて外司正を置き、州に二人、郡に一人。[72]

とあることから確認できる。これは外司正の設置に関する史料である。地方官の監察をつかさどったと推定される外司正の設置の背景については、六五九年における司正府令の設置と地方官の増加を指摘できよう。また、この時期は羅唐戦争の最中であるため、戦争中の背叛行為を防止する目的もあったと思われる。[73]州に二人ずつ、郡に一人ずつ派遣されることは、職官志から検討した外司正の合計一三三人と一致する。

さらに官位の範囲から身分制との関係を指摘すれば、都督（摠管）・仕臣は大阿湌（五位）以上が範囲に含まれており、その官位を独占している真骨のみが就くことができる一方、大守は重阿湌が官位の上限になっており、その官位以上には昇進できない六頭品も就任できると考えられる。

次に、州・郡・県の統属関係を把握するために『三国史記』地理志を検討したい。統属関係の事例が最も多く見られる同書巻三五　地理志二の漢州条には、

漢州、本高句麗の漢山郡たるも、新羅、之を取る。景徳王、改めて漢州と為す。今の廣州なり。領縣は二つ。黄

武縣、本高句麗の南川縣たるも、新羅、之を幷わす。眞興王、州と爲し、軍主を置く。景徳王、名を改む。今の利川縣なり。巨黍縣、本高句麗の駒城縣なり。景徳王、名を改む。今の龍駒縣なり。

中原京、本高句麗の國原城たるも、新羅、之を平らぐ。眞興王、小京を置く。文武王の時、城を築き、周は二千五百九十二歩なり。景徳王、改めて中原京と爲す。今の忠州なり。

槐壤郡、本高句麗の仍斤内郡なり。景徳王、名を改む。今の槐州なり。

泝川郡、本高句麗の述川郡なり。景徳王、名を改む。今の川寧郡なり。領縣は二つ。黄驍縣、本高句麗の骨乃斤縣なり。景徳王、名を改む。今の黄驪縣なり。濱陽縣、本高句麗の楊根縣なり。景徳王、名を改めるも、今は故に復す。(74)

とある。この史料にあるように、州・郡・県と小京の相互関係は基本的に州—県、郡—県であり、小京は別系統である。具体的にいえば、州治の漢州と泝川郡に二つずつ領県があることから、広域の州は郡を領属するが、州治は行政的に郡と同格の地方行政機構であると考えられる。また、小京の中原京は、行政的に州治・郡と同格であるが、ほかの小京と同様に領県が記されていない。(75) さらに、槐壤郡のように領県がない郡もあるが、全体的には多くない。

次に、県とその地方官の関連記事を検討したい。まず、「県令」が最初に記されている『三国史記』巻四　新羅本紀四の真平王条には、

三十三年十月、百濟の兵、椵岑城に來り圍むこと百日。縣令の讃徳、固く守り、力竭きて之に死す。城沒す。(76)

とある。真平王三三年（六一一）における讃徳の事例は、「県令」が城を守る城主の役割をしており、同様のことを「城主」と記録した事例もある。(77) したがって、この事例からこの時期に県の存在を認めるには時期的に早いと考えられる。

次に、「地名+県令」が最初に記されている『三国史記』巻四一　金庾信伝中には、

永徽六年乙卯九月、…是れより先に、租未坤の級湌は天山縣令と爲る。百濟に虜にせられ、佐平任子の家奴と爲る。[78]

とある。永徽六年（六五五）における租未坤の事例は、「県令」に赴任した地名のみならず官位も確認でき、時期的にも唐制を大幅に導入した（六五一）あとであるので、この事例からこの時期に県の存在を認めるには時期的に問題ないと思われる。[79]

次に、「地名＋県令」が記されている『三国史記』巻四七　匹夫伝には、

太宗大王、…匹夫を以って七重城下縣令と爲す。其の明年庚申秋七月、王は唐師と百濟を滅ぼす。[80]

とある。太宗大王の庚申年（六六〇：太宗武烈王七年）とその前年（六五九）における匹夫の事例は、「県令」が城を守る役割を担っており、この点において讃徳の事例と同様である。ただし、『三国史記』新羅本紀には「県令」のことを「軍主」とも記しているので、[81]「県令」の事例として扱うべきかどうかは慎重に考えるべきであろう。

最後に、羅唐戦争中における県の地方官の事例がある『三国史記』巻七　新羅本紀七の文武王下には、

十五年九月二十九日、…靺鞨、阿達城に入りて劫掠す。城主の素那、逆えて戦い、之に死す。唐兵、契丹・靺鞨兵と七重城に來り圍みて、克たず、小守の儒冬、之に死す。靺鞨、又た赤木城を圍みて之を滅ぼす。縣令の脱起、百姓を率い、之に拒ぐも、力竭きて倶に死す。唐兵、又た石峴城を圍みて之を拔く。縣令の仙伯・悉毛等、力めて戰いて之に死す。…十六年七月、…唐兵、道臨城に來り攻めて之を拔く。縣令の居尸知、之に死す。[82]

とある。文武王一五年（六七五）・一六年（六七六）の羅唐戦争中における県の地方官は、城を守る役割を担う「城主」・「小守」・「県令」がともに設置されていた。この時期までは県令の存在を認めることができるが、城主が存在する地域も依然として少なくなかったと推定される。また、小守（少守）は七重城の儒冬が最初の事例である。[83]

要するに、『三国史記』職官志の外官条に認められるように、州に長官の都督と副官の州助・長史、小京に長官の

表5－4 『三国史記』に見える中代の地方官

王	都督（摠管）			仕臣			大守		
	地名	官位	人名（年代）	地名	官位	人名（年代）	地名	官位	人名（年代）
文武王	漢山州	6	軍官（六六四）				一牟山	・	大幢（六六一）
	比列忽州	4	龍文（六六八）	國原	5	龍長（六六八）	沙尸山	・	哲川（六六一）
	所夫里州	6	眞王（六七一）	北原	5	吳起（六七八）	古陀耶	9	助服（六六一）
	武珍州	6	天訓（六七八）				阿達城	9	漢宣（六七五）
神文王	完山州	・	龍元（六八五）						
	菁州	5	福世（六八五）	西原	6	元泰（六八五）	三年山	8	裂起（未詳）
	沙伐州	4	官長（六八七）						
孝昭王	牛頭州	2	體元（六九八）	・	・	・	靈巖	7	諸逸（七〇一）
聖徳王	漢山州	・	金大問（七〇四）	・	・	・	・	・	・

仕臣と副官の仕大舎、郡に大守、県に少守・県令が配属され、その監察官として州・郡に外司正が派遣されていた。『三国史記』地理志にあるように、州・郡・県の統属関係は基本的に州―県、郡―県であり、小京は別系統である。『三国史記』の新羅本紀と列伝から県の地方官の事例を見れば、遅くとも六五〇年代には「県令」が、六七〇年代には「少守」が設置されており、羅唐戦争中までは「城主」もともに存在した。

次に、以上の検討結果と『三国史記』に記されている中代の地方官を比較検討したい。すでに検討した少守・県令を除いて、『三国史記』に記されている中代の地方官を簡単にまとめると、表5-4のようになる。

表5-4にある中代の地方官は、都督（摠管）・仕臣・大守である。都督（摠管）の場合は『三国史記』では官位が伊湌～阿湌である事例が認められ、すべて職官志の伊湌～級湌という原則の範囲に含まれるけれども、下位の一吉湌

～級湌の事例がないため、全般的に職官志の原則より官位が高い。仕臣の場合は『三国史記』では官位が大阿湌～阿湌である事例があり、すべて職官志の波珍湌～級湌という原則の範囲に含まれるものの、上位の波珍湌と下位の一吉湌～級湌の事例がないため、職官志の原則より官位がやや高い。大守の場合は『三国史記』では官位が一吉湌～級湌である事例があり、すべて職官志の重阿湌～舎知という原則の範囲に含まれるけれども、上位の重阿湌～阿湌と下位の大奈麻～舎知の事例がないため、官位が職官志の原則の平均に近くやや高い。したがって、『三国史記』にある中代の地方官は、原則の範囲にある官位の官人が任命される傾向があるといえよう。

以上の検討結果を簡単にまとめると、表5-5のようになる。

表5－5　新羅の地方行政機構と地方官

時期		州・小京	郡		村（城）・県
中古期	州	軍主（2～9／17） 行使大等（9～12／17） 助人（10／17）	幢主（9～10／17） 邏頭（12／17）	村（城）	道使（12～15／17） 村使人（無位）
	小京	仕大等（6～8／17）			
中代	州	都督（2～9／17） 州助（州輔：5・5～11／17） 長史（司馬：10～13／17）	太守（5・5～13／17）	県	少守（制守：10～14／17）
	小京	仕臣（仕大等：4～9／17） 仕大舎（少尹：10～13／17）			県令（8～17／17）

おわりに

以上、本章では朝鮮三国の地方行政制度における中国王朝の影響を明らかにするため、朝鮮三国の地方行政制度のうち、地方官の構成と職掌を主に検討した。

高句麗の地方行政機構は、軍事上は外評—備—城の三層、行政上は大城・諸城—城の二層であった。百済の地方行政機構は、軍事上は方—郡—城の三層、行政上は方・郡—城・邑の二層であった。新羅において中古期の地方行政機構は、軍事上は州—郡—城の三層、行政上は州・郡—村の二層であり、州は広域の軍管区・監察区でもあった。中代の地方行政機構は、州—州治・郡—県の三層であり、州は広域の行政区であった。

以上のような朝鮮三国の地方行政機構から中国王朝の影響を検出するためには、中国王朝の地方行政機構の変遷をまとめたうえで、それと朝鮮三国の地方行政機構を比較検討する必要がある。次章ではその問題を検討する。

註

(1) 山尾幸久「朝鮮三国の軍区組織」『古代朝鮮と日本』(龍渓書舎、一九七四年)、一五八～一六一頁が代表的である。ほかの三層説は後掲註26を参照。

(2) 盧重国『百済政治史研究』(一潮閣、一九八八年)、二五四～二五九頁が代表的である。他の三層説は後掲註44・53などを参照。通説では方の行政的役割が郡レベルのものであるという指摘もあったが、具体的に叙述しておらず、本章のように軍事的三層構造と行政的二層構造を対比させる試みもなされていない。

（3）金瑛河「三国時代의王과権力構造」『韓国史学報』一二、二〇〇二年、二五五～二五八頁。金瑛河はこのような状態を「中央集権体制」の代わりに「大王専制体制」と呼び、この段階では村落共同体から解体された農民に対する直接支配を図ったが、中央と地方に対する斉民支配は貫徹できなかったとする。

（4）以下に引用する史料について、中国正史は中華書局の標点校勘本を、『翰苑』は吉田光男「『翰苑』註所引『高麗記』について――特に筆者と作成年次」『朝鮮学報』八五、一九七七年の校訂文を底本とした。

（5）『周書』高麗伝には、後掲註22に示したように地方行政機構に所属している地方官が見えない。『北史』高麗伝は『隋書』高句麗伝と文字の異同があるが、それは本文で取り上げた。『新唐書』高麗伝と『通典』以降の類書における高句麗関連の記録は、ほとんどが『翰苑』高麗伝・『旧唐書』高麗伝に基づいており、それらと異なる独自の内容を伝えていないので、検討の対象としない。

（6）復有内評外評五部褥薩。（『隋書』巻八一　高句麗伝）

（7）末松保和「朝鮮三国・高麗の軍事組織」『青丘史草』一（私家版、一九六五年）、六七～六九頁。武田幸男「六世紀における朝鮮三国の国家体制」『東アジア世界における日本古代史講座』四（学生社、一九八〇年）、三八～四〇頁。盧泰敦『고구려사연구』（四季節、一九九九年）、二五七～二六二頁。

（8）山尾幸久前掲註1論文、一五五～一五八頁。林起煥『高句麗集権体制成立過程의研究』（慶熙大学校博士学位論文、一九九五年）、一五一～一五三頁。

（9）前掲註7を参照。その中で末松保和と武田幸男は「五部＝王都の部族的な区画」、盧泰敦は「五部＝王都の行政的な区画」と把握している。金賢淑『고구려의영역지배방식연구』（모시는사람들、二〇〇五年、初出は一九九七年）、三五七～三七一頁は「外評五部」を否定する立場をとっているが、これが存在する可能性にも注意を払っている。

（10）「王都の行政的な区画」である「東部」など部の名称に方位を冠するもの（以下、「方位名部」と略称する）は故国川王期（一七九～一九七）に最初に史料に登場し、従来の「部族的区画としての部」である「桂婁部」など部の名称に固有の地名を冠するもの（以下、「固有名部」と略称する）と併存したが、平壌遷都（四二七）以前にあたる西川王期（二七〇～二九二）以降は固有名部を代替するようになった（盧泰敦前掲註6書、一六四～一六九頁、初出は一九七五年）。方位名部が「王都の行政的な区画」であり、固有名部と六〇年以上併存したため、固有名部は王都（方位名部）を含む「桂婁部」以外にはすべて「方位名部＝王都」の郊外に存在すべきである。つまり、固有名部の地域的範囲は王都の郊外である「内評＝畿内」とほぼ同様である。

(11) 山尾幸久前掲註1論文、一五五～一六〇頁。金賢淑前掲註9書、三五七～三七一頁。
(12) ①北部耨薩高延壽・南部耨薩高惠眞、帥我軍及靺鞨兵十五萬救安市。……延壽・惠眞、帥其衆三萬六千八百人請降、入軍門拜伏請命。帝、簡耨薩已下官長三千五百人、遷之內地。餘皆縱之、使還平壤。……以高延壽爲鴻臚卿、高惠眞爲司農卿。……②高延壽・高惠眞、請於帝曰、「……烏骨城耨薩、老耄不能堅守、移兵臨之、朝至夕克。其餘當道小城、必望風奔潰。然後收其資糧、鼓行而前、平壤必不守矣。」（『三国史記』巻二一　高句麗本紀九　宝臧王上）
(13) 『冊府元亀』巻一七〇　帝王部・来遠の貞観一九年（六四五）七月にはほぼ同様の内容を伝えながらも両人を「軍主」と表記し、軍事的性格を「耨薩」より明確にしている。
(14) 前掲註13史料には高延寿を「位頭大兄」、高恵真を「大兄」と記している。『高麗記』によると、位頭大兄は従三品、大兄は正五品に相当し、特に位頭大兄は機密を掌るなど国家の重要な決定に参加できる。
(15) ちなみに、外評五部そのものではない場合には、統轄する範囲が外評五部より狭く、軍管区の数は五つより多い可能性が高い。高句麗遺民の墓誌銘を参照すると、耨薩に相当する柵城都督（柵州都督ともいう。「李他仁墓誌銘」・「高質墓誌銘」・「高慈墓誌銘」）、建安州都督（「高遠望墓誌銘」・「高欽徳墓誌銘」）、遼府都督、海谷府都督（「高乙徳墓誌銘」）、磨米州都督（「南単徳墓誌銘」）などがある。烏骨城まで含めてこれらの事例をすべて数えると、外評には五つ以上の耨薩があったことになる。さらに、高句麗を滅ぼして設置した安東都護府所属の都督は九人であったため、現在の状況では耨薩が駐在した外評の数を五つであるとはいえず、五つ以上である可能性が高い。
(16) 官崇九等。〈高麗記曰、「……又其諸大城置傉薩、比都督。諸城置處閭近支、比刺史、亦謂之道使。道使治所名之曰備。諸小城置可邏達、比長史。又城置婁肖、比縣令。……」。〉（『翰苑』巻三〇　高麗伝）
(17) 外置州縣六十餘城。大城置傉薩一、比都督。諸城置道使、比刺史。其下各有僚佐、分掌曹事。（『旧唐書』巻一九九上　高麗伝）
(18) 『高麗記』については、『旧唐書』経籍志・『新唐書』芸文志などに伝えられる『奉使高麗記』の略称であり、唐の陳大徳が帰国後に高句麗の地理・風俗関係の情報をまとめた報告書であるともいい（吉田光男前掲註4論文、一七～二四頁）、陳大徳の報告書は『高麗記』であり、『奉使高麗記』にはその前後の使節らが収集してきた報告書も含まれているともいう（武田幸男「『高麗記』と高句麗情勢」『于江権兌遠教授停年紀念論叢』世宗文化社、一九九四年、一三一～一三四頁）。
(19) 東晋・南朝については厳耕望『中国地方行政制度史』乙部上冊、中央研究院歴史語言研究所、一九六三年、一八四～一九一頁を、北朝については同書乙部下冊、五六〇～五六六頁を参照。厳耕望の見解は最近までも支持されている（周振鶴

『中国地方行政制度史』上海人民出版社、二〇〇五年、一五二頁を参照）。

(20) 州、置總管者、列爲上中下三等。總管刺史加使持節。…開皇三年（五八三）四月、…罷郡、以州統縣、改別駕・贊務、以爲長史・司馬。（『隋書』巻二八 百官志下 隋文帝）大業三年（六〇七）定令、品自第一至于第九、唯置正從、而除上下階。罷諸總管、廢三師・特進官。…罷州置郡、郡置太守。…罷長史・司馬、置贊務一人以貳之。（同 隋煬帝）武德七年（六二四）春二月丁巳、…改大總管府爲大都督府。（『旧唐書』巻一 高祖紀）貞觀二十三年（六四九）秋七月丙午、有司請改治書侍御史爲御史中丞、諸州治中爲司馬、別駕爲長史、治禮郎爲奉禮郎、以避上名。（同書巻四 高宗紀上）

(21) 山尾幸久前掲註1論文、一六〇～一六一頁。

(22) 復有遼東・玄菟等數十城、皆置官司、以相統攝。大官有大對盧、次有太大兄・大兄・小兄・意俟奢・烏拙・太大使者・大使者・小使者・褥奢・翳屬・仙人幷褥薩凡十三等、分掌内外事焉。（『周書』巻四九 高麗伝）

(23) 貞觀十九年（六四五）六月丁酉 …先是、遼東城長史爲部下所殺、其省事奉妻子、奔白巖。上憐其有義、賜帛五匹、爲長史造靈轝、歸之平壤。（『資治通鑑』巻一九八 唐紀一四）

(24) 「高提昔墓誌銘」に遼東城大首領という官名がある。「高玄墓誌銘」にある本州都督という官名の「本州」が墓主の出身地である遼東をさす可能性が高く、前掲註15の遼府都督（「高乙徳墓誌銘」）も同様に遼東城の都督（褥薩）を指すと推定される。さらに、「劉元貞墓誌銘」には「祖婁、寄遼爲耨薩」とある。

(25) 北魏では都督と刺史の下に同様の上佐が存在していた（厳耕望前掲註19書、五二七～五二九・五六〇～五六六頁）。その影響を受けた高句麗でも同様であったと考えられる。

(26) 武田幸男前掲註7論文、四二一～四三一頁。山尾幸久前掲註1論文、一五八～一六一頁。林起煥前掲註8書、一四九～一五四頁。金賢淑前掲註9書、三四五～三七一頁。

(27) 吉田光男前掲註4論文、一二～一七頁。

(28) 柳元迪「唐前半期都督府와州의統属関係」『東洋史学研究』二一、一九八五年。ちなみに、礪波護は都督府を州の特別な形態と見なし（『唐代政治社会史研究』、同朋舎、一九八六年、二三六頁）、張創新は都督府を州と同級の地方政府と認識している（「唐朝地方政府行政編制論要」『史学集刊』一九九四－二、六～七頁）。唐初の都督は軍令権を有せず、その点では高句麗の褥薩とは異なるともいえるが、それは軍令権が折衝府に移管されたためであるにすぎない。唐初の都督は軍令権を奪われたが、依然として軍事行政権を有していたので、その軍事的な役割を失ったわけではない。そして都督と褥薩は軍事的な役割よりも行政上刺史・道使（処閭近支）と同格であるという点が共通している。この点が都督と褥薩の役割を考えるうえ

で重要である。

(29) 林起煥前掲註8書、一五〇～一五四頁。余昊奎『고구려 초기 정치사 연구』（新書苑、二〇一四年、初出は一九九七年）、五二四～五三五頁。四世紀～六世紀前半において、六世紀中葉以降と同様に三層の地方官（守事―太守―宰）を想定する見方もある（金賢淑前掲註9書、二八一～二九六頁）。

(30) 盧泰敦前掲註7書、二四二～二五七頁。

(31) 以下に引用する史料について、中国正史は中華書局の標点校勘本を、『翰苑』は鄭東俊「『翰苑』百済伝所引の『括地志』の史料的性格について」『東洋学報』九二‐二、二〇一〇年の校訂文を底本とした。

(32) 『周書』・『隋書』の百済伝は『北史』百済伝に内容のほとんどが収録されており、その異同についてはすでに検討したことがある（鄭東俊『동아시아속의 백제정치제도』一志社、二〇一三年、一三七～一四四頁、初出は二〇一一年）。地方官の官位についても拙著で検討したことがある。ちなみに、『通典』巻一八五　百済条には「統兵以達率・德率・扞率爲之、人庶及餘小城咸分隷焉」とある。この記事は官位についてのみ関係するものであり、また本章では拙著の結論に依拠するため、ここでは検討の対象とはしない。そのほか、『北史』百済伝と『翰苑』百済伝以外の史料を検討しない理由については、拙著一三七頁の註151を参照。

(33) 五方各有方領一人、以達率爲之、方佐貳之。方有十郡、郡有將三人、以德率爲之。統兵一千二百人以下、七百人以上。城之内外人庶及餘小城、咸分隷焉。（『北史』巻九四　百済伝）

(34) 八族殊胤、五部分司。〈括地志曰、「…又有五方、如中夏都督、方皆達率領之。毎方管郡、多者至十、少者六七。郡將皆以恩率爲之。郡縣置道使、亦名城主。」〉（『翰苑』巻三〇　百済伝）

(35) 『北史』の百済伝には兵士を統率する主体が書いておらず、それが郡将であるとも読めるが、『周書』の百済伝によればこれは方に関する記述である（方統兵一千二百人以下、七百人以上）。

(36) 鄭東俊前掲註32書、二三九頁（初出は二〇一一年）を参照。

(37) 鄭東俊前掲註31論文、二三～二五頁。

(38) 盧重国前掲註2書、二五四～二五九頁。

(39) 方領を都督になぞらえることについては、鄭東俊前掲註31論文、二三～二五頁を参照。郡将を刺史になぞらえることは「初在本蕃、仕爲達率兼郡將、猶中國之刺史也。」（『旧唐書』巻一〇九　黒歯常之伝）などに見える。唐初の都督は軍令権を有せず、その点では百済の方領とは異なるともいえるが、それは軍令権が折衝府に移管されたためであるにすぎない。唐初の都督は軍令権を奪われたが、依然として軍事行政権を有していたので、その軍事的な役割を失ったわけではない。そして都督と方領は軍事的な役割よりも行政上刺史・郡将と同格であるという点が共通している。この点が都督と方領の役割を考えるうえで重要である。

(40) 前掲註28を参照。

(41) 『日本書紀』巻一九、欽明紀 十五年(五五四)十二月条、『三国史記』巻五 新羅本紀五 太宗武烈王 七年(六六〇)七月十八日条。

(42) 鄭東俊前掲註32書、二六〇~二七〇頁(初出は二〇一一年)。

(43) 鄭東俊「백제담로제(檐魯制)의역사적위상에대한시론」『역사와현실』七九、二〇一一年、二一八~二三三頁。

(44) 金英心「6~7세기百済의地方統治体制—地方官을중심으로」『韓国古代史研究』一一、一九九七年、八八~九一頁。

(45) 鄭東俊前掲註31論文、二五~二六頁。

(46) 鄭東俊前掲註32書、二三七~二四四頁(初出は二〇一一年)。同「「陳法子墓誌銘」의검토와백제관제」『韓国古代史研究』七四、二〇一四年、二〇一~二〇四頁。

(47) 金英心前掲註44論文、八七~九一頁。鄭東俊前掲註32書(初出は二〇一一年)、二四八~二五四頁。

(48) 金英心「백제의지방통치기구와지배의양상」『韓国古代史探究』一九、二〇一五年、七~二二頁では、「陳法子墓誌銘」の参司軍・郡佐を現地で任命される属吏とは異なる存在とみなしており、本書の見解と共通している。しかし、金英心は郡将が参司軍・郡佐と名称のうえで区別されること、郡佐の役割が大きくて一人では不足であるということ、方については方領と方佐が区別されて叙述されたのに対して郡については郡将のみに言及していることをあげて、「郡将三人」に参司軍・郡佐が含まれる可能性を排除した。これについては、「郡将三人」は六世紀中後半の状況を伝えるものであって郡将・郡令という二つの系統の長官を含むことができる点、本書第二部の新羅などの事例に見られるように、官司で業務が多い場合は上級や中級に該当する管理職よりは属吏のような実務官人の数を増やすことが一般的である点、中国王朝の都督・刺史の事例を参考にすると方領と方佐は位階上著しく区別された可能性が高い(鄭東俊前掲註32書、二六二~二六八頁)のに対して、郡将と郡佐はその差異が少ない可能性が高い(鄭東俊前掲註46論文、二〇一~二〇三頁)点において反論することができる。何よりも金英心は地方に派遣される全体官人の数という問題について全く言及しておらず、今後論理の補足が必要であろう。

(49) 「陳法子墓誌銘」によると、墓主の父である陳微之は徳率として馬徒郡参司軍を歴任したとある。彼が馬徒郡参司軍を歴任した時期は六二五~六三五年前後であると推定される(鄭東俊前掲註46論文、一九四~一九五頁)。

(50)「郡将だけで三人」である可能性と関連して、最近の百済史研究では北魏の初期（五世紀初め）に地方長官が三人ずつ任命された事例に基づいて、百済が北魏から影響を受けたとする見解（蔡旼錫「百済王・侯制의도입과운영에대한試論」『韓国史研究』一六六、二〇一四年）や、その可能性に注目する見解（金英心「遺民墓誌로본고구려、백제의官制」『韓国古代史研究』七五、二〇一四年）が提出されている。特に前者の見解では、北魏で三人のうち一人は宗室を、二人は異姓を任命していたことに着目して、百済では一人は檐魯に派遣された王・侯を、二人は現地の土着勢力を郡将に任命したと見なしている。しかし、北魏の具体的な事例は『魏書』官氏志以外には見られないため実際に実施されていたか否か疑わしく、『魏書』は孝文帝以前については鮮卑的色彩が薄い記事のみを残しているため、史料的に問題がある。したがってこのような事例は定着した制度として見なしがたく、百済に影響を与えた可能性も低いと思われる。またこのような制度の存在を認める場合も孝文帝の官制改革（四九一）以前に廃止されたと考えられている（兪鹿年『北魏職官制度考』社会科学文献出版社、二〇〇八年、一八〇～一八九頁。厳耀中「関于北魏〝三刺史〟制度的若干詮釈」『学習与探索』二〇〇九－〇五、二〇〇九年）。この問題については北魏史の専門家である大知聖子（名城大学理工学部助教）氏からご教示を頂いた。感謝の意を表す。

(51) ただし、このことを裏づける史料がまだ十分ではないため、本書では可能性を提起することに留めておく。

(52) 鄭東俊前掲註32書、二五四～二六〇頁（初出は二〇一一年）。

(53) 朴賢淑「백제泗沘時代의지방통치체제연구」『韓国史学報』創刊号、一九九六年、三一二～三一四頁、金英心前掲註43論文、九四～九七頁。

(54)『隋書』巻八一　新羅伝には「外有郡縣」、『旧唐書』巻一九九上　新羅国伝には「有城邑村落」とある。両方ともに具体的な内容はなく、郡縣・城邑・村落の存在のみが確認できる。『梁書』巻五四　新羅伝に「五十二邑勒」が伝えられるが、これは百済の「檐魯」のように中国王朝とはあまり関係ないものと知られている。

(55) 以下に引用する史料について、中国正史は中華書局の標点校勘本を、金石文は韓国古代社会研究所編『韓国古代金石文』一～三、駕洛国史蹟開発研究院、一九九二年の釈文を、『三国史記』は韓国精神文化研究院の訳注校勘本、一九九七年を底本とした。

(56) 軍主が初めて設置されたのは、『三国史記』によれば智証王六年（五〇五）のことである。それが九州以前の段階に新羅の全領域に及んだ「広域の州」を担当したのは五五〇年代である（李成市『古代東アジアの民族と国家』岩波書店、一九九八年、一九二～一九五頁、初出は一九七九年）ため、「蔚珍鳳坪碑」の段階まではまだ制度が定着せず整えられる最中であったと考えられる。

(57) 姜鳳龍『新羅地方統治体制研究』(서울大学校博士学位論文、一九九四年)、一〇一～一一四頁。
(58) 朱甫暾『新羅地方統治体制의整備過程과村落』(新書苑、一九九八年)、一九七～二一七頁。
(59) 実際にこの佐を州助であると推定した見解もある(李成市前掲註56書、一八九～一九〇頁)。
(60) 武田幸男「六世紀における朝鮮三国の国家体制」『東アジア世界における日本古代史講座』四(学生社、一九八〇年)。姜鳳龍「新羅中古期의州郡制와地方官」『慶州史学』一六、一九九七年。
(61) 李成市前掲註56書、一九三頁では「狭義の州」と「広義の州」、姜鳳龍前掲註57書では「小州」と「広域州」と呼んだ。
(62) 姜鳳龍前掲註60論文。
(63) 朱甫暾前掲註58書。
(64) 全徳在「중고기신라의지방행정체계와郡의성격」『韓国古代史研究』四八、二〇〇七年。
(65) 金在弘『新羅中古期村制의成立과地方社会構造』(서울大学校博士学位論文、二〇〇一年)。李銖勲「新羅中古期행정촌・자연촌문제의검토」『韓国古代史研究』四八、二〇〇七年。
(66) 全徳在前掲註64論文。
(67) 濱田耕策「新羅の城・村設置と州郡制の施行」『朝鮮学報』八四、一九七七年。
(68) 道使が派遣されていない「行政村」もあり、そこでは在地の「村使人」が道使の役割を代行した(李銖勲前掲註65論文)。
(69) 木村誠『古代朝鮮の国家と社会』(吉川弘文館、二〇〇四年)、五二～五四頁(初出は一九七六年)では、村主も入れたうえで軍主系列(軍主―幢主―村主)と使大等系列(州行使大等―郡使大等―道使)に大別して、六世紀の地方統治体制を説明した。しかし、村主は地方統治体制の一部をなしてはいるが地方官ではないため、本書では扱わなかった。また、木村説には軍主系列に「南山新城碑」にある邏頭を含まれておらず、「昌寧碑」にある「～郡使大等」を特定の郡に派遣された官として把握しているなどの問題点がある。
(70) 都督九人。智證王六年、以異斯夫爲悉直州軍主。文武王元年、改爲摠管、元聖王元年、稱都督。位自級湌至伊湌爲之。仕臣〈或云仕大等〉五人。眞興王二十五年、始置。位自級湌至波珍湌爲之。州助〈或云州輔〉九人。位自奈麻至重阿湌爲之。郡大守百十五人。位自舍知至重阿湌爲之。長史〈或云司馬〉九人。位自舍知至大奈麻爲之。仕大舍〈或云少尹〉五人。位自舍知至大奈麻爲之。外司正百三十三人。文武王十三年、置。位未詳。少守〈或云制守〉八十五人。位自幢至大奈麻爲之。縣令二百一人。位自先沮知至沙湌爲之。(『三国史記』巻四〇 職官志下 外官)

(71) 末松保和『新羅の政治と社会（下）』（吉川弘文館、一九九五年）、一九七頁（初出は一九七五年）。以下、『三国史記』巻四〇 職官志下に対する分析はこの先行研究とほぼ一致する。

(72) 十三年（六七三）冬、…始置外司正、州二人、郡一人。（『三国史記』巻七 新羅本紀七 文武王下）

(73) 七世紀の戦争には上記した地方官以外に村主も軍師として参加している（李成市前掲註56書、一九七～二〇〇頁）。

(74) 漢州、本高句麗漢山郡、新羅取之。景徳王、改爲漢州、今廣州。領縣二。黄武縣、本高句麗南川縣、新羅幷之。眞興王爲州、置軍主。景徳王、改名。今利川縣。巨黍縣、本高句麗駒城縣。景徳王、改名。今龍駒縣。中原京、本高句麗國原城、新羅平之。眞興王、置小京。文武王時、築城、周二千五百九十二歩。景徳王、改爲中原京。今忠州。槐壤郡、本高句麗仍斤內郡。景徳王、改名。今槐州。泝川郡、本高句麗述川郡。景徳王、改名。今川寧郡。領縣二。黄驍縣、本高句麗骨乃斤縣。景徳王、改名。今黄驪縣。濱陽縣、本高句麗楊根縣。景徳王、改名、今復故。（『三国史記』巻三五 地理志二 漢州）

(75) 『三国史記』地理志を見ると、金海小京・北原京・西原京・南原京にはともに領県がない。

(76) 三十三（六一一）年十月、百濟兵、來圍椵岑城百日。縣令讃德、固守、力竭死之。城沒。（『三国史記』巻四 新羅本紀四 真平王）

(77) 十二年（六一一）冬十月、圍新羅椵岑城、殺城主讃德、滅其城。（『三国史記』巻二七 百済本紀五 武王）

(78) 永徽六年（六五五）乙卯九月、…先是、租未坤級湌爲天山縣令。虜百濟、爲佐平任子之家奴。（『三国史記』巻四二 金庾信伝中）

(79) 木村誠前掲註69書、四一～四四頁では村が県に変わる時期を文武王期～神文王期であると推定している。本書より時期的にやや遅いが、後述するようにその時期に城と県が併存したことを考えれば、ほぼ同様の結論と見て大過なかろう。

(80) 太宗大王、…以匹夫爲七重城下縣令。其明年庚申（六六〇）秋七月、王與唐師滅百濟。（『三国史記』巻四七 匹夫伝）

(81) 七年（六六〇）十一月一日、高句麗侵攻七重城、軍主匹夫死之。（『三国史記』巻五 新羅本紀五 太宗武烈王）

(82) 十五年（六七五）九月二十九日、…靺鞨、入阿達城劫掠。城主素那逆戰、死之。唐兵、與契丹・靺鞨兵來圍七重城、不克、小守儒冬死之。靺鞨、又圍赤木城滅之。縣令脱起率百姓、拒之、力竭俱死。唐兵、又圍石峴城拔之。縣令仙伯・悉毛等、力戰死之。…十六年七月、…唐兵、來攻道臨城拔之。縣令居戸知、死之。（『三国史記』巻七 新羅本紀七 文武王下）

(83) 末松保和前掲註71書、一九七～一九九頁では、小守が旧新羅領域内に設置された可能性を提示したが、武田幸男の指摘によって『三国史記』の実例からその逆であることを確認したという。

第六章

朝鮮三国に対する中国王朝の地方行政機構の影響と郡県制

はじめに

本章では前章で検討した朝鮮三国の地方行政機構を歴代中国王朝と比較し、その影響時期と影響経路を検証する。朝鮮三国の地方行政機構に関する先行研究についてはすでに前章で詳細に紹介したので、本章では省略する。中国王朝の地方行政制度についてはは史料がしだいに蓄積され研究も発展してきた。それは二〇世紀の後半以降の出土文字資料を用いた漢代地方行政制度研究の活性化などに代表され、これにともなって百済の地方行政機構と中国王朝のそれを比較することができるようになった。新羅の場合、六世紀以降に地方行政機構を設置しており、一〇世紀前半まで王朝が存続しているので、そのあいだに唐制の本格的導入（六四九～六五一）[1]につづく唐の地方行政機構の影響など大きな変化も想定される。

本章では、朝鮮三国における地方行政機構について、漢代～唐代のそれと比較し、六世紀以降におけるいわゆる

「三層説」を再検討する。また、朝鮮三国が中国王朝の地方行政機構を受容した経路も推定してみたい。検討にあたっては、中国王朝の地方行政機構の受容と変容に加えて、当時の時代状況との齟齬にも注意したい。

第一節　漢代~唐代の州・郡・県とその行政機構

一　都督・刺史と州

朝鮮三国の地方行政機構と比較するために、まず両漢魏晋南北朝のそれを検討する。簡単にまとめれば、漢代の地方行政機構は郡県を中心としたが、魏晋南北朝になると州の刺史や都督が地方行政機構の中心となるなどの変化が起きた。

州に関して各時代別の変化を確認すると、前漢における刺史の性格については、単なる監察官にすぎないという意見が多い(2)。設置当初から「行政監督権」をもっていたという議論もあるが(3)、これに対しては異論があることから(4)、本章でも監察官とする見方に従いたいと思う。

刺史の職権範囲については、後漢では軍事権・行政権がともにまだ確立されておらず、これらは曹魏に確立されたと考えられる(5)。後漢代には、軍事権は大規模な反乱など太守の軍事力では抑えられない場合のみ、軍事監督のかたちで与えられている(6)。行政権については、時代の進展につれて郡太守と同様の位置を占めるようになり(7)、その下に従事史・仮佐などの属僚を設置して州治に常駐するようになったが(8)、その主な職掌は依然として太守・県令の監察であった[9]。このような状態は後漢末になってから変化し、中央政府が政治の混乱により地方に対する統制力を失うようになると、刺史は「監軍使者」を兼ねて将軍号を帯びる「州牧」として独立勢力化しはじめ、軍事監督権と徴兵・徴税などの行政権を一部掌握することによって地方において皇帝の主権を委譲されるようになった[10]。しかし、「州牧」は依然として郡に対する行政権を有さなかったために制度的な州の行政長官であるとは見なしがたい。「州牧」が郡県を掌握したように思える場合にも政治的状況など別の事情を想定できる[11]。「州牧」は曹魏以降中央政府の強化によってしだいに減少し、その代わりに郡に対する行政権を与えられた刺史が州の行政長官として派遣された。

魏晋以降の都督と刺史については、曹魏の都督は主に「軍目附け」として派遣されて軍事監督を行う皇帝の使者としての性格が強く、独立勢力化しつつあった「州牧」制の欠陥を補うために「州牧」や各種の軍事集団を監視する官として制度化したが、しだいに軍事指揮権を握り、ときには刺史を兼ねて行政権をも掌握するようになった[12]。すなわち、曹魏における都督そのものは軍事監督権のみを有し、軍事指揮権は将軍号に基づいて与えられていたが、しだいに将軍任官者同士の序列を表示するという将軍号の官階的機能が強くなるにつれて、都督そのものが軍事指揮権を有するようになった。都督が刺史を兼ねることは曹魏においてはまだ普遍的とはいえず、むしろ都督と刺史が対立することもあった[13]。

その一形態である「州都督」は軍事面では刺史の上官であったが、行政面では刺史と同格であったことが知られている。州都督は本来は一定区域の軍事を担当していたが、東晋から刺史を兼ねて治所（州）における行政権も掌握するようになった[14]。つまり、都督は管轄下の州のうち治所が置かれた州以外には行政権を及ぼすことができなかったといえる[15]。刺史は都督を兼ねているかどうかに関係なく将軍号をもって幕府を開き、将軍府と州府の二重組織のもとで将軍府のほうを重視した[16]。以上のようなことは、主に東晋・南朝において現れた現象であるが、北朝の場合もそれほど差異はなかったと考えられる[17]。

要するに、前漢では単なる監察官にすぎなかった刺史はしだいに職権を拡大し、後漢から州治に常駐するようになり、後漢末から独立勢力化しはじめ、「州牧」として行政権・軍事権の一部を掌握した。つまり、曹魏以前にはまだ軍事権・行政権はともに確立されていなかったといえよう。州都督は、曹魏・西晋では軍事面における刺史の上官であったにすぎず、行政権を有していなかったが、東晋以降、治所の行政権を有するにつれて都督を帯びていない刺史と行政面では並列関係となった。

二　郡県の長吏

郡の地方官は後述するように変動も少なく、本章で議論すべき朝鮮三国の地方官との類似性もそれほど見られないので、郡の地方官に関しては、県について述べる際に都尉に関してのみ触れることとする。[18]

郡県における各時代別の変化を確認したい。『漢書』百官公卿表、『続漢書』百官志、『晋書』職官志、『宋書』百官志、『南斉書』百官志、『魏書』官氏志、『隋書』百官志などによると、両漢魏晋南北朝における郡の長吏はすべての王朝で太守・郡丞（または長史）であることが共通している。漢代に郡の長吏であった都尉は後漢初期に廃止されたが、廃止されて以降も臨時官として存続したことがわかる。[19]また、後漢末においては曹操が特定の郡に都尉を設置し、[20]それ以降、曹魏・西晋まで郡都尉と考えられる「都尉」の用例が見受けられる。[21]つまり、両漢魏晋南北朝における郡の長吏の変動は、都尉についてのみ確認できる。なお、前掲の諸史書によると、両漢魏晋南北朝における県の長吏は県令（または県長）、県尉、県丞であり、その構成に変化はほとんどなかった。

このうち都尉の職権の範囲および県尉との関係については、戦時には軍令権を有せず、県尉の上官であったことが指摘されている。[22]具体的には、都尉の職権は平時における軍令権と軍政権であり、別に丞などの属官を置いたが、戦時における軍令権は太守にあった。ちなみに、県尉には二重の性格があり、行政面では県令の、軍事面では都尉の属官になっていた。

県令と県丞の関係については、県丞は県令に匹敵する権限を有して自律性を備えていたと考えられる。高村武幸は、秦・前漢の史料を検討し、県令の職掌である文書行政における最終署名や裁判の主宰などは、県丞もほぼ同等の権限・責任に基づいて頻繁に行っており、尹湾漢簡「東海郡下轄長吏不在署・未到官者名籍」に県丞の不在が県令より多く記されていることを考えれば、史料中にある県令に匹敵する権限・責任は単に県令の不在中の代理として与えられたとは考えがたく、もとより県丞固有の職掌に含まれていたとする。[23]

要するに、中国王朝の郡では行政上は太守―県令、軍事（治安）上は都尉―県尉という統属関係が存在していたが、太守が都尉を統合した時期もあり、県尉は県令の軍事（治安）面での次官としての役割も担っていた。[24] さらに、県丞は県令の行政面での次官でありながらも、県令に対する従属性よりは自律性がかなり強かった。したがって、郡の長官が太守で、県の長官が県令であることは確かであるが、太守・県令が郡県を完全に掌握していたわけではなく、都尉・県丞・県尉なども一定の権力を有していたと考えられる。特に郡の場合は、郡丞が太守の補佐官としてその不在中の代理にすぎない[25]のに対し、県の場合は、県令・県丞・県尉の官秩には差異があるが、権限・責任にさほど差異が明らかではない共同統治のようになっていたとも解される。

最後に、隋唐代における地方行政機構の変化は、地方官を中心として以下のとおりにまとめられる。隋の文帝期には「州―郡―県」の郡が廃止され、煬帝期には以前の州（刺史）が郡（太守）と改名されて「郡―県」になった。[26] 唐代には再び郡が州（刺史）と改名されて「州―県」になった。[27] つまり、隋唐では郡が廃止され、都督（総管）・刺史が治める州と県令が治める県の二つに分類できる。[28] 都督と刺史との関係については、都督は軍令権を有せずに軍事行政上・行政手続上では刺史（州）の上部に、行政上では県令（県）の上部に存在し、隋～唐初にはそれ以前と同様に軍事監督権を有していたとする。[29]

第二節　中国王朝の地方行政機構の影響時期と影響経路

一　中国王朝の地方行政機構の影響と変容

本項では、前章と前節の検討結果を比較して、その類似点と相違点に基づき、中国王朝のどの時期の地方官が朝鮮三国に影響を及ぼしたのかということと、その制度が影響を及ぼしたあとに朝鮮三国の地方官がどのように変容したのかということについて述べてみたいと思う。ただし、どの時期の中国王朝の地方官が朝鮮三国に影響を及ぼしたのかということとその経路については、現在それを直接的に立証できる史料が全くないため、当時の歴史的状況から推定してその範囲を絞る作業に留めておき、新しい史料の出現を待つことにする。

前章の検討結果をまとめると、前掲の図5-1と表5-1・5のとおりである。要するに、六世紀中葉以降における高句麗の地方行政機構は軍事面では外評―備―城の三層のように見えるが、行政面で大城・諸城―城の二層のようになっており、外評は広域の行政区域としては捉えられないが、軍管区と見なすことはできると考えられる。六世紀中葉以降における百済の地方行政機構は軍事面では方―郡―城の三層、行政面では方・郡―城・邑の二層になっており、方は広域の行政区域としては捉えられないが、軍管区と見なすことはできると考えられる。新羅において中古期の地方行政機構は、軍事上は州―郡―城の三層、行政上は州・郡―村の二層であり、州は広域の軍管区・監察区であった。

中代の地方行政機構は、州―州治・郡―県の三層であり、州は広域の行政区であった。

　前章の検討結果から六世紀中葉における朝鮮三国の地方行政機構に共通して見える特徴は、次の三点である。一点目は、六世紀中葉からは地方行政機構が三層構成になっているように見えることである。それ以前には高句麗は二層（守事―宰の治める地方行政機構）、百済・新羅は一層（百済は城または檐魯、新羅は村［城］または邑勒）であった。二点目は、褥薩（高句麗）・方領（百済）・軍主（新羅）の軍事的性格である。褥薩・方領・軍主は、先述したように軍事面では備の道使（高句麗）、郡の郡将（百済）・幢主・邏頭（新羅）を統率していた。三点目は、大城と諸城（高句麗）、方と郡（百済）、州と郡（新羅の中古期）、州治と郡（新羅の中代以降）が行政面ではほぼ同格であることである。

　ただし、高句麗の場合は可邏達の存在が目立つ。可邏達は「長史」になぞらえられており、南北朝時代における「長史」の事例を参考にすれば、『旧唐書』高麗伝にある「州縣六十餘城」の「僚佐」の頭として『周書』高麗伝にある「遼東・玄菟等數十城」の「官司」を統轄すると同時に、地方官として軍事的に重要な城を治めたと考えられる。百済の場合は、「〜佐」という次官（補佐官）の存在が目立ち、檐魯（六世紀中葉以降は「郡」）を中心とする編成になっていたことを指摘できる。新羅の場合は、地方官が重複しないことを指摘できる。[30] これは高麗以降にも見られる朝鮮史の特徴であり、[31]「自律的村落」を編成した結果であると考えられる。[32]

　つまり、高句麗においては、地方行政機構が表面上は三層に見えても実際は二層のようになっており、外評の存在は軍管区として認められる。百済においては、五方は軍管区に似ており、「郡将三人」は六世紀の郡将・郡令―郡佐から七世紀の郡将―参司軍・郡佐に変化した。道使と城主はともに行政を担当していたが、中央から派遣された地方官人である道使と軍事を中心とする在地勢力である城主は異なる官職であった。新羅の中古期においては、州における行政的地方官の行使大等の存在、「郡」の共同統治、「村（城）」中心の編成などが、中代においては、広域の行政区域としての「州」と領県がある「州治」の区別、行政上の九州と軍事上の十停との分離、一部領県のない「郡」の存在、少守の治める県と県令が治める二種の県の存在などが新羅の特徴としてあげられる。

以上の検討結果から六世紀以降の高句麗の地方行政機構における中国王朝の影響を論じると、後漢末の「州牧」や東晋・南北朝の都督と刺史における府官制から影響を受けたことが想定できる。

つまり、軍管区としての外評を治めた褥薩は、治所としての大城に駐在しながら道使に対する軍事的な監督権と直属部隊の軍政権・軍令権を有しており、この点において太守に対する行政的・軍事的な監督権と直属部隊の軍政権・軍令権をもち、しかも治所を有する後漢の「州牧」に似ていた[33]。また、褥薩と道使における可邏達は、大城と諸城で各官司を統轄しながら地方官として軍事的に重要な小城を治め、僚佐は大城と諸城で各官司を分担したので、東晋・南北朝の都督と刺史における長史などの府官制から影響を受けたと考えられる[34]。

ただし、東晋・南北朝の都督と刺史の下には将軍府と州府の二重組織が存在して将軍府のほうを長史が統轄したが、高句麗では君主以外に将軍号を有した事例が見られないために、褥薩と道使の下に州府のような民政組織とは別に将軍府のような軍政組織が存在した可能性は低く、軍政と民政を兼ねる一つの行政組織を可邏達が統轄したと考えられる。これは府官制が高句麗で変容された事例であるといえよう。

また、広開土王期（三九一～四一三）にはじめて見受けられる「守事」は、「宰」の上官であることや名称の類似性から中国王朝の「太守」の影響を受けたと考えられるが[35]、上官が存在しないことに注目すると、まだ刺史がその上官として確立されていない漢代の「太守」に比較的似ていると考えられる。諸城―城の組織は四世紀～六世紀前半における守事―宰の治める地方行政機構を継承したものと考えて大過なかろう。

六世紀以降の百済の地方行政機構における中国王朝の影響を論じると、後漢末の「州牧」と県の長吏から影響を受けたことが想定できる[36]。特に、軍管区としての五方は、後漢末の「州牧」に似ており[37]、郡将三人の構成は、太守・都尉・郡丞（郡）と県令・県尉・県丞（県）という郡県の長吏から影響を受けた可能性があるが、先述したように都尉は前漢と曹魏~西晋のみに存在し、県丞は県令に匹敵する権限・責任を有していた。それに対し、郡丞は太守の補佐官としてその不在中の代理にすぎないので、太守中心の郡よりも共同統治のようになっている県から影響を受けた可能性が高いと考えられる。一方、城主・道使と「城」・「邑」は、五世紀以来の地方行政組織(城体制―檐魯制)を継承したものと考えて大過なかろう。

新羅の地方行政機構における中国王朝の影響を論じると、中古期においては漢代の刺史と曹魏・西晋の都督から[38]、中代においては隋唐の郡県制(州県制)から影響を受けたことが想定できる。特に、軍管区としての州と軍事担当の軍主は単なる軍事監督官にすぎない曹魏・西晋の都督に[39]、監察区としての州と監察(行政)担当の(行)使大等は治所のない単なる監察官にすぎない漢代の刺史に似ており[40]、行政の九州と軍事の十停が分離されていることは地方行政機構と軍事関係の折衝府が分離されている隋唐の郡県制(州県制)から影響を受けたと考えられる[41]。また、軍官としての幢主・邏頭は先述したように南北朝の影響であるが[42]、幢主は赤城碑(五五〇前後)に、邏頭は明活山城作城碑(五五一)にはじめて見受けられるので、南朝では梁、北朝では東魏・西魏以前の中国王朝から影響を受けたと考えられる。

一方、郡の共同統治と「村(城)」は五世紀以来の城・村・邑勒という地方行政機構を継承したものと考えて大過なかろう。領県のある州治は、五世紀以来の城・村・邑勒という地方行政機構の中で規模が大きい所にすぎないといえよう。

以上の検討結果に基づくと、六世紀中葉以降の朝鮮三国の地方行政機構が東晋・南北朝から影響を受けた部分は高句麗における都督制(そのうち府官制)にすぎないといえる。実際に、六世紀の朝鮮三国の状況からは、東晋・南北朝(特に東晋・南朝)の地方行政機構を受容すべき歴史的背景がほとんど見られない。百済の場合、北朝との外交関係が盛んになるのは五方が設置されたあとである六世紀後半であるため[43]、北朝からの影響である可能性は極めて低い。

東晋・南朝の地方行政機構を受容すべき歴史的背景があまりない理由として、以下の二点をあげることができる。

一点目は、東晋・南朝の地方行政機構は、地方を強力に支配・統制するという目的で設置したにもかかわらず、地方官人の独立性を強化するという結果を生み出したので、中央集権を指向する朝鮮三国の状況には合致しないということである。もっとも、高句麗における都督制（府官制）の採用と新羅における軍官としての幢主・邏頭の導入はこれに反するが、前者は後述するように北朝からの影響である可能性が高く、後者は後述するように軍事的必要性にともなって南北朝から一部導入するに留まった可能性が高い。

他方、後漢末の「州牧」は、二重体制（将軍府・州府）や郡県に対する軍事権・行政権を有する東晋・南北朝の都督・刺史より独立性が弱いので、中央集権を指向している高句麗・百済の状況に適合している。この点で東晋・南北朝よりも後漢の影響のほうが強いといえる。漢代の刺史と曹魏・西晋の都督は、軍事と行政を一部ずつ分担していた。両者をすべて掌握している南北朝の刺史より独立性が弱い点が当時の新羅の時代状況に似ているので、南北朝よりも漢代と曹魏・西晋の影響のほうが強いといえる。

ただし、後漢末の「州牧」は魏晋南北朝の刺史ほどではないが、州の軍事・行政を一部掌握しており、もとより独立勢力化しやすい存在であった。そのため、褥薩・方領に「州牧」の影響があったとしても、六世紀中葉以降の高句麗・百済においては行政面よりは軍事面を重視せざるをえなかったため、行政監督権などは与えなかったと考えられる。

二点目は、朝鮮三国に東晋・南朝の地方行政の運営方法を把握している専門家は多くなかったということである[44]。高句麗は東晋・南朝とも外交関係を有していたが、制度の受容を媒介可能な東晋・南朝からの亡命者・流民などは史料から検出できない。一方、高句麗が都督制（府官制）を採用していることは、北魏からの影響で説明できよう。高句麗と北魏のあいだではともに北方の非定住（遊牧・狩猟など）系統種族からしだいに農耕化・定住化・漢化したという共通性があり活発な人的移動があったので、地方行政機構を設置して運用するときにも参考になる点が多かったと推定される。

しかし、この場合も、北魏の「刺史」は太守の行政的な上官であるのに対し、高句麗の「褥薩」に類似している後漢末の「州牧」は軍事監督権と一部の行政権（徴税・徴兵の監督権）しかもっておらず太守の行政的な上官とはいえないので、北魏の地方行政機構に対する専門家が及ぼした影響は都督制（府官制）の一部導入に留まったと考えられる。しかも、後漢の「州牧」も北魏の都督制（府官制）も、高句麗の地方官のうち「褥薩」と「可邏達」・「僚佐」に制度の変容などの影響を与えるのみであったと推定され、「道使」と「婁肖」は四世紀～六世紀前半における守事―宰を継承したと考えられるので[45]、北魏の「刺史」や「太守」・「県令」などが高句麗の地方行政機構に影響を与えたとは考えがたい。

さらに、四世紀末～六世紀の「守事」は漢代の「太守」から影響を受けたと推定されるが、高句麗は前漢・後漢から地方行政機構を受容するほどの外交通路を確保していない[46]。「守事」の以前には前燕の慕容儁（在位三四八～三六〇）から冊封されたり、前秦の苻堅（在位三五七～三八五）から仏教を受容するなどの外交関係をもっていたが[47]、両王朝の「太守」は「刺史（または州牧）」が上官として存在している西晋の制度をモデルとしたため[48]、高句麗の「守事」に影響を与えたとは考えがたい。

ただし、前燕の慕容皝期（三三三～三四八）と建国以前の慕容廆期（二八五～三三三）における「太守」は「刺史」が上官として存在していないため[49]、高句麗の「守事」に影響を与えた可能性がある。この時期には活発な人的移動があったが、これについては後述する。

百済の場合、劉宋以降定期的に使節を派遣したにもかかわらず、そのような専門家が中国大陸から派遣されるようになるのは、六世紀の中葉からである[50]。その専門家に該当する人物である陸詡は三礼（『周礼』・『儀礼』・『礼記』）を中心とする礼学を専門とし、彼の滞在期間（五四一～五五二年ごろ）中に二二部司の完備など主に『周礼』に基づく中央政府の官制改革が行われたと推定される。[51]また、『周礼』などには地方行政機構に関する規定が見られないので、彼が地方行政機構の設置に関与した可能性も低い。したがって、百済の地方行政機構が東晋・南朝から影響を受けた可能性は低いと考えられる。

新羅の場合、中国王朝の地方行政の運用方法を把握している専門家が中国大陸から派遣された可能性があるのは、隋代（五八一～六一八）からである。[52]また、他国が仲介せずに新羅が中国王朝と交流するようになったのは、六世紀中葉に漢江流域を占領して以来である。六世紀中葉以降、新羅と直接交流した中国王朝は北朝の北斉と南朝の陳であるが、『三国史記』などによると、新羅は北斉（五五〇～五七七）に五六四年・五七二年の二度使節を派遣したが、五六五年に一度冊封されたのみである。一方、陳（五五七～五八九）には五六六年・五六七年・五六八年・五七〇年・五七一年・五七八年の計六回使節を派遣し、五六五年に一度陳の使節を迎えているが、冊封は受けておらず、ほぼ仏教関係の交流に終始している。さらに、新羅は北魏（三八六～五三四）には使節を派遣しておらず、梁（五〇二～五五七）には五二一年に一度だけ使節を派遣しているが、百済の仲介と通訳を介していたので、[53]地方行政機構を受容できる状況とは考えがたい。つまり、新羅の地方行政機構に見える南北朝の影響が直接の交流によるものである可能性は想定しがたい。軍官としての幢主・邏頭はこれに反するが、軍事的必要性による一部の導入に留まったと考えられる。

二　後漢の地方行政機構の影響と楽浪郡

（一）　高句麗

では、朝鮮三国の地方行政機構の影響経路はどのようなものであったのだろうか。前項の検討結果をまとめると、高句麗の地方官のうち四世紀後半以降の「守事」は慕容廆期と前燕の慕容皝期の「太守」の、六世紀中葉以降の「褥薩」は後漢末の「州牧」の、「可邏達」・「僚佐」は北魏の都督制（府官制）の影響があると考えられる。

「守事」の影響経路については、慕容廆期と前燕の慕容皝期に華北地域から亡命した人々を想定できる。そのような人々としては、慕容廆期における東晋の平州刺史であった崔毖（三一九亡命）や前燕の慕容皝期の官人である冬寿・郭充（三三六亡命）、封抽・宋晃・游泓（三三八亡命）などがあげられる。[54] このうち慕容廆期の崔毖は東晋の平州刺史として慕容廆によって遼西から追い出されたため、刺史が上官として存在していない太守の情報を伝える人としては適合せず、高句麗に亡命してからの活躍も見られない。一方、慕容皝期の冬寿は刺史を設置する以前の前燕の官人出身であり、彼の墓である安岳三号墳とその墨書銘から高句麗で定着して官人として活躍したことが確認できる。[55] しかも彼の一族であると考えられる「佟利」の墓からも同様のことが確認できる。[56] したがって、「守事」の影響経路は前燕の慕容皝期に華北地域から亡命した人々を想定しても大過なかろう。

「可邏達」・「僚佐」の影響経路については、六世紀前半に華北地域から亡命した人々を想定できる。北魏の末期である六世紀前半の華北地域では、鎮兵の反乱によって流民が多く発生してその一部が高句麗に亡命し、その長（いわゆる「流民帥」）は高句麗で官人として活躍した痕跡があるので、[57] いわゆる「流民帥」に先述した北魏の都督制（府官制）に関する専門家がいた可能性は高いと考えられる。彼らは六世紀中葉における地方行政機構の設置にかかわっていたのであろう。

以上の検討結果によると、影響経路がまだ検証されていないのは「褥薩」だけである。「守事」と「可邏達」・「僚佐」がほぼ同時代の制度から影響を受けたと考えられるのに対して、「褥薩」は四〇〇年近く離れた時期の制度が受容された点は注目すべきである。

定期的な使節派遣や亡命者がもたらした中国王朝の地方官の情報が朝鮮三国に直接影響を及ぼしたわけではないとすると、次に楽浪郡を経由して間接的に影響を与えた可能性を考えてみる必要がある。楽浪郡には郡の太守が現地で採用した属吏など、地方行政機構の運用方法を把握している専門家が少なくなかったと考えられ、楽浪郡をつうじて朝鮮諸国に知られた中国王朝の地方官は、中国王朝が楽浪郡に影響を及ぼした最後の時期である曹魏の正始年間（二四〇～二四九）またはそれ以前のものであったと推定される。[58]

中国王朝の地方官が朝鮮三国に影響を及ぼす経路を考えるうえで楽浪郡と並んで注目すべきは、公孫康が三世紀初めに楽浪郡の南部を分けて設置した帯方郡である。近年では、墓制の変化に基づき、北方の楽浪郡には中原系遺物を多数副葬する合葬木槨墓を造営した土着漢人が多く居住していたのに対し、南方の帯方郡には中原地域の様式に酷似する塼室墓を造営した新来漢人（帯方郡の設置に伴って中国から新たに移住した漢人）が多く居住していたとする研究結果も出されている。[59]土着漢人が楽浪郡に定着した時期は、墓制や遺物から一世紀前半と考えられているが、[60]これは後漢の光武帝による楽浪郡の再設置[61]とかかわるのであろう。また、新来漢人は帯方郡を新設した三世紀初めに、同郡に定着したと推定される。このことから、同時代の中国文明に対する理解度が楽浪郡の土着漢人よりも相対的に高かったと考えられる。[62]

高句麗地域の漢系墳墓は石室封土墳と塼室墓がある。それらは四～五世紀と編年され、四世紀初めに楽浪郡と帯方郡が遼西へ移動させられて以降に該当する。石室封土墳は旧楽浪郡出身者とその後裔が造営したが、塼室墓は三世紀初頭に後漢から渡来した旧帯方郡出身者とその後裔が造営したと推定される[63]。特に前者は楽浪郡の遼西移動によってその核心勢力が遼西の僑郡に移動したため、残存した弱小勢力が高句麗や周辺勢力の影響下で墓制を改変したことを意味するのであろう。曹魏～前燕の華北地域からの亡命者は石室封土墳が活発に造営されてきた遼東・遼西地域の出身であるため、石室封土墳の造営を主導したと考えられる[64]。一方、後漢の華北地域からの亡命者[65]は移住時期および出発時点が旧帯方郡出身者と同様であるため、高句麗での役割と造営する墳墓の様式もほぼ同様であったと推定される。

石室封土墳と塼室墓を造営した漢人勢力は主に五世紀から高句麗の外交において活躍している[66]。彼らが活躍したのは、「守事」が現れる時期の直後であり、高句麗の地方行政制度に「褥薩」などが設置される以前のことである。このことから、後漢からの亡命者と旧帯方郡出身者の後裔が後漢末の「州牧」を中心とする地方行政機構の運用方法を把握したうえで[67]、六世紀中葉における地方行政機構の設置にかかわっていたと考えられる。石室封土墳を造営したことから見えるように、旧楽浪郡出身者の後裔は曹魏～前燕からの亡命者の影響下に編入され、四世紀後半における郡県制の受容を補助したのではないかと思われる。

要するに、前項で検討したように高句麗の地方行政機構が東晋・南北朝のそれから影響を受けた部分は都督制（府官制）にすぎないため、中国王朝から影響を受けたとすれば、西晋以前のそれからの影響であろう。さらに影響経路を推定してみると、楽浪郡・帯方郡を経由して後漢代の地方行政機構から影響を受けた可能性が想定できるといえよう。

後漢代「州牧」の影響は六世紀における高句麗の歴史的背景からもうかがえる。高句麗の場合、前章で述べたように、既存の地方行政機構を整備し在地勢力に対する統制を強化する必要があるが、在地勢力の反発も意識しなければならなかったと考えられる。その場合、郡県制のように直接的で強力な地方行政機構よりは、後漢末・曹魏のように在地勢力の既得権も少しでも認定する地方行政機構を参照して既存の制度を整備するほうが、その目的を達成するには有利であったと思われる。地方行政制度に東晋南朝ではなく北朝の都督制（府官制）の影響があるなど、高句麗が百済より多く在地勢力の既得権を認めていることも、このような歴史的背景と関係するであろう。

ただし、「守事」を設置した広開土王期は高句麗が領域を拡大し王権も強化したと認められる時期であるため、六世紀中葉より在地勢力の反発を意識することも少なかったのではないかと思われる。その結果、郡県制のように直接的で強力な地方行政機構の中心である「太守」を参照して「守事」を設置することができたが、在地勢力の反発が多くはないが存在したため、その上の「刺史」や「州牧」に類似する地方官を設置せず、その下の「宰」は在地勢力を任命するかたちで妥協したのではなかろうか。

（二）百済

百済の地方行政機構の設置については、四世紀初めに両郡が遼西へ移動させられて以降、旧帯方郡出身の新来漢人が主に南方の百済に亡命したことと関係があると考えられる。[68] 旧帯方郡出身の人々は、四～五世紀以降百済の政治と外交において活躍している。[69] 彼らは中国大陸からの亡命者や使節の末裔とも考えられるが、現在の資料状況からは彼らが旧帯方郡出身である可能性が比較的高いといえる。[70] 彼らが活躍した時期は百済で地方行政機構が設置される以前であるが、彼らが五世紀前半における成文法の制定や四世紀末～五世紀中葉における中央官司の設置に関与したと考えられることを考慮すれば、[71] 地方行政機構の設置に彼らの後裔が関与した可能性は高い。したがって、彼らの後裔が六世紀中葉における地方行政機構の設置に関与することにはさほど不自然ではないと思われる。その場合、彼らがもっている中国王朝の地方行政機構に対する知識は、彼らが帯方郡に定着した三世紀初の後漢末期以後、または彼らと中国王朝との交流および影響関係がほぼ断絶する三世紀中葉の曹魏後期以前のものであった可能性が高いと思われる。このような状況で注目されるのが遼東の公孫氏政権である。公孫氏政権は成立当時から「平州牧」を称し、「州牧」の下に帯方郡などの郡県を置くかたちで五〇年間運営した。[72]しかも公孫氏政権の「州牧」の下には帯方郡があり、そこの属吏が百済に来て各種の制度の改革に関与したと考えられる。そのため、後漢の郡県に関する情報は六世紀前半に百済が新羅に大きく影響を与える過程で伝えられて、同時期に新羅が地方行政機構を設置することに影響を及ぼしたのではなかろうか。

要するに、前項で検討したように百済の地方行政機構が東晋・南北朝のそれから影響を受けた可能性は低いため、中国王朝から影響を受けたとすれば、西晋以前のそれからの影響であろう。さらに影響経路を推定してみると、帯方郡を経由して後漢・曹魏の地方行政機構から影響を受けた可能性が想定できるといえよう。百済があえて同時期の制度ではなく後漢末の「州牧」制から影響を受けた背景には、旧帯方郡出身の新来漢人とその後裔が制度の受容の過程で決定的な役割を果たしたという事情があるのであろう。新来漢人とは、公孫氏政権の下で帯方郡が設置されるときにその地に定着して「州牧」制の下で郡県を直接的に運営した属吏集団であると推定される。彼らは公孫氏政権が崩壊して以降帯方郡が地方官府としてほとんど役割を果たさない状況で百済に渡来したと思われる。[73]そのため、「州牧」と郡県以外の制度については、具体的に把握したり実際に運営した経験があったとは想定しがたい。

後漢代「州牧」の影響は六世紀における百済の歴史的背景からもうかがえる。百済の場合、五世紀後半に漢江流域を失いやむを得ず遷都し、遷都初期は王権が弱く政治的に不安定であったが、東城王の後半から王権が強化され、しだいに政治的に安定するようになった。六世紀になって武寧王が即位すると、地方行政機構として檐魯が設置され、地方の直接支配に進展があった。次いで即位した聖王は、武寧王期から優勢になった高句麗との戦争が続き、栄山江流域を領域化した。このような流れであれば、軍事的な面に重点を置き、在地勢力には最小限の既得権のみを認める地方行政機構が必要であると考えられる。[74]その場合、高句麗と同様に後漢末・曹魏の地方行政機構を参照して既存の制度を整備するほうが、その目的を達成するには有利であったと思われる。ただし、百済は在地勢力に対する統制力が比較的強かったため、[75]在地勢力の既得権は高句麗より抑制されていたと思われる。

（三）　新羅

新羅の地方行政機構の設置については、旧楽浪郡・帯方郡出身者の活躍は全く見られない。それにもかかわらず、先述したように新羅の地方行政機構の設置に前漢・曹魏・西晋の地方行政機構から影響を受けた部分があることは、どのように解するべきであろうか。

周知のように、新羅では五世紀には高句麗との、六世紀前半には百済との文化交流が盛んに行われている。高句麗では多様な出身の漢人勢力が、百済では旧帯方郡出身者が、地方行政機構の制定において活躍したことは先述したとおりである。つまり、新羅の地方行政機構における前漢・曹魏・西晋の影響は、高句麗で多様な出身の漢人勢力の活躍によって設置された地方行政機構が、新羅と高句麗との頻繁な文化交流を通して新羅へ影響を与えた結果であると考えられる。

曹魏の影響は、百済で旧帯方郡出身者の活躍によって設置された地方行政機構が、新羅へ影響を与えた結果であるとも考えられるが、軍主は百済の方領より設置時期が早いので、百済の影響とは想定しがたい。むしろ、高句麗の「褥薩」が史料によって「軍主」ともいい、[76]その前身は単なる軍事担当であった可能性を考えれば、主に曹魏・西晋の影響が認められるとしてもそれは高句麗を経由して影響を及ぼしたとも考えられる。しかし、「褥薩」の前身やそれが単なる軍事担当であった可能性は検証できないため、本章では「軍主」の影響経路について一つの可能性を提示するに留めておく。

また、監察区としての州と監察（行政）担当の（行）使大等は前漢の刺史と類似してはいるが、影響経路は検証しがたい。また、（行）使大等は「軍主」よりも遅く現れており官位なども低いため、この官については前漢の影響ではなく新羅独自の地方官として設置された可能性も想定できる。したがって、本章では「（行）使大等」の影響経路についても「軍主」と同様に一つの可能性を提示するに留めておく。

ただし、郡の共同統治は漢～唐における県の長吏の構成と類似しており、百済の影響を受けて変容したものと考えられる。百済の郡も新羅の郡も、新羅による漢江流域の占領（五五三）と管山城の戦い（五五四）によって両国関係が悪化する以前に設置されているので、六世紀前半から盛んになっている両国の交流[77]の一環として百済から影響を受けたと考えて大過なかろう。先述のように、百済の郡における共同統治は後漢末～曹魏から影響を受けたと推定される。しかし、共同統治という面では同様であるが、具体的な地方官の構成や役割分担の様子などは異なっているため、新羅による変容があったと思われる。

さらに、中代における地方行政機構の改変には、軍事と行政の分離という点で唐の影響が想定されてきたが[78]、州と県との統属関係など新羅の独自性も多く見られるので、唐の一方的な影響であるとは言い切れない点に注意しなければならない。また、中間の郡の存在は南北朝の影響が考えられる。

おわりに

以上、本章では朝鮮三国の地方行政機構における中国王朝の影響を明らかにするため、朝鮮三国と歴代中国王朝との地方官の構成と職掌を主に比較・検討した。

中国王朝の刺史は、前漢の武帝期に監察官として設置され、後漢から州治に常駐し、さらに後漢末の「州牧」の登場以降、行政・軍事権を掌握しはじめるようになった。中国王朝の都督は、曹魏・西晋までは単なる軍事監督官にすぎなかったが、東晋・南北朝では治所の刺史を兼ねて地方長官として独立性を有するようになった。中国王朝の郡県においては、郡は太守・都尉・郡丞、県は県令・県尉・県丞という長吏で構成され、郡に比べて県のほうが共同統治に近い体制をとっていた。

高句麗の「褥薩」は、主に後漢末の「州牧」から影響を受け、さらに高句麗の「守事」には前燕の慕容皝期における「太守」の、「可邏達」と「僚佐」には北朝の都督制（府官制）の影響があると考えられる。中国王朝の地方官が高句麗に影響を及ぼした経路は華北地域からの亡命者によることが中心であったが、一部楽浪郡・帯方郡を経由した影響も想定できる。このように高句麗の地方行政機構は、南北朝期のような三層（州―郡―県）の影響ではなく、それ以前の二層（郡―県）から影響を受けて成立したものであった可能性が高い。

百済の「方領」は、主に後漢末の「州牧」から影響を受け、さらに百済の郡には漢代以来の県の影響もあったと考えられる。中国王朝の地方官が百済に影響を及ぼした経路は帯方郡が中心であった。このように百済の地方行政機構は、南北朝期のような三層（州―郡―県）の影響ではなく、それ以前の二層（郡―県）から影響を受けて成立したものであった可能性が高い。

新羅は、中古期においては南北朝の軍官と漢代以来の県の長吏などから、中代においては隋唐の郡県制（州県制）から影響を受けたと考えられる。中国王朝の地方官が新羅に影響を及ぼした経路は、中古期においては楽浪郡と北魏から高句麗を経由したルートと帯方郡から百済を経由したルートが、中代においては隋唐との直接交流によるルートが想定できる。このように新羅の中古期における地方行政機構は、南北朝期のような三層（州―郡―県）の影響ではなく、それ以前の二層（郡―県）から影響を受けて成立したものであった可能性が高い。

以上の検討結果に基づくと、東アジアにおける地方行政機構（特に地方官）の影響関係については、周辺諸国が必ずしも当時最先端の制度を受容したわけではなく、むしろ必要に応じて前代の制度を受容する場合も少なくなかったということになる。特に中代以降の新羅においては、唐との関係が密接であるにもかかわらず唐の影響は少ないが、そのことも新羅が必要に応じて前代の制度を受容した結果と解することができる。

本章の意義は、朝鮮三国の地方行政機構の淵源が後漢代にあるものとして設置された可能性を提起した点にある。その点からは、朝鮮三国の影響下で成立したといわれてきた七世紀における古代日本の地方行政機構の淵源を、後漢代のそれに求め得る可能性を想定することができる。

ただし、本章には、地方行政機構のみを比較・検討して、古代東アジアにおける地方行政制度の影響と変容を論じたものという点で限界があることも事実である。そのために、さらに律令と中央官制などの検討結果も比較して論じる必要がある。

註

（1）三年（六四九）春正月、始服中朝衣冠。…四年（六五〇）夏四月、下敎以眞骨在位者執牙笏。…是歳、始行中國永徽年號。…五年（六五一）春正月朔、王御朝元殿、受百官正賀、賀正之禮始於此。（『三国史記』巻五　新羅本紀五　真徳王）

（2）紙屋正和「漢代刺史の設置について」『東洋史研究』三三－二、一九七四年、三九～四一頁。長嶋健太郎「漢代刺史の職掌とその展開」『立正大学東洋史論集』一七、二〇〇五年、一～五頁。小嶋茂稔『漢代国家統治の構造と展開』（汲古書院、二〇〇八年）、一六八～一八六頁。

（3）王勇華「前漢刺史の所属について」『史学雑誌』一〇九－四、二〇〇〇年。のちに同氏『秦漢における監察制度の研究』（朋友書店、二〇〇四年）に収録。

（4）長嶋健太郎前掲註2論文、三～五頁。小嶋茂稔前掲註2書、一七一～一八三頁。

（5）森本淳『三国軍制と長沙呉簡』（汲古書院、二〇一二年）、四二～四五頁（初出は二〇〇六年）を参照。

(6) 竹園卓夫「後漢安帝以後における刺史の軍事に関する覚え書き」『集刊東洋学』三七、一九七七年、九二~九五・一〇五~一〇七頁。

(7) 小嶋茂稔前掲註2書、一四七~一五〇頁。

(8) 外十二州、毎州刺史一人、六百石。…皆有從事史・假佐。本注曰:「員職略與司隷同。無都官從事。其功曹從事爲治中從事。」(『續漢書』百官志五) 刺史、毎州各一人。…前漢世、刺史乘傳周行郡國、無適所治。後漢世、所治始有定處、止八月行部、不復奏事京師。(『宋書』巻四〇 百官志下)

(9) 植松慎悟「後漢時代における刺史の「行政官化」再考」『九州大学東洋史論集』三六、二〇〇八年、一〇~一七頁。植松慎悟は後漢の刺史は地方行政の実務を郡県に任せたうえで、それを指揮監督するだけであったとする。

(10) 石井仁「漢末州牧考」『秋大史学』三八、一九九二年、一〇~一八頁。石井仁は刺史として「監軍使者」を兼ねたのが「州牧」であり、そのほとんどが将軍号を帯びたことに注目する。つまり、「州牧」は刺史の行政監察権、「監軍使者」の軍事監察権、将軍号の軍政・軍令権をすべて有していたことになる。

(11) 「平州牧」を称し独立勢力化した遼東の公孫氏政権の事例は、このようなことをよく示している。公孫度は遼東郡出身の在地勢力で、不安定な辺境の情勢など当時の不可避な状況によって本郡回避の原則[浜口重國『秦漢隋唐史の研究(下)』東京大学出版会、一九六六年、七九一~七九四頁、初出は一九四二年]を破って遼東太守に赴任し、その地域的基盤にともなう政治的影響力と軍事力に基づいて周辺地域まで掌握して「平州牧」を称するようになった。彼が独立勢力化することができた背景には、このような地域的基盤以外に、烏丸の勢力が河北との交通路を遮断したため、袁紹・公孫瓚など河北の有力勢力および中央政府の統制力があまり及ばなかったということがあった(権五重『요동왕국과 동아시아』嶺南大学校出版部、二〇一二年、四一~六三頁)。すなわち、公孫氏政権は中央政府の衰弱など当時の特殊な時代背景によって例外的・一時的に独立勢力化したため、中央政府が力をもった場合は直ちに崩壊する恐れがあった。実際に公孫氏政権は二三八年に司馬懿が率いる曹魏の中央軍によって滅亡した。

(12) 石井仁「都督考」『東洋史研究』五一-三、一九九二年、五六~六三頁。

(13) 小尾孟夫『六朝都督制研究』(渓水社、二〇〇一年)、二九~五二頁。

(14) 小尾孟夫前掲註13書、二九~一二〇頁。周振鶴『中国地方行政制度史』(上海人民出版社、二〇〇五年)、三三七~三三九頁。小尾はこのような複数の刺史に対する都督の軍事的支配を「多州都督制」と呼んでいる。

(15) 小尾孟夫前掲註13書、八八~一二〇頁。周振鶴前掲註14書、三三七~三三九頁。

(16) 厳耕望『中国地方行政制度史』乙部上冊（中央研究院歴史語言研究所、一九六三年）、一五一～一五五頁。
(17) 厳耕望前掲註16書乙部下冊、五〇五～五二九・五三七～五四一頁。
(18) 高句麗には「郡」が史料に記されておらず、その地方長官に相当する「守事（太守）」があるが、具体的な職掌や管轄範囲などが不明であるため、中国王朝の「太守」と比較できない状況である。百済には「郡」があるが、その長官級である「郡将」などは三人の共同統治となっており、第二節で後述するように、中国王朝の「郡」よりも「県」との類似性が強い。
(19) 鎌田重雄『秦漢政治制度の研究』（日本学術振興会、一九六二年）、三〇四～三一三頁。
(20) 『三国志』巻一 武帝紀の建安十八年（二一三）冬十月条、建安二十年（二一五）秋七月条。
(21) 『三国志』巻三 明帝紀、『晋書』巻五 懐帝紀の永嘉六年（三一二）八月己亥条に見られる「陰平都尉董沖」が最後の事例である。『通典』にも魏（巻三六）・晋（巻三七）の官品には第五品に「州郡國都尉」があるが、劉宋の官品にはない（厳耕望前掲註16書乙部上冊、四〇四～四〇七頁を参照）。
(22) 楊鴻年『漢魏制度叢考』（武漢大学出版社、一九八五年）、三四四～三四八頁。
(23) 高村武幸『漢代の地方官吏と地域社会』（汲古書院、二〇〇八年）、三〇八～三二九頁。
(24) 県尉は軍事以外にも所轄の郷・亭をつうじて県の治安を担当した。詳しくは水間大輔「秦・漢における郷の治安維持機能」『史滴』三一、二〇〇九年、三四～三九頁および同「秦・漢の亭吏及び他官との関係」『中国出土資料研究』一三、二〇〇九年、九一～九七頁を参照。
(25) 楊鴻年前掲註22書、三五〇～三五四頁。
(26) 開皇三年（五八三）十一月甲午、罷天下諸郡。（『隋書』巻一 高祖紀上） 大業三年（六〇七）夏四月壬辰、改州爲郡。（同書巻三 煬帝紀）
(27) 武德元年（六一八）夏四月甲子、…罷郡置州、改太守爲刺史。（『旧唐書』巻一 高祖紀） 唐の一時期に州が郡に改名されたことがあるが［天寶元年（七四二）二月丙申、…東都爲東京、北都爲北京、天下諸州改爲郡、刺史改爲太守。（同書巻九 玄宗紀下） 至德二載（七五七）十二月戊午朔、…近日所改百司額及郡名官名、一依故事。改蜀郡爲南京、鳳翔府爲西京、西京改爲中京；蜀郡改爲成都府。鳳翔府官僚並同三京名號。（同書巻十 肅宗紀）］、三〇〇年近い唐代のうち一五年ぐらいにすぎない。
(28) 隋の煬帝期以降（正確には六〇七年～六一八年）と唐の一時期（正確には七四二年～七五七年）に州が郡に改名されたことがあるが、三〇〇年以上の隋唐代のうち二〇年以下にすぎないので、両王朝の地方行政機構を州と県であると書いても大過なかろう。

(29) 柳元迪「唐前半期都督府와州의統属関係」『東洋史学研究』二二、一九八五年。ちなみに、礪波護は都督府を州の特別な形態として見なし（『唐代政治社会史研究』同朋舎、一九八六年、二三六頁）、張創新は都督府を州と同級の地方政府と認識した（「唐朝地方政府行政編制論要」『史学集刊』一九九四ー二、六〜七頁）。

(30) 現代の韓国では道知事がいる地域に市長もいるが、新羅では最上位の地方官である軍主・都督が派遣される所には中間・基礎のそれである幢主・大守および道使・少守・県令が駐在せず、中間のそれである幢主・大守が派遣される所には基礎のそれである道使・少守・県令が駐在しなかった。

(31) 木村誠『古代朝鮮の国家と社会』（吉川弘文館、二〇〇四年、初出は一九七六年）三四〜三七頁。木村誠は新羅の州・郡・県は実態としては同一であり、その政治的・軍事的重要度に応じて州・郡・県の称号が与えられたにすぎないとする。

(32) 山尾幸久「朝鮮三国の軍区組織」『古代朝鮮と日本』（龍渓書舎、一九七四年）、一五〇頁。山尾幸久は武田幸男「朝鮮の律令制」『岩波講座世界歴史』六、（岩波書店、一九七一年）の説に基づき、「自律的村落」を「同族村落集団を基底として階層的に編成された朝鮮郡県制の特質」とする。

(33) 石井仁前掲註10論文、一〇〜一五頁。高句麗においても、褥薩は直属部隊を有して道使の軍隊を軍事的に監督する一方で、行政における道使への直接的な関与はできなかったと思われる。また、刺史を兼ねることが普遍的ではないために治所の行政権がまだ確立されていなかった曹魏・西晋の都督とも性格が異なっていたといえよう。

(34) 東晋・南北朝においては、都督や刺史の治所または行政的な管轄区域内の郡太守は、その上佐（長史・司馬）が兼任することが多かった（厳耕望前掲註16書乙部上冊、一八四〜一九一頁および同書乙部下冊、五六〇〜五六六頁）。

(35) 「還至國罡上大開土地好太聖王、緣祖父□尒、恩教奴客牟頭婁□□牟、教遣令北夫餘守事。」（「牟頭婁墓誌銘」）「守事」と「太守」の類似性を指摘した見解としては、林起煥『高句麗集権体制成立過程의研究』（慶熙大学校博士学位論文、一九九五年）、一五〇〜一五四頁、余昊奎『고구려초기정치사연구』（新書苑、二〇一四年、初出は一九九七年）、一五二四〜五三五頁、盧泰敦『고구려사연구』（四季節、一九九九年）、二四二〜二五七頁などがある。「牟頭婁墓誌銘」には祖先の時期に関する伝説のような内容が多いが、先に引用した部分は墓主当代の事績を記したものであるため、広開土王期に「守事」が存在したと解釈することができる。

(36) 後漢の「州牧」については石井仁前掲註10論文、一〇〜一五頁を、百済の地方行政機構における県の長吏の影響については鄭東俊『동아시아속의백제정치제도』（一志社、二〇一三年、初出は二〇一一年）、二四九〜二五一頁を参照。

(37) 石井仁前掲註10論文、一〇～一五頁。百済においても、方領は直属部隊を有して郡将の軍隊を軍事的に監督する一方で、行政における郡将への直接的な関与はできなかったと思われる。
(38) 漢代の「刺史」については前掲註2を、曹魏・西晋の「都督」については石井仁前掲註12論文、五六～六二頁を参照。
(39) 先述したように、曹魏・西晋の都督は軍事監督権だけを有して刺史を兼任することがあまりなかった（前掲註10・12を参照）。新羅の軍主は、軍管区としての州において軍事を担当したが、軍事監督権を有してしばしば軍事指揮権が与えられるかたちであり、行政に関与することはほとんど見られないので、曹魏・西晋の都督と類似するところが多く、それらから影響を受けたと考えられる。
(40) 先述したように、漢代の刺史は治所も有していない単なる監察官にすぎない（前掲註2を参照）。新羅の（行）使大等は、監察区としての州において監察（行政）を担当しただけで、治所を有していた痕跡が見られないので、漢代の刺史と類似するところが多く、それらから影響を受けたと考えられる。
(41) 先述したように、隋～唐初の都督府は軍事監督権を有して軍事行政上・行政手続上では州の上部に、行政上では県の上部に存在した（前掲註29を参照）。また、地方の軍令権は都督府・州ではなく、折衝府に所属した。新羅の九州と一〇停は、各々行政と軍事を分担し、隋唐の郡県制（州県制）から影響を受けたと考えられる。
(42) 濱田耕策「新羅の城・村設置と州郡制の施行」『朝鮮学報』八四、一九七七年、一六～二一頁。
(43) 百済は北魏へ四七二年にただ一回使節を派遣しただけであり、それ以降初めて北斉へ使節を派遣したのが威徳王期（五五四～五九八）である五六七年であった。五方は聖王期（五二三～五五四）に設置された。
(44) 窪添慶文「楽浪郡と帯方郡の推移」『東アジア世界における日本古代史講座』三（学生社、一九八〇年）、四八～五〇頁。窪添慶文は先端の技術・思想などは習熟した人間の派遣を媒介として伝えられたと述べている。
(45) 林起煥前掲註35書、一五一～一五四頁。余昊奎前掲註35書、五二四～五三五頁。
(46) 高句麗は前漢・後漢の中央政府に使節を派遣したことが見えない。また、玄菟郡など漢の郡県との交流も境界の「幘溝漊」を媒介とすることであるため（『三国志』巻三〇　東夷伝　高句麗）、それをつうじて地方行政機構を受容したとは考えがたい。
(47) 二十五年（三五五）冬十二月、王遣使詣燕、納質修貢、以請其母。燕王雋許之、…以王爲征東大將軍・營州刺史、封樂浪公、王如故。（『三国史記』巻一八　高句麗本紀六　故国原王）　二年（三七二）夏六月、秦王苻堅遣使及浮屠順道、送佛像經文。王遣使廻謝、以貢方物。（同　小獣林王）

(48) 前燕は慕容儁期（三四八～三六〇）である三五二年前後に「太守」の上に「刺史」を設置したと推定される（池培善『中世東北亜史研究――慕容王国史』一潮閣、一九八六年、一五〇～一五四頁）。前秦は苻健期（三五一～三五五）から「州牧」と「刺史」の存在が見え（朴漢済『中国中世胡漢体制研究』一潮閣、一九八八年、五九～六九頁）、「太守」も『晋書』苻生（在位三五五～三五七）・苻堅の載記に多く見える。

(49) 池培善前掲註48書、五四～五五・一〇九～一一二頁。

(50) 陸詡少習崔靈恩三禮義宗。梁世百濟國表求講禮博士、詔令詡行。（『陳書』巻三三　鄭灼伝）

(51) 趙景徹「百済聖王代의儒仏政治理念」『韓国思想史学』一五、二〇〇〇年、一三～一四頁。彼が礼制の整備などに貢献した可能性も否定できないが、彼が滞在した時期の前後に百済が礼制を整備したことをうかがえる史料は見えない。また、彼の師匠である崔霊恩は『三礼義宗』の著述以外にも『周礼』に注釈を付けており［靈恩集注毛詩二十二巻、集注周禮四十巻、制三禮義宗四十七巻、左氏經傳義二十二巻、左氏條例十巻、公羊穀梁文句義十巻。（『梁書』巻四八　崔霊恩伝）］、『儀礼』・『礼記』よりも『周礼』に詳しかったと考えられる。

(52) 三十五年（六一三）秋七月、隋使王世儀至皇龍寺設百高座、邀圓光等法師、説經。（『三国史記』巻四　新羅本紀四　真平王）

(53) 其國小、不能自通使聘。普通二年（五二一）、王姓募名秦、始使使隨百濟奉獻方物。…無文字、刻木爲信。語言待百濟而後通焉。（『梁書』巻五四　新羅伝）

(54) 안정준「4～5세기高句麗의中国系流移民수용과그지배방식」『한국문화』六八（서울大学校奎章閣韓国学研究院、二〇一五年）、一一三頁の表一。

(55) 佟寿墓として知られている安岳三号墳は、一九四九年に黄海道安岳郡で発見された高句麗時代の壁画古墳であり、築造様式や壁画の存在などから後漢～曹魏における塼室墓の影響が強い石室墓である。その墨書銘には、「使持節都督諸軍事平東將軍護撫夷校尉樂浪□昌黎玄菟帶方太守都鄕侯」という彼の官名が記されている。

(56) 佟利墓として知られている平壌駅前塼室墓は、一九三二年に平壌駅の構内で発見された高句麗時代の塼室墓である。その紀年塼には、「遼東韓玄菟太守」という彼の官名が記されている。

(57) 井上直樹「『韓曁墓誌』を通してみた高句麗の対北魏外交の一側面」『朝鮮学報』一七八、二〇〇一年、一〇～一五頁。안정준「6세기高句麗의北魏末流移民수용과「遊人」」『東方学志』一七〇（延世大学校国学研究院、二〇一五年）、一一～一四頁。

(58) 第一部第二章を参照。

(59) 呉永賛『낙랑군연구』(四季節、二〇〇六年)、一九三～二一一頁。具体的にいえば、合葬木槨墓は楽浪郡治と推定される平壌の大同江南岸一帯を中心に分布し、そこからは漢式の漆器・装身具・車馬具などの副葬品だけではなく、細形銅剣・古朝鮮式車馬具も出土しているので、紀元後一世紀中葉から楽浪郡の再設置にともなって定着した漢人が土着化したと考えられる。塼室墓は帯方郡治に相当する黄海道の北部を中心に分布し、三世紀初めから完成した形で現れていることから、帯方郡の設置にともなって新たに来た漢人が中原の様式を直接受容したと考えられる。

(60) 呉永賛前掲註59書、一三一～一四四頁。

(61) 二十七年(四四)秋九月、漢光武帝遣兵渡海伐樂浪、取其地爲郡縣、薩水已南屬漢。(『三国史記』巻一四 高句麗本紀二 大武神王)

(62) 呉永賛前掲註59書、二〇八～二一一頁。

(63) 呉永賛前掲註59書、一九三～二一一・二三二～二三八頁。

(64) 안정준前掲註54論文、一二七～一二九頁。

(65) このことについては안정준前掲註54論文、一一四～一一七頁を参照。

(66) 使節として派遣された高翼(四一三)・馬婁(四二四)・董騰(四五五)などがあげられる(『宋書』巻九七 高句驪国伝)。

(67) 後漢からの亡命者と旧帯方郡出身者は、高句麗で新しい政治勢力を形成するために、中国王朝の法制度に関する専門知識をもって高句麗の王権に近づいたと考えられる。その結果、彼らの後裔は五世紀以降に高句麗の官人として活躍できるようになったが、その勢力を維持するためには、唯一の存立基盤である中国王朝の法制度に関する専門知識を六世紀以降ももちつづけることが必要であったと推測される。

(68) 百済は三世紀から帯方郡と友好関係を維持しており、四世紀後半には旧帯方郡の地域を占領した痕跡がある[権五重「낙랑주민의이동과한성백제」『二〇一一年度国際学術会議資料集：백제사람들, 서울역사를열다』(漢城百済博物館、二〇一一年七月一四日)、一〇九～一一〇頁を参照]。

(69) 鄭東俊前掲註36書、一二九～一六〇頁(初出は二〇〇七年)。同「高句麗・百済律令における中国王朝の影響についての試論」『国史学』二一〇、二〇一三年、二五頁の表六では馮野夫・陳明も入れて彼らを楽浪郡出身と推定したが、根拠となった遺物である楽浪の漆盤には、製作に関与した四川地域の官吏や工人の名前がそこに書いてある。したがって、それを根拠として彼らと同じ姓を有している人が楽浪郡に住んでいたとは解することができない。そのため、本章では馮野夫・陳明の二人を除外した。

(70) 鄭東俊前掲註69論文、二二五〜二二六頁。

(71) 彼らが成文法の制定に関与した可能性については鄭東俊前掲註69論文、二二六頁を、中央官司の設置に関与した可能性については、鄭東俊「백제의중앙관제에미친中国王朝의영향에대하여」『史林』四四（首善史学会、二〇一三年）、一〇九〜一一三頁を参照。

(72) 権五重前掲註11書、六四〜八九頁。このように公孫氏政権の「州牧」制は実例が明らかに見え五〇年という運営期間も決して短くない。ちなみに、一つの州に刺史三人を置く北魏の事例は史料上実例が見られずその実施が疑わしいため、第五章で百済に影響を及ぼした可能性を低く判断した。

(73) 權五重「「楽浪史」時代区分試論」『韓国古代史研究』五三、二〇〇九年、一四八〜一五一頁。

(74) 実際に五方制では方領を中心とする軍事的な面が強く、在地勢力は城単位で地方官に任命されただけであり、方と郡はいうまでもなく城の一部と邑にまで地方官が派遣された。それ以前の檐魯以外の地域が在地勢力に依存していたことと比べると大きく変化したといえる。中央集権体制を基準として見れば依然として未完成の状態ではあったが、軍事的拠点の方が追加され、領域の拡大につれて郡（従来の檐魯）が増加し、城と邑に対する掌握力が増大した点において、以前の檐魯制よりもさらに進展した体制であるといえよう。

(75) 百済は制度上、行政拠点の郡はいうまでもなく、その下部単位である城の一部と邑にまで中央政府から地方官を派遣したと考えられる。一方、高句麗は制度上、行政拠点の大城や諸城には地方官を派遣したと思われるが、その下部単位である城にまで地方官を派遣したか否かは不明である。さらに百済では地方官が中央政府に反旗を翻した事例は見えないが、高句麗では六世紀中葉の国内城勢力の反乱や淵蓋蘇文の政変（六四二）の直後にそれに反対した安市城主のように、在地勢力が中央政府に反旗を翻す事例を確認できる。このような状況は、百済が土地に定着した民に基づき集権的な郡県制の施行が容易な農耕定住社会であったのに対して、高句麗は移動生活を行う小集団のリーダーの役割が大きく分権的傾向が強い非定住社会として出発して、平壌遷都以降農耕社会へ転換する過程にあった、という差異に基づくものと思われる。

(76) 山尾幸久前掲註32論文、一五五〜一五八頁。

(77) これまで、六世紀の新羅における各種制度の制定や文物の導入に対して高句麗の影響が強調されてきたが、それは五世紀までのことであって、六世紀前半においては百済の影響を考える必要がある。興輪寺の初期の瓦（六世紀の前半と推定）

は百済の大通寺のそれと類似しており、五二一年に新羅の使節が百済の使節団とともに梁へ行ったことを考慮すれば、六世紀前半では両国の関係が密接であったことがわかる。また、仏教の公認（実際には興輪寺の建立）についても従来は高句麗の影響が強調されてきたが、最近では百済の影響に注目する見方もある（李炳鎬「경주 출토 백제계 기와 제작 기술의 도입 과정」『韓国古代史研究』六九、二〇一三年）。

(78) 先述したように、東晋・南北朝では地方長官の刺史が将軍号を帯びて幕府を開いたり、都督を兼ねたりして地方の軍事と行政をすべて掌握することが多かった。しかし、唐では府兵制によって地方の一部に折衝府が設置されて軍事をつかさどるようになり、地方長官の刺史のみならず、南北朝では軍事担当であった都督も行政だけを担当するようになった。特に、都督は唐初までは軍令権を有せず、軍事行政を一部担当したが（前掲註29を参照）、しだいに刺史と区別しがたい行政担当に留まるようになった（金子修一「唐代前期の国制と社会経済」『中国史』二、山川出版社、一九九六年所収、四〇三〜四〇五頁。気賀澤保規『府兵制の研究』同朋舎、一九九九年）。

終章　古代東アジアにおける朝鮮三国の「媒介的」役割

はじめに

序章で述べたように、本書の目的は、東アジアにおける法制度の影響関係を周辺諸国の視点から検討するために、律令・中央官制・地方行政制度から中国王朝と朝鮮三国の影響関係を明らかにすることであった。

律令については、通説的な理解である朝鮮三国の「泰始律令継受説」を再検討した。その際には、これまで朝鮮三国の法令にも無批判に適用されてきた泰始律令以降のいわゆる「律令」以外に、泰始律令以前の「原始律令」も考慮する必要を提起し、現存する朝鮮三国に関する史料を中国王朝のそれと比較し、中国王朝と朝鮮三国の類似性に注目して影響関係を検討した。中央官制については、朝鮮三国の中央官司の構成に注目し、各官司の職掌と長官の位階を中国王朝の中央官府のそれと比較して、中国王朝と朝鮮三国の類似性に注目して影響関係を検討した。地方行政制度については、朝鮮三国の地方行政機構の構成に注目し、通説的理解である「三層説」を再検討した。その際には、軍事と行政という両面を別途に把握し、朝鮮三国の地方行政機構における地方官の構成を中国王朝のそれと比較して、中国王朝と朝鮮三国の類似性に注目して影響関係を検討した。これにより検証されたことは、朝鮮三国が必ずしも当時最先端の法制度を受容していたわけではなく、むしろ必要に応じて当時の現行法ではない法制度をも受容したり、社会経済的な基盤に合わせて法制度を変容させており、朝鮮三国が中国王朝から影響を受ける過程で旧楽浪郡・帯方郡出身者の役割が少なくなかったという点であった。

本章では、まず第一節において、本書で検証された内容をまとめる。さらに第二節では、古代東アジアにおける法制度の影響関係について朝鮮三国の「媒介的」役割と各国の特徴を整理したうえで、そこから浮かびあがるいくつかの新たな問題に関して、今後の展望と課題を提示したい。

第一節　本書で検証された内容

（一）　朝鮮三国の律令とその内容

いわゆる「律令」は刑法としての律と行政法としての令とを区別し法典として編纂した法令を指す概念である。しかし、それは曹魏以前に追加単行法を中心に運用されいまだ法典として編纂されていなかった中国王朝の「原始律令」を含まない概念であるため、いわゆる「律令」と「原始律令」とのどちらに属するか不明である朝鮮三国の法令には適用しがたい。そこで本書では、立法手続きを経て文字で書き表され文書の形式を備えた法で、かつ法典または単行法令とその集成を内包するものを「成文法」と定義し、その頒布前後における法令の性格を検討した。

高句麗では謀反罪・窃盗罪・強盗罪に対する処罰規定は認められるが、官人収賄罪に対する処罰規定は記されていない。六世紀以降における謀反罪に対する処罰は火刑後に斬首したうえで籍没することであるが、成文法頒布当時における処罰は犯人の死刑だけが推定できる状況であり、縁坐刑の具体的内容は未詳である。退軍罪・強盗罪の処罰は縁坐刑が附加されない斬刑である。窃盗罪に対する処罰は定額的賠償制であり殺牛馬罪に対する処罰は奴婢の賠償であったため、慣習法的要素が残存していた。

百済では謀反罪・殺人罪・窃盗罪・官人収賄罪に対する処罰規定が認められる。謀反罪の縁坐刑が籍没となったのは六〜七世紀のことであって、成文法の制定当時は族刑に類似する「妻子の死刑」が適用されていた。殺人罪に対する処罰は斬刑であるが、奴婢として贖罪(贖刑)させることもできる。窃盗罪・官人収賄罪に対する処罰は「実刑＋定額的賠償」である。

新羅については関連史料から法令の性格による時期区分や法典の存在を前提にすることができなかった。新羅では謀反罪・盗罪に対する処罰の実例と官人の職務関連規定の関連記録が認められる。謀反罪については、「謀反」と「謀叛」を区分せず、犯罪を実行した「反(叛)」と未遂に留まった「謀反(謀叛)」を区分し、籍没は「謀叛(謀反)」のみに適用された。官人の職務関連犯罪については、君主欺瞞罪、退軍罪、背公営私罪、官人収賄罪などに対する処罰規定の関連記録が認められる。それ以外には、官人の職務関連規定として、地方官の赴任規定、各官司への官印の支給、官人の休暇関連規定などが認められる。

(二) 朝鮮三国に対する中国王朝の律令の伝播と「原始律令」

高句麗の法令のうち謀反罪・退軍罪・強盗罪の処罰規定に関しては泰始律令以降の影響が認められたが、みな成文法の頒布以降北魏の影響によって改定されたものと推定された。また、窃盗罪・殺牛馬罪に対する処罰規定には従来の慣習法的性格が含まれていた。ただし「集安高句麗碑」を通じて高句麗で律令が運用される方式を推定してみると、泰始律令よりはいわゆる「原始律令」と類似する部分が多かった。

百済の法令のうち、謀反罪・官人収賄罪の処罰規定に関しては、後漢または曹魏以前の「原始律令」の影響が認められたが、殺人罪に対する贖刑と窃盗罪に対する処罰規定に関しては、慣習法的性格を有していた。新羅の法令における謀反罪・退軍罪の処罰は、曹魏までの中国律令と共通点が見られる。また、君主欺瞞罪に対する処罰は漢代の不道罪に類似している。背公営私罪・官人収賄罪の処罰は、後漢代の律令に類似している部分がある。官印の支給については、六七五年以前は漢代~魏晋南北朝の影響があったと推定される。官人の休暇関連規定については、漢律の影響も考えられるが、唐令の影響である可能性も無視できない。窃盗罪に対する処罰は、高句麗・百済のように定額的賠償制などの慣習法をそのまま成文化した規定であった可能性がある。

また、高句麗に関しては、漢代の「原始律令」が華北地域からの亡命者と楽浪郡・帯方郡を経由して四世紀前半に伝播され、四世紀後半に前秦の影響下で慣習法を成文化して頒布したと推定される。そして六世紀前半に北魏から亡命した遺民によって成文法が改定された可能性もうかがえたが、その内容は謀反罪の縁坐刑が籍没となり謀反罪と退軍罪の条文と刑罰が区分されることであった。百済に関しては、三世紀前半の中国王朝の「原始律令」が主に帯方郡を経由して四世紀前半に伝播し、五世紀前半（または四世紀中葉）に成文法として頒布したと考えられる。

新羅の法令に関しては、漢代の「原始律令」が主に華北地域からの亡命者と楽浪郡・帯方郡を経由し、三世紀前半の中国王朝の「原始律令」が主に帯方郡を経由したうえで、前者が高句麗によって、後者が百済によって六世紀前半まで影響を及ぼして「原始律令」的性格が見られるようになったと考えられる。ただし、官印の支給と官人の休暇規定は唐から影響を受けた可能性がある。

以上のような検討の結果、少なくとも朝鮮三国で成文法が頒布される時期に泰始律令やそれ以降のいわゆる「律令」から影響を受けた痕跡は見つからなかった。一部いわゆる「律令」から影響を受けたと考えられる部分は成文法が頒布される時期のものではなく、六世紀以降に改定されたものであった。

(三) 百済・新羅の中央官司とその構成

百済の中央官司は、五世紀における三佐平―外官一〇部→六世紀における五佐平―二二部司→七世紀における六佐平―一八部へしだいに変化した。そのうち外官一〇部は、阿莘王期、腆支王期、毗有王期、蓋鹵王期に少しずつ設置されたと推定される。内官一二部は、東城王期以来の内頭からしだいに分化した五部と、武寧王期から設置が始まった七部より構成されていた。五佐平―二二部司から六佐平―一八部への変化の具体的な内容は、内椋部・外椋部の統合、馬部・刀部の廃止(衛士佐平への統廃合)、都市部の降格(属司化)などで、六佐平への再編の準備段階として位置づけられる。六佐平の設置時期とその政治的意義については、六三〇年代初頭に並列的な二二部司から統属関係のある「六佐平―一八部」への官司組織の体系化があったと考えられる。

新羅の中古期(五一四~六五四)における中央官司の変遷は、法興王・真興王期の第一期(五一四~五七六)、真平王期の第二期(五七九~六三二)、真徳王・武烈王期の第三期(六四七~六六一)にわたる発展があった。中古期の中央官司は、第二期(真平王期)までは官司の設置と四等官制の整備が行われ、第三期(真徳王・武烈王期)には四等官制が完成した。四等官制の形成過程は、第一期の長官・主典の二層から第二期の二~四層が並存する段階を経て、第三期の四等官制に至った。各時期における官司設置の背景については、第一期は国家機構の基礎としての軍事担当と行政担当の設置を、第二期は官司の拡充を、第三期は官司の体系化を指摘できる。

中代における中央官司の変遷は、文武王~孝成王期の第一期(六六一~七四二)から景徳王期の第二期(七四二~七六五)にかけて発展したといえる。中代の中央官司は、官司の設置を完了し、官司・官職の漢式改名と復古が行われたが、長官の複数制など独自性も有していた。第一期の特徴としては、官司の完備、中央官司の組織の完成、四等官制の補完などがあげられる。第二期の特徴としては、『周礼』にある官制の影響、中国王朝の官制に基づく官職の改名、尚書六部の影響、漢文式の名称への改名などがあげられる。中央官司の官員の構成に関しては、長官の複数制、判官の二重設置などが見られる。

（四）朝鮮三国に対する中国王朝の中央官府の影響と九卿制

中国王朝の九卿制は、漢代において中央官府の中心であったが、次第に実務機構となった。官員の構成の特徴は、①卿と丞の官階の差異が曹魏からしだいに大きくなり、②梁までは次官と判官の区分が見られず、③梁では各官府の長官・丞のあいだに官階の差異が設けられたが、北魏・北斉（五五〇～五七七）では丞のみに限られていた点にあった。特に、財政機構として大司農・少府・太府と大鴻臚の職掌における変遷が目立った。中国王朝の三省は、曹魏において秘書機構として設置され、しだいに中央官府の中心となった。三省と尚書六曹は官員の構成がしだいに多層化して四等官制となった。魏晋南北朝の三省と尚書六曹の職務分担については、尚書省と尚書六曹の職務分担は明確であったのに対して、中書省と門下省の職務分担はそれほど明らかではなかった。四等官制の起源については、曹魏の中書省・尚書省に求められる。

中国王朝の中央官府の百済への影響時期は、漢代～西晋の制度が影響を及ぼし、後には『周礼』・唐の影響もあったと考えられる。中国王朝の中央官府の百済への影響経路は、後漢・曹魏の中央官府が帯方郡を経由して伝えられたルートと『周礼』・唐の中央官府が中国大陸から直接伝えられたルートが想定できる。

中国王朝の中央官府の新羅への影響時期は、中古期の第二期までは曹魏・西晋の制度が影響を及ぼし、第三期には北魏～隋の文帝期の影響も見られるようになり、中代には隋唐の制度が影響を及ぼしたと考えられる。中国王朝の中央官府の新羅への影響については、①帯方郡から百済を経由、②中国王朝から直接、という二つの経路を想定できる。①は曹魏の中央官府の影響経路、②は隋唐の中央官府の影響経路に該当する。

（五）朝鮮三国の地方行政機構とその構成

高句麗の地方行政機構は、軍事上は外評―備―城の三層、行政上は大城・諸城―城の二層であった。大城には褥薩、諸城には道使、城には場所によって可邏達または婁肖が配置された。特に大城・諸城には褥薩・道使を輔佐する僚佐が存在し、可邏達が僚佐の長として彼らを統轄した。百済の地方行政機構は、軍事上は方―郡―城の三層、行政上は方・郡―城・邑の二層であった。方には方領と方佐、郡には郡将・郡令と郡佐・参司軍、城には場所によって城主または道使、邑には道使と邑佐が配置された。特に郡においては、六世紀の郡将・郡令と郡佐から七世紀の郡将と参司軍・郡佐に変化しており、七世紀には郡将を頂点とする長官中心の体制になった。

新羅において中古期の地方行政機構は、軍事上は州―郡―城の三層、行政上は州・郡―村の二層であり、州は広域の軍管区・監察区であった。中古期における新羅の地方官は、州には軍事担当の軍主と監察（行政）担当の（行）使大等が、郡には軍事担当の幢主・邏頭と行政担当の道使が、村（城）には行政担当の道使が派遣された。郡では幢主・邏頭・道使の共同統治によって行政を処理し、州と郡では軍事的な役割が大きかったために行政は「村（城）」を中心に行われたと考えられる。中代の地方行政機構は、州―州治・郡―県の三層であり、州は広域の行政区であった。州に長官の都督と副官の州助・長史、小京に長官の仕臣と副官の仕大舎、郡に大守、県に少守・県令が設置され、その監察官として州・郡に外司正が派遣されていた。

（六）朝鮮三国に対する中国王朝の地方行政機構の影響と郡県制

中国王朝の刺史は、前漢の武帝期に監察官として設置され、後漢から州治に常駐し、さらに後漢末の「州牧」の登場以降、行政・軍事権を掌握しはじめるようになった。中国王朝の都督は、曹魏・西晋までは単なる軍事監督官にすぎなかったが、東晋・南北朝では治所の刺史を兼ねて地方長官として独立性を有するようになった。中国王朝の郡県においては、郡は太守・都尉・郡丞、県は県令・県尉・県丞という長吏が設置された。

高句麗の「褥薩」は、主に後漢末の「州牧」から影響を受け、さらに高句麗の「守事」には前燕の慕容皝期における「太守」の影響があり、「可邏達」と「僚佐」には北朝の都督制（府官制）の影響があると考えられる。中国王朝の地方官が高句麗に影響を及ぼした経路は華北地域からの亡命者によるものが中心であったが、楽浪郡・帯方郡を経由した影響も一部想定できる。このように高句麗の地方行政機構は、南北朝期のような三層（州―郡―県）の影響ではなく、それ以前の二層（郡―県）から影響を受けて成立したものであった可能性が高い。

百済の「方領」は、主に後漢末の「州牧」から影響を受け、さらに百済の郡には漢代以来の県の影響もあったと考えられる。中国王朝の地方官が百済に影響を及ぼした経路は楽浪郡が中心であったが、中国大陸との直接交流の影響も一部想定できる。このように百済の地方行政機構は、南北朝期のような三層（州―郡―県）の影響ではなく、それ以前の二層（郡―県）から影響を受けて成立したものであった可能性が高い。

新羅は、中古期においては南北朝の軍官と漢代以来の県の長吏などから、中代においては隋唐の郡県制（州県制）から影響を受けたと考えられる。中国王朝の地方官が新羅に影響を及ぼした経路は、中古期においては楽浪郡と北魏から高句麗を経由したルートと帯方郡から百済を経由したルートが、中代においては隋唐との直接交流によるルートが想定できる。このように新羅の中古期における地方行政機構は、南北朝期のような三層（州―郡―県）の影響ではなく、それ以前の二層（郡―県）から影響を受けて成立したものであった可能性が高い。

第二節　古代東アジアにおける朝鮮三国の「媒介的」役割と古代日本

本書で検討した結果、明らかになった朝鮮三国それぞれの特徴をまとめ、その特徴が現れるようになった事情を整理すると、次のとおりである。

まず、高句麗は中国王朝との活発な交流と抗争のなかで国家が発展したと認識されてきたにもかかわらず、法制度における中国王朝の影響はそれほど大きくはなかった。それは中国王朝が基本的には農耕を基盤とする定住社会であったのに対して、高句麗は半農半猟を基本とする非定住社会として出発したため、社会経済的な基盤が異なり、法制度などにも根本的な差異があると想定されるからである。(1) しかも以下の二つの理由から、これまでの研究では中国王朝の影響を比較・検討することが難しかった。第一に、北魏は非定住社会の中国王朝として出発したが、ほかの中国王朝に比べてその法制度には不明な部分が多いため、高句麗との比較はあまり行われてこなかった。第二に、高句麗の法制度そのものに不明な部分が多く、特に中央官司などはその全体像を明らかにすることは困難である。(2)

さらに、高句麗の場合は、中国王朝の法制度を受容するルートとして、楽浪郡・帯方郡出身者とその後裔以外のみならず、中国王朝（特に華北地域）からの亡命者の役割も大きかった。これは高句麗が中国王朝と隣接していて盛んに交流していたため、楽浪郡・帯方郡出身者やその後裔に依存する必要が少なかったためであろう。

次に、百済は高句麗に比べて直接交流の機会が少なかったにもかかわらず、むしろ法制度における中国王朝の影響は高句麗より大きく、三国のうち最大であった。それは二つの面から説明できる。第一に、百済は中国王朝と同様に農耕を基盤とする定住社会であったため、社会経済的な基盤が類似しており、法制度などにも根本的な差異はあまりなかった。第二に、百済は早い時期から楽浪郡・帯方郡と活発な交流を行っており、東晋以降は正式な国家間の外交関係を持続した。中国王朝との直接交流の開始時期が遅くその頻度も少なかった新羅にくらべて、百済は活発な交流を早くからもっていたため、法制度における影響も同じく定住社会である新羅より大きかったのであろう。

さらに、百済の場合は、中国王朝の法制度を受容するルートとして三国のうち楽浪郡・帯方郡出身者とその後裔の役割が最も大きかった。これは中国王朝と境界を常には接していなかったため、楽浪郡・帯方郡出身者とその後裔に依存する必要が多くあったためであろう。

最後に、新羅は高句麗にくらべて直接交流の機会がはるかに少なかったにもかかわらず、むしろ法制度における中国王朝の影響は高句麗より大きかったが、百済よりは少なかった。それは三つの面から説明できる。第一に、新羅は中国王朝と同様に農耕を基盤とする定住社会であったため、社会経済的な基盤が類似しており、法制度などにも根本的な差異はあまりなかった。第二に、中国王朝との直接交流の開始時期が遅く、その頻度も多かった百済にくらべて、新羅は正式な国家間の外交関係の開始が遅かったため、法制度における影響も同じく定住社会である百済よりも小さかったのであろう。第三に、新羅の法制度は朝鮮三国のうち最も史料が豊富であり、特に中央官司などは全体像を明らかにすることが可能である。そのため、法制度に不明な部分が多い高句麗よりも比較研究を行いやすい状況にある。

さらに、新羅の場合は、中国王朝の法制度を受容するルートとして三国のうち楽浪郡・帯方郡出身者とその後裔や中国王朝からの亡命者の役割が最も少なかった。これは中国王朝および楽浪郡・帯方郡との交流が圧倒的に少なく、高句麗・百済の影響下で中国王朝の法制度を受容する以外に方法がなかったためであろう。

本書の検討結果によって明らかになったことは、朝鮮三国それぞれに個別の特徴が見える一方で共通点も認められるということである。第一に、朝鮮三国が中国王朝から法制度を受容する際には、必ずしも当時最先端のものを受け入れていたわけではなく、むしろ必要に応じて前代の法制度を取り入れる場合も少なくなかった点である。第二に、中国王朝の法制度を受容するルートとして、中国王朝と朝鮮三国の直接交流によるもの以外に、楽浪郡・帯方郡出身者とその後裔によるものが新たに明らかとなった点である。

このうち第一点目は前代の法制度が当時最先端の法制度より受容する側の状況（社会経済的基盤や支配勢力の指向性など）と合致しており、また前代の法制度を受容するに際して楽浪郡・帯方郡出身の後裔や華北地域からの亡命人などが一定の役割を果たしていたためであろう。つまり、受容する側の状況と、受容を「媒介」した専門家集団の存在によるものであったといえよう。

第二点目の共通点を踏まえると、新たな検討課題が浮かびあがってくる。それは古代東アジアにおける朝鮮三国の「媒介的」役割についてである。ここでいう「媒介的」役割とは、主に中国王朝と古代日本（以下、特に断りのない限り七世紀の日本を指す）とのあいだで法制度を「媒介」することを想定するものである。

古代日本における律令の起源については、[3] 朝鮮三国の影響を強調する「朝鮮三国起源説」と、隋唐の影響を強調する「隋唐起源説」がある。[4]

「朝鮮三国起源説」の場合、学令・喪葬令・四等官制・外位制・位階制・編戸制など様々な分野において比較研究が行われ、四等官制・編戸制などへの朝鮮三国の影響は否定されているが、学令・喪葬令・外位制・位階制などへの影響は一部存在すると認められている。さらに、「朝鮮三国起源説」は飛鳥浄御原令と大宝律令とのあいだに断絶を認めたうえで、両律令の起源は異なると考えている。

一方、「隋唐起源説」の場合、民衆支配に関連する律令を中心に古代日本の律令と隋唐のそれとの比較研究を行い、当時最先端の法制度であるいわゆる「律令」が民衆支配のために古代日本に受容されたと唱えている。さらに、「隋唐起源説」は飛鳥浄御原令と大宝律令とのあいだに断絶を認めず、その起源についても同じであろうと想定している。

このように、両説は律令のなかでも重視する部分のみならず、古代日本の律令の変遷に関する認識さえも異なっている。しかも、これまでの日本古代史研究では両説ともに特定の律令のみを検討しており、まだ総合的な検討は行われていない。

このような状況の背景には、比較対象である朝鮮三国の律令に不明な部分が多かったという事情もある。しかし、本書により朝鮮三国の律令に関する比較材料が増えたことによって、「朝鮮三国起源説」をさらに幅広く比較検討することができるようになった。また、本書の検証内容は律令の比較検討のみに留まらず、中央官制・地方行政制度の比較検討にも活用できると期待される。古代東アジアにおいて法制度の交流が行われるに際し、朝鮮三国が果たした「媒介的」役割をさらに詳しく検討するために、本書の補論では両者の律令を比較検討した。今後はさらに朝鮮三国と古代日本の中央官制・地方行政制度をも比較検討していきたい。

註

（1）金瑛河『韓国古代社会의軍事와政治』（高麗大学校民族文化研究院、二〇〇二年）、一五～二〇頁。

（2）これらのうち第二点目と第三点目は最近「文成帝南巡碑」・「集安高句麗碑」などの金石文が増加しているため、今後の新たな研究成果を期待したい。特に両国の比較研究がほとんどなされていない状況が改善されてほしい。しかし、史料が増加しても第一点目のことは変わらない可能性が高いので、今後の研究でも必ず認識する必要がある。

（3）以下の内容は鄭東俊「古代日本と朝鮮三国における律令の比較――特に七世紀の律令を中心に」『訪日学術研究者論文集』二〇、日韓文化交流基金、二〇一四年の「はじめに」を参考にして作成した。

（4）以下、「朝鮮三国起源説」と「隋唐起源説」については、坂上康俊「古代東アジア国際秩序の再編と日韓関係」『第二期日韓歴史共同研究報告書：第一分科会篇』（日韓歴史共同研究委員会、二〇一〇年）、三一〇～三二二頁を参照した。ただし、「朝鮮三国起源説」と「隋唐起源説」という名称は筆者が議論展開の便宜上付けたものである。

補論

古代日本の律令における朝鮮三国の影響

はじめに

古代東アジアについては従来、中国王朝の法制度が周辺諸国（主に朝鮮三国と古代日本）に受容されたと指摘されてきた。しかし、周辺諸国間の法制度の影響関係を東アジアの国際秩序の面から説明しようとする試みはなかった。朝鮮三国については、文化交流の面から古代東アジア世界における媒介的役割が注目されてきたので、東アジアの国際秩序という視点から朝鮮三国の法制度が東アジアにおいてどのような位置を占めているのかを把握することが重要である。

古代日本において、七世紀は二つの意味で過渡期に当たる。一つは、六世紀までの大和政権は「大王」を中心とする豪族連合政権にすぎなかったが、七世紀に多様な集権化政策を経て、八世紀に律令に基づいて「天皇」を中心とする律令国家へと変化したという点である。そしてもう一つは、先進文化の輸入先の変化である。六世紀までの大和政権は主に百済・加耶などの朝鮮半島の特定の国家に頼って先進文化を輸入してきた。しかし、七世紀になると、百済・加耶以外にも朝鮮半島および中国など新たな輸入先を模索し、輸入先が多様化するに至る。

法制度に関していえば、七世紀の日本は朝鮮三国から一部影響を受けたと指摘されてきたが、韓国の研究者は朝鮮三国の影響を過大評価し、日本の研究者はそれを否定する傾向があった。本章の検討対象である朝鮮三国と古代日本(主に七世紀)の律令は、[1]法典はもちろんのこと、その佚文もほとんど残っていない。ただし、遅くとも七世紀初頭にはいわゆる「律令」こそ存在していないものの、「憲法十七条」のような未成熟な成文法は存在していたといわれている。

七世紀の日本における律令の起源については、以上のような先進文化の輸入先の多様化という背景があるため、朝鮮三国の影響を強調する「朝鮮三国起源説」と、隋唐の影響を強調する「隋唐起源説」が対立している。[2]「朝鮮三国起源説」の場合、学令・喪葬令・四等官制・外位制・位階制・編戸制など様々な分野において比較研究が行われ、四等官制・編戸制などへの影響は否定されているが、学令・喪葬令・外位制・位階制などへの影響は一部でもあると認められており、飛鳥浄御原令と大宝律令とのあいだに断絶を認めたうえで、両律令の起源が異なると考えている。

一方、「隋唐起源説」の場合、対民支配に関連する律令を中心に七世紀日本の律令と隋唐のそれとの比較研究を行い、当時先端の法制度であるいわゆる「律令」が対民支配のために七世紀日本に受容されたと唱えており、飛鳥浄御原令と大宝律令とのあいだに断絶を認めず、その起源についても同じであろうと想定している。

このように、両説は律令のなかでも重視する部分のみならず、古代日本の律令の流れに関する認識さえも異なっている。しかし、これまでは両説ともに律令における特定の部分のみを検討しており、まだ総合的な検討は行っていない。そのような状況を踏まえて、本章では従前より総合的な検討を行い、両説の妥当性を検証する。

さて、中国王朝の律令については、本書の第一部で述べたように、近年史料がしだいに蓄積され、研究も発展してきた。それによって、朝鮮三国の律令の起源として、中国王朝の律令の一部を実際に参照することができるようになり、秦漢律令が朝鮮三国法令の母法である可能性が提起された。そのような研究環境の変化により、本書では朝鮮三国法令の佚文を秦漢律令の条文と比較して継受関係を明らかにした。[3] その研究方法と検討結果は本章にとっても大きな参考になろう。

本章では古代東アジアにおける律令の伝播と変容を検討することを目標とし、その一例として朝鮮三国と古代日本（主に七世紀）との律令の影響関係を検討する。具体的には、古代日本（主に七世紀）と朝鮮三国の律令の佚文を比較し、古代日本と朝鮮三国における律令の類似点と相違点を明らかにする。西晋（二六五～三一六）の泰始律令（二六八）に注目すべき理由とその歴史的意味については、本書の第一部で述べたため省略する。

検討対象は国家秩序維持関係の法令（謀反罪・殺人罪・窃盗罪・官人の職務関連犯罪に対する処罰規定）である。それらの佚文は朝鮮三国の律令に関する史料のなかでも比較的多く残されており、律令の中心でもある。特に謀反罪の縁坐刑、窃盗罪の処罰方式、窃盗罪と官人収賄罪・背公営私罪との関係などを中心に検討する。また、朝鮮三国の律令の受容と変容に加えて、律令の受容における慣習法との葛藤にも注意したい。

第一節　謀反罪・殺人罪の比較と縁坐刑・贖刑

本格的な検討へ入る前に、本書の第一部第一章では日本史・朝鮮史研究におけるいわゆる「律令」という言葉の意味、および朝鮮の律令を「固有法」と「継受法」という観点に照らして分析してよいのかという問題を検討した。しかし、これらの問題についてはすでに検討したため、本節ではその議論に基づくこととする。

史料に見える朝鮮三国の法令のうち、謀反罪・殺人罪の処罰規定についても、第一部第一章ですでに検討したため、本節ではその結論だけを要約して提示する。

高句麗の場合、四世紀後半に成文法が頒布されたが、当時の謀反罪に対する処罰は犯人の死刑だけが推定できる程度であり、縁坐刑の具体的内容は未詳である。六~七世紀では、謀反罪・謀叛罪に対する処罰は、火刑後に斬首したうえ、籍没（一族と財産の没官）している。六~七世紀の謀反罪の処罰規定には、泰始律令以降の影響が認められるが、その規定は成文法の頒布以降、北魏の影響によって改定されたと推定される。ただし、「集安高句麗碑」をつうじて高句麗における律令の運用方式を推定してみると、泰始律令よりはいわゆる「原始律令」と類似する部分が多い。

百済の場合、成文法頒布以降の六~七世紀には、謀反罪・殺人罪に対する処罰規定が見られる。謀反罪・謀叛罪を犯した者に対する刑罰は、斬刑あるいは死刑+籍没となっている。もっとも、謀反罪の縁坐刑が籍没となったのは六~七世紀のことであって、成文法制定当時では族刑に近い「妻子の死刑」が適用されていたと考えられる。殺人罪については、犯人を斬し、あるいは奴婢として贖罪（贖刑）させることが見られる。謀反罪の処罰規定に関しては、曹魏以前の「原始律令」の影響が認められるが、殺人罪に対する贖刑に関しては、慣習法的性格を有していた。

新羅では成文法頒布（五二〇）以降、謀反罪に対する処罰の実例が多数見られるが、それらを分析すると、「反」と「叛」を区別せず、犯罪を実行した「反」と「予謀」に留まった「謀反」を区別し、族刑は「反」のみに適用されていたことがうかがわれる。籍没は「予謀」に留まった「謀叛（謀反）」のみに適用されるが、それは唐制導入の影響とも考えられる。新羅の法令における謀反罪のうち「反（叛）」の処罰は、曹魏までの中国律令と共通点が認められる。

以上のように、朝鮮三国の法令における謀反罪・殺人罪に関する史料では、謀反罪に対する縁坐刑と、殺人罪[4]に対する贖刑についての規定に特徴があり、注目すべきである。古代日本の謀反罪・殺人罪関連の記録を検討する際には、史料として七世紀に関する編年記録が見られる『日本書紀』、八世紀の法典である「養老律令」（七二二完成推定、七五七施行）を利用できる。(5)

A-1　凡そ謀反及び大逆する者は、皆な斬とす。父子、若しくは家人・資財・田宅は、並びに沒官とす。年八十及び篤疾者は、並びに免《ゆる》せ。祖孫・兄弟は、皆な遠流に配せよ。籍の同異を限らず。(6)（『律』巻七　賊盗律謀反大逆）

凡そ謀叛する者は、絞とす。已に上道したる者は、皆な斬とし、子は中流とす。(7)（同　謀叛）

凡そ人を殺さんと謀る者は、徒二年とす。已に傷つくる者は、近流とす。已に殺す者は、斬とす。(8)（同　殺人）

A-2　大化元年九月戊辰、古人皇子、蘇我田口臣川掘・物部朴井連椎子・吉備笠臣垂・倭漢文直麻呂・朴市秦造田來津と、謀反る。丁丑、吉備笠臣垂、中大兄に自首して曰さく、「吉野の古人皇子、蘇我田口臣川掘等と謀反けむとす。臣其の徒に預れり。」とまをす。中大兄、卽ち菟田朴室古・高麗宮知をして、兵若干を將て、古人大市皇子等を討たしむ。〈或本に云わく、「十一月の甲午の三十日、中大兄、阿倍渠曾倍臣・佐伯部子麻呂二人をして、兵三十人を將て、古人大兄を攻め、古人大兄と子とを斬らしむ。其の妃妾、自ら經きて死せぬ。」という。或本に云わく、「十一月、吉野大兄王、謀反けむとし、事覺れて伏誅さる。」という。〉(9)（『日本書紀』巻二五　孝徳紀）

A-3　大化五年三月戊辰、蘇我臣日向、倉山田大臣を皇太子に譖じて曰さく、「僕が異母兄麻呂、皇太子の海濱に遊びませるを伺いて、之を害はむとす。反きまつらむこと、其れ久しからじ。」とまをす。皇太子、之を信けたまう。天皇、大伴狛連・三國麻呂公・穗積嚙臣を蘇我倉山田麻呂大臣の所に使して、反くことの虚實を問わしめたまう。…天皇、乃ち軍を興して、大臣の宅を圍まむとしたまう。…己巳、…大臣、…誓い訖りて、自ら經きて死せぬ。妻子の殉死う者八なり。…庚午、山田大臣の妻子及び隨身者、自ら經きて死ぬる者衆し。…是の夕、…物部二田造鹽を喚して、大臣の頭を斬らしむ。…甲戌、蘇我山田大臣に坐りて、戮されし者、田口臣筑紫・耳梨道德・高田醜雄・額田部湯坐連・秦吾寺等、凡て十四人。絞られし者九人、流されし者十五人なり。[10](同右)

A-4

四年十一月庚辰朔壬午、留守官蘇我赤兄臣、有間皇子に語りて曰く、「天皇、治《し》らす所の政事に三失有り。…」という。有間皇子、乃ち赤兄が己に善しきことを知りて、欣然びて之に報答えて曰く、「吾が年始めて兵を用いるべき時なり。」という。甲申、有間皇子、赤兄が家に向き、樓に登りて謀る。夾膝自ずからに斷れぬ。是に、相の不祥を知りて、倶に盟いて止む。皇子歸りて之に宿る。是の夜半、赤兄、物部朴井連鮪を遣し、造宮る丁を率いて、有間皇子を市經の家に圍ましめ、便ち驛使を遣して、天皇の所に奏す。戊子、有間皇子と、守君大石・坂合部連藥・鹽屋連鯯魚とを捉え、紀溫湯に送りたてまつる。舍人新田部米麻呂、從なり。是に、皇太子、親ら有間皇子に問いて曰わく、「何の故か謀反けむとする。」とのたまう。答えて曰さく、「天と赤兄と知らむ。吾全ら解らず。」とまをす。庚寅、丹比小澤連國襲を遣して、有間皇子を藤白坂に絞らしむ。是の日、鹽屋連鯯魚・舍人新田部連米麻呂を藤白坂に斬る。…守君大石を上毛野國に、坂合部藥を尾張國に流す。[11](同書巻二六　齊明紀)

A-5

元年七月の癸丑、諸の將軍等、悉に筱浪に會いて、左右大臣及び諸の罪人等を探り捕う。乙卯、將軍等、不破宮に向ず。因りて大友皇子の頭を捧げて、營の前に獻る。八月の庚申朔甲申、高市皇子に命して、近江の群臣の犯狀を宣らしめたまう。則ち重罪八人を極刑に坐く。仍りて、右大臣中臣連金を淺井の田根に斬る。是の日、左大臣蘇我臣赤兄・大納言巨勢臣比等及び子孫、幷せて中臣連金が子、蘇我臣果安が子、悉に配流す。以餘は悉に之を赦す。[12](同書巻二八　天武紀上)

A-6　朱鳥元年九月辛酉、南庭に殯し、卽ち發哀たてまつる。是の時に當りて、大津皇子、皇太子を謀反けむとす。[13]（同書巻二九　天武紀下）

朱鳥元年冬十月戊辰朔己巳、皇子大津、謀反けむこと發覺れぬ。皇子大津を逮捕め、幷せて皇子大津が爲に詿誤かえたる直廣肆八口朝臣音橿・小山下壹伎連博徳と、大舍人中臣朝臣臣麻呂・巨勢朝臣多益須・新羅沙門行心及び帳內礪杵道作等、三十餘人を捕む。庚午、皇子大津を譯語田の舍に賜死む。…丙申、詔して曰わく、「皇子大津、謀反けむとす。詿誤かえたる吏民・帳內は已むこと得ず。今し皇子大津、已に滅びぬ。從者、當に皇子大津に坐れる者は、皆な之を赦すべし。但し礪杵道作は伊豆に流せ。」とのたまう。又た詔して曰わく、「新羅沙門行心、皇子大津の謀反けむとするに與せれども、朕加法するに忍びず。飛驒國の伽藍に徙せ。」とのたまう。[14]（同書巻三〇　持統紀）

A-1は謀反罪・殺人罪に関する養老律の規定である。それによると、謀反罪の場合は犯人が斬刑に、その父子・家人（唐律の部曲に該当する）・資財・田宅が没官（籍没）に処され、謀叛罪に対しては犯人が絞刑に、已上道の場合は犯人が斬刑に、子が中流に処される。一見唐律と同様に見えるが、双方ともに縁坐の範囲が縮小されており、縁坐者の処罰も軽くなっている。[15]これら唐律と異なる部分についてはまた後述する。殺人罪に対しても、未遂・予謀の処罰規定が存在するという共通点がありつつも、その処罰は軽くなっている。[16]したがって、古代日本の律において唐律と異なる部分が日本固有のものか、それとも前代の中国王朝から朝鮮三国を経由して受容されたものか、それとも養老律令より前に当時の中国王朝から受容されたものかを検討する必要性がある。

A-2〜6は七世紀における謀反罪の実例である。殺人罪の関連規定はB-6のように死刑に処されることだけが認められるので、本書では扱わないことにする。

A-2は大化元年（六四五）の謀反事件について述べたものである。それによると、主犯の古人大兄皇子と、その子や妃妾はいずれも死亡しているが、それが斬刑・伏誅のように刑罰によるものなのか、それとも自経（自殺）のように刑罰と無関係な自発的なものかは明らかではない。

A-3は大化五年（六四九）の謀反事件について述べたものである。それによると、主犯の蘇我倉山田麻呂と縁坐者である妻子の死刑がうかがえる。A-2と同様に、主犯も縁坐者も自経して死んだとみられるものの、それが刑罰によるものか刑罰と無関係な自発的なものかは明らかではないが、主犯の死体を斬ることから、処罰規定が斬刑であった可能性がある。また、田口臣筑紫などの連坐者と思われる人々も絞刑・流刑などに処されているが、彼らのうち誰が連坐者であり、誰が従犯であるかは明らかではない。

A-4は斉明天皇四年（六五八）の謀反事件について述べたものである。それによると、主犯の有間皇子の絞刑と連坐者である守君大石・鹽屋連鯯魚などの斬刑・流刑が認められる。ただし、主犯が絞刑であるのに対し、連坐者が斬刑に処されたのは、主犯が皇子であるために優遇されていたからではないかと思われる。注目すべきことは、連坐者が斬刑に処されているという部分であろう。

A-5は天武天皇元年（六七二）の謀反事件について述べたものである。それによると、主犯の大友皇子・中臣連金の斬刑と縁坐者である子孫の流刑が認められる。ただし、この場合の縁坐者と主犯の関係が明らかではない。

A-6は朱鳥元年（六八六）の謀反事件について述べたものである。それによると、主犯の大津皇子の死刑と連坐者である八口朝臣音橿などの流刑が認められる。ただし、連坐者のほとんどが赦免されているので、当時の法令にどう規定されたかは不明である。注目すべきは、A-4と同様に主犯が皇子であるために、斬刑ではなく賜死という優遇を受けていることである。

つまり、A-2〜6の事例から謀反罪の主犯が斬・絞などの死刑に処されたり賜死などの待遇を与えられたりすることは確認できるが、縁坐者または連坐者の処罰は不明である。それにもかかわらず、A-1のような縁坐者または連坐者の没官（籍没）は一例も確認できない。

一方、A-1以前の謀反罪の処罰規定は認められないが、謀反事件に関する記述はいくつか確認できる。法律上の刑罰と実際の処罰が必ずしも一致するとは言いきれないが、全体の処罰事例を分析すれば、法律上の刑罰もある程度わかるようになると考えられる。それをまとめれば、次の表補-1のようになる。(17)

表補-1の①・②はその年次について異論があるが、その内容は五世紀以前のある時点のものとしてみなして大過なかろう。これらの実例から七世紀以前と以降の変化を見出すことは難しいが、犯罪者はいずれも斬・殺・絞・賜死

表補-1　『日本書紀』に見える七世紀以前の謀反の実例

番号	時期	謀反者	処刑	縁坐刑	典拠（巻）	備考
①	応神四一年（?）二月	大山守皇子	殺	未詳	仁徳（一一）	・
②	仁徳八七年（?）正月	住吉仲皇子	殺	死→黥（連坐）	履中（一二）	・
③	継体二二年（五二八）一一月	筑紫国造　磐井	斬	死→贖（子）	継体（一七）	・
④	大化元年（六四五）九月	古人大兄（皇子）	斬	斬（子） 自経（妃妾）	孝徳（二五）	・
⑤	大化五年（六四九）三月	蘇我倉山田麻呂	斬	自経（妻子） 斬（連坐）	孝徳（二五）	右大臣
⑥	斉明天皇四年（六五八）一一月	有間皇子	絞	斬・流（連坐）	斉明（二六）	・
⑦	天武天皇元年（六七二）七月	大友皇子 中臣連金	斬	流（子孫）	天武上（二八）	皇太子 右大臣
⑧	朱鳥元年（六八六）九月	大津皇子	賜死	流（連坐）	天武下（二九） 持統（三〇）	・

表補-2　謀反罪・謀叛罪における唐律・養老律の縁坐刑

主犯との関係		謀反罪 唐律	謀反罪 養老律	謀叛罪（已上道） 唐律	謀叛罪（已上道） 養老律
一等親	父	絞刑	没官	・	・
	成年の子	絞刑	没官	流刑	流刑
	未成年の子	没官	没官	流刑	流刑
	妻妾	没官	・	流刑	・
	母女	没官	・	・	・
二等親	祖孫・兄弟	没官	流刑	・	・
	姉妹	没官	・	・	・
三等親	伯叔父・姪	流刑	・	・	・

などの死刑に処されている。本章で特に注目される縁坐刑については、斬などの死刑つまり族刑（一族の死刑）に近いものが中心であり、流刑はあるものの籍没は認められない。したがって、八世紀以降における謀反罪に対する処罰は主犯の斬首と縁坐者の籍没であるが、七世紀以前には主犯の死刑と縁坐者の族刑または流刑であった可能性が高い。

さらに、先述したように八世紀における縁坐者の範囲は唐律と異なる。それを表でまとめれば、表補-2のようになる。表補-2から、謀反罪においては、養老律には女性の縁坐刑が認められず、全般的に縁坐者の範囲が唐律より縮小しており、それに連れて刑罰も一等ずつ軽減している。謀叛罪においても、養老律に女性の縁坐刑が認められないことが確認できる。養老律に女性の縁坐刑がない理由については、両国における妻に対する認識の差異、妻妾の区別有無などをあげたうえで、親族制度の差異を指摘した先行研究がある[18]。

第二節　窃盗罪・官人の職務関連規定の処罰方式の比較

朝鮮三国の法令のうち、窃盗罪・官人収賄罪の処罰規定については第一部第一章ですでに検討したため、本節ではその結論だけを要約して提示する。

高句麗の場合、成文法頒布以降の六～七世紀には、窃盗罪に対する処罰規定は認められるが、官人収賄罪に対する処罰規定は記されていない。窃盗罪に対する処罰は一〇～一二倍の賠償であるが、賠償できる財物がない場合は有罪者の子女を被害者の奴婢となして贖うことになる。一〇～一二倍という高率の定額的賠償制は、北方の非定住系統種族（遊牧・狩猟など）の慣習法に共通して見られるので、成文法の段階でもまだ慣習法的要素が残存していたといえる。

百済の場合、成文法頒布以降の六～七世紀には、窃盗罪・官人収賄罪に対する処罰規定が認められる。窃盗罪を犯した者に盗品の二倍の賠償を負わせるという比較的低額の定額的な賠償制に加え、流刑という中国王朝式の刑罰が認められる。また、官人収賄罪に対する処罰は盗品の三倍徴収に加え、終身禁錮（仕官禁止）という中国王朝式の刑罰が認められる。官人収賄罪の処罰規定に関しては、後漢の「原始律令」の影響が認められるが、窃盗罪に対する処罰規定は慣習法的性格を有している。

新羅の場合、窃盗罪に対しては身柄の拘束をともなう何らかの刑罰と、贓物の還収（徴収）が規定されていた。徴収する贓物の倍率は未詳であるが、百済にもこれに類似した規定があり、徴収する贓物の倍率は二～三倍とされている。中国北方の非定住社会の慣習法では、窃盗罪に対して比較的高い倍率で贓物を徴収すること、および新羅・百済両国が隣接しており、地形や気候などが農耕に最適であるという類似性を考えれば、徴収する贓物の倍率は新羅と百済のあいだでさほど差はなかったと思われる。

官人の職務関連犯罪については、君主に対する欺瞞罪、退軍罪、背公営私罪、官人収賄罪などに対する処罰規定の関連記録があり、後二者は犯罪の性格と刑罰が窃盗罪と類似し、前二者は死刑という点で類似する。特に退軍罪は高句麗・百済に、官人収賄罪は百済に類似した規定がある。それ以外に処罰規定ではないが、官人の職務関連規定として地方官の赴任規定、各官司への官印の支給、官人の休暇関連規定などがある。

新羅の法令における退軍罪の処罰は、曹魏までの中国律令と共通点が見られる。また、君主欺瞞罪に対する処罰は漢代の不道罪に類似している。背公営私罪・官人収賄罪の処罰は、後漢代の律令に類似している部分がある。官印の支給については、六七五年以前は漢代~魏晋南北朝の影響があったと推定される。官人の休暇関連規定については、漢律の影響も考えられるが、唐令の影響である可能性も無視できない。窃盗罪に対する処罰は、高句麗・百済のように定額的賠償制などの慣習法をそのまま成文化した規定であった可能性がある。

以上のように、朝鮮三国の法令における窃盗罪・官人収賄罪に関する史料では、窃盗罪・官人の職務関連犯罪の関係とその刑罰の変化に特徴があり、注目すべきである。以下、古代日本（主に七世紀）についても窃盗罪・官人の職務関連犯罪の関係とその刑罰の変化を中心に検討したいと思う。

B-1　凡そ竊盗、財を得ざるは笞五十とし、一尺は杖六十とし、一端ごとに一等を加え、五端は徒一年とし、五端ごとに一等を加え、五十端は加役流とす。[19]（『律』巻七　賊盗律　竊盗）

B-2　凡そ監臨の官、財を受けて法を枉ぐる者は、一尺は杖八十とし、二端ごとに一等を加え、卅端は絞とす。法を枉げざる者は、一尺は杖七十とし、三端ごとに一等を加え、卌端は加役流とす。[20]（同書巻三　職制律　監臨受財）

凡そ監臨する所の財物を貸す者は、坐贓をもって論ぜよ。若し百日還さずは、監臨する所の財物を受くるを以て論ぜよ。強いる者は、各二等加えよ。若し賣買乗利有らば、利を計えて、監臨の財物を乞い取るを以て論ぜよ。(21)（同　貸所監臨財物）

B-3　凡そ外官任に赴き、子弟年二十一以上ならば、自らに随うこと得ず。(22)（『令』巻八、公式令　外官赴任）

凡そ外任の官人は、親屬賓客を將て任所に往き、及び田宅を請け占めて、百姓と利争うこと得ず。(23)（同書巻一〇　雑令　外任官人）

B-4　天子の神璽。内印は、五位以上の位記及び諸國に下さるときの公文に、印せよ。外印は、六位以下の位記及び太政官の文案に、印せよ。諸司の印は、官に上る公文及び案・移・牒に、印せよ。諸國の印は、京に上る公文及び案・調物に、印せよ。(24)（同書巻八　公式令　天子神璽）

B-5　凡そ職事官、患して百二十日に經、及び親の患に縁りて、假二百日に滿ち、及び父母侍すべくは、並びに解官せよ。皆狀を具にして、太政官に申して奏聞せよ。(25)（同書巻五　選叙令　職事官患解）

B-6　其の俗に、人を殺すもの、強いて盗むもの及び姦せしものは、皆な死。盗みし者は贓を計りて物を酬わしめ、財無き者は身を没して奴と為す。自餘の輕重は、或いは流とし、或いは杖とす。(26)（『隋書』巻八一　倭国伝）

B-7　大化元年八月丙申朔庚子、東國等の國司を拜す。仍りて國司等に詔して曰わく、「…又た、國司等、國に在りて罪を判ること得じ。他の貨賂を取りて、民を貧苦きに致さしむること得じ。…介より以上、…法に違わば、當に爵位を降さむ。判官より以下、他の貨賂を取らば、二倍して之を徵り、遂に輕さ重さを以て罪を科せむ。…(27)」

二年三月辛巳、東國の朝集使等に詔して曰わく、「集侍《うこなはりはべ》る群卿大夫、及び國造・伴造、并《あわせ》て諸の百姓等、咸《ことごとく》に聴《うけたまわ》るべし。去年の八月を以て、朕親ら誨えて曰《のたま》いしく、『官の勢に因りて、公私の物を取ること莫《まな》。部内の食を喫うべし、部内の馬に騎るべし。若し誨うる所に違わば、次官より以上をば、其の爵位を降し、主典より以下をば、其の笞杖を決《さだ》めむ。己に入《い》れむ物をば、倍《あつつか》えて徴《はた》れ。』とのたまいき。詔既に斯の若し。…[28]」(『日本書紀』巻二五　孝徳紀)

B-8　七年四月辛巳、詔したまわく、「内藏寮允大伴男人、贓に坐し、位二階を降して、見任官を解け。典鎰置始多久と菟野大伴と、亦た贓に坐し、位一階を降して、見任官を解け。監物巨勢邑治は、物を己に入れずと雖も、情を知りて之を盗ましめたり。故、位二階を降して、見任官を解け。然れども置始多久は、壬申年の役に勤労しきこと有り。故、之を赦したまう。但し贓は律に依りて徴し納れよ。」とのたまう。[29](同書巻三

○　持統紀)

B-9　七年十月己酉、詔して曰わく、「凡そ内外の文武官、…正月の上旬より以前に、具に記して法官に送れ。則ち法官、校定めて、大辨官に申し送れ。然れども公事に縁りて、使を出さむ日に、其の眞病及び重服に非ずして、輕しく小故に縁りて辭れる者は、階を進むる例に在らず。[30]」とのたまう。(同書巻二九　天武紀)

四年四月庚申、詔して曰わく、「百官人及び畿内の人の、有位者は六年を限れ。無位者は七年を限れ。其の上日を以て、九等に選定めよ。四等より以上は、考仕令の依に、其の善最・功能、氏姓の大小を以て、量りて冠位を授けむ。…[31]」(同書巻三〇　持統紀)

B-1は窃盗罪に関する養老律の規定である。それによると、窃盗罪は犯罪者が贓の価格に基づき笞・杖または徒・流に処されている。贓の価格を数える単位を除けば、唐律と全く同様である。[32]

B-2は官人収賄罪・背公営私罪に関する養老律の規定である。それによると、官人収賄罪は贓の価格に基づき杖または徒・流に処されている。一見唐律と同様のように見えるが、贓の価格を数える単位以外にも異なる部分が少なからずあり、全般的に処罰が軽くなっている。[33]しかし、窃盗罪より官人収賄罪(特に枉法)のほうを重く処罰し、不

枉法も処罰することは、唐律と共通している。背公営私罪は利益を得た場合「乞取監臨財物（監臨の財物を乞い取る）」条によって処罰され、「乞取監臨財物」条（実は「受所監臨財物」条の乞取の場合）では笞・杖または徒・流に処されている。[34]一見唐律と同様のようだが、贓の価格を数える単位以外にも異なる部分が少なからずあり、全般的に処罰が軽くなっている。[35]

B-3は官人の地方赴任に関する養老令の規定である。それによると、官人は地方への赴任に際して親属・賓客や二一歳以上の子弟を連れて赴任することができない。これは管見の限り唐令に関連規定がないので、どこから由来したものか、検討すべきである。

B-4は官印に関する養老令の規定である。それによると、中央の諸司と地方の諸国にはそれぞれ官印があり、その用途が規定されているが、その材質・文句や製作主体などについては不明である。これに対して、唐令には朝廷が内外百司に銅印を支給する関連規定がある。[36]これについても日本固有の法令であるか朝鮮三国との類似性があるものか、検討する必要性がある。

B-5は官人の休暇と「解官」に関する養老令の規定である。それによると、職事官は病んで一二〇日を経過したり、父母の病で二〇〇日の休暇を使っても依然として侍奉すべきであったりする場合は、「解官」つまり現職を辞任すると規定されている。一見唐令と同様のように見えるが、「解官」するまでの休暇期間に若干の差異がある。[37]

B-6は七世紀初頭の事情を伝える史料で、中国王朝式刑罰体系を部分的に備える（傍線）など、慣習法から成文法に転化する過渡的状況を反映していると解される。[38]特に、窃盗罪に対する定額的賠償制（点線）が見られてB-1とは異なり、朝鮮三国の窃盗罪との比較も可能であろう。

B-7からは大化元年（六四五）における官人収賄罪に対する処罰として、介（次官）以上は爵位（冠位）を奪い、判官以下は贓の二倍を徴収し、罪の軽重に応じて処罰することがわかる。特に後者については大化二年（六四六）三月辛巳条に同様の内容を伝えつつ異なる記述があり、それによると判官は実は主典を指し別の処罰とは笞・杖である[39]。つまり、この時期の官人収賄罪に対する処罰は、高級官人に対しては冠位の剥奪、下級官人に対しては定額的賠償制に笞・杖が加えられたと考えられる。

B-8からは持統天皇七年（六九三）における「坐贓」罪に対する処罰として降階と免職に加えて贓の徴収が行われたことがわかる。「坐贓」罪は史料上では官人収賄罪か背公営私罪か区別できない。この時期になると、処罰における高級官人と下級官人との区別がなくなり、両方ともに定額的賠償制より降階と免職のほうに処罰の中心が移動すると考えられる。この降階・免職などの処罰はほかの刑罰の代わりに行われたいわゆる「官当」と見て大過なかろう。唐律における「官当」は刑罰の代わりに告身（任命状）を奪うことであるが、養老律に置いては告身ではなく位記を奪うようになっており、徒刑・流刑などの代わりに行われることが多かった。したがって、この「官当」は徒刑・流刑などの代わりに行われた可能性が高いので、法令上の処罰は徒刑・流刑などであったと考えられる。

B-9からは天武天皇七年（六七八）・持統天皇四年（六九〇）における考課関連規定の変遷がわかる。天武天皇七年の規定では、毎年法官を中心として考課を行うようになっており、特に病や服喪以外のことで勤務日が不足する者は官位を昇格させないことが注目される。次に持統天皇四年の規定では、有位者は六年、無位者は七年ごとに考課に基づき冠位を授けるようになっており、特に考課の基準として善最・功能・氏姓とともに上日すなわち勤務日が提示されていることが注目される。この規定によって実際に冠位を授けた最初の事例も認められる[40]。

B-1〜5にある養老律令の規定とB-6〜9にある七世紀の規定と実例を比較すると、類似する部分もあるが、異なる部分が少なくない。窃盗罪については、B-6の定額的賠償制からB-1の笞・杖または徒・流を中心とする処罰に変わっている。B-1にはないが、二倍の賠償という定額的賠償制の規定も別にあり、唐律とはほぼ同様である[41]。注目すべきことは、先述したように養老律が窃盗罪に対して唐律とほぼ同様に処罰しているにもかかわらず、赦免においては唐では窃盗罪がほとんどその対象に含まれるのに対して、日本ではその対象に含まれない場合が多かった[42]という点である。

官人収賄罪と背公営私罪については、B-7にある高級官人に対しては冠位の剝奪が、下級官人に対しては贓の二倍を賠償することに加えて笞・杖が科されることから、B-8にある徒刑・流刑の代わりの「官当」に加えて贓の賠償が科されることを経て、B-2にある贓の価格に基づき杖・徒・流（枉法は絞まで）に処されるように変わっている。B-2にはないが、贓の没官という定額的賠償制の規定も別にあり、唐律とはほぼ同様である[43]。

官人の地方赴任と官印については、B-3・4にある養老令の規定しか認められない。これらは『令集解』の注記を見れば大宝令の段階までさかのぼれると考えられるが[44]、それ以前はどのように規定されたか不明である。その内容は、官人は地方への赴任に際して親属・賓客や二一歳以上の子弟を連れて赴任することができず、中央の諸司と地方の諸国にはそれぞれ官印がありその用途が規定されている。

官人の休暇・解官と考課については、B-9にある考課の基準として勤務日が提示されており病や服喪以外のことで勤務日が不足する人は官位を昇格させないことから、B-5にある職事官は病んで一二〇日を経過したり父母の病で二〇〇日の休暇を使っても依然として侍奉すべきであったりする場合は、現職を辞任することに変わっている。B-5も『令集解』の注記を見れば大宝令の段階までさかのぼれると考えられるが[45]、それ以前はどのように規定されたか不明である。したがって、B-5の規定はB-9のような勤務日数に関する規定が整備される過程で最終的に定められたものではないかと思われる。

第三節　朝鮮三国法令との類似性

以上の検討結果をみれば、殺人罪・官人の地方赴任・官印の支給などは七世紀における日本の事情が不明であるため、官人の休暇関連規定は逆に七世紀までの朝鮮三国の事情が不明であるため、朝鮮三国と七世紀日本との比較ができない状態である。また、窃盗罪は七世紀における日本の規定が具体的ではないため、朝鮮三国と七世紀日本との比較が難しい状態である。しかし、これらは八世紀の日本と朝鮮三国との比較によって少しでも七世紀の状態が推定できる余地があると思われる。さらに、謀反罪・官人収賄罪・背公営私罪などは七世紀においても八世紀においても朝鮮三国と日本との比較ができる状態である。したがって、この三つの規定を先に検討することにする。

まず、謀反罪に対する処罰は、養老律の段階にも唐律と異なる部分が少なからず、むしろ七世紀の朝鮮三国のそれに類似する部分が多いと思われる。謀叛罪に対しては、養老律と唐律がほぼ同様であり、朝鮮三国では「謀反」・「謀叛」の区別があまり行われていないと見なされるので、本章では検討しないことにする。

謀反罪に対する主犯の斬刑（または死刑）は、古代日本と朝鮮三国の法令でも唐律でも養老律でも共通しているが、縁坐者の処罰は各々やや異なる。養老律では女性の縁坐刑が行われていないが、これは先述したように日本固有の親族制度によるものなので、比較の対象から除外する。問題は男性の縁坐刑であるが、唐律では成年父子が絞刑、未成年の子・祖父・孫が籍没、伯叔父・兄弟が流三千里に処されるのに対し、養老律では父子が籍没、祖父・孫が遠流に、朝鮮三国の法令では一家の男性が籍没に処されている(46)。

問題は「一家」つまり「家」の範囲がどこまでかということである。高句麗・百済の法令における籍没は、『周書』・『旧唐書』の外国列伝に記されており、そこには「家」の範囲については記述されていないが、同書の「籍沒其家」などの用例からは、その赦免の対象として主に「妻子」があげられていることがわかる[47]。また、秦漢以降の中国王朝における「家」の範囲は父母・夫婦・子女であり、結婚した兄弟は別居することが一般的であることを考えれば、「妻子」以外に「父母」も籍没の対象になりうる。その場合、籍没に処される縁坐者の範囲は主犯の父母・妻妾・子女になり、男性のみを考えれば養老律と一致するようになるが、先述したように古代日本においては妻に対する認識や妻妾の区別などが中国王朝と異なり、親族制度における女性の位置づけに差異があるためである。

さらに、七世紀日本における謀反罪の処罰は、その事例から見て主犯の死刑に縁坐者の族刑と推定され、先述した唐律とは異なる部分が多い。これに対して六世紀以前における百済の法令では先述したように七世紀日本と同様であり、新羅の法令でも既遂の反（叛）罪はほぼ同様であると推定される。ただし、六世紀以前における高句麗の法令では縁坐刑が未詳であるため、比較ができない。つまり、七世紀日本における謀反罪の処罰は百済または新羅との類似性が高いが、既遂と未遂の処罰が異なったと推定される新羅よりは、そのような区別が認められない百済との類似性が高いのではなかろうか。表補‐1からは、各種の制度整備において新羅の影響が強くなる天武・持統期（六七二〜六九七）[49]より早い時期の③〜⑤に縁坐者の族刑とも考えられる事例があり、その時期には百済との文物交流が活発であったことからも傍証できると考えられる。

次に、官人収賄罪に対する処罰は、養老律の段階には唐律とほぼ同様であるため、朝鮮三国と比較する必要はあまりないと考えられる。七世紀日本における官人収賄罪の処罰は、高級官人に対しては冠位の剝奪が、下級官人に対しては贓の二倍を賠償することに加えて笞・杖が科されることから、徒刑・流刑の代わりの「官当」に加えて贓の没官が科されるように変わったと推定される。これに対して、朝鮮三国における官人収賄罪に対する処罰は、先述したように高句麗では確認できず新羅では連坐者の禁錮が確認できるだけであり、七世紀日本との比較ができない状態である。一方、百済の法令では三倍の賠償に加えて終身禁錮に処されることがわかり、七世紀日本との比較ができる。

古代日本の場合、賠償制の面では二倍から倍数未詳に変わっており、刑罰の面では冠位の剥奪または笞刑・杖刑から徒刑・流刑の代わりの「官当」が科されるように変わっているので、根本的な変化があったとは考えがたい。特に冠位の剝奪も「官当」も免職と一定期間の仕官禁止を前提とするため、終身禁錮を規定している百済の法令と類似性がある。

問題は百済の法令における官人収賄罪の処罰には笞・杖・徒・流などの刑罰が認められず、賠償の倍数にも二倍と三倍という差異があるので、仕官禁止だけでは両国の法令における類似性を裏づけがたい。ところで、六世紀の百済における窃盗罪の処罰は流刑に二倍の賠償が加えられるので、七世紀日本における官人収賄罪の処罰とほぼ同様である。ちなみに、流刑という部分は最も重い処罰を代表的な例としてあげただけで、実際には徒刑以下の処罰も行われた可能性がある。さらに、七世紀の百済において官人収賄罪と窃盗罪の処罰が同様であることを考えれば、六世紀の百済においても両罪の処罰が同様であったり両罪の区別そのものが行われずともに「盗罪」の範疇に含まれたりする可能性もうかがえる。なぜならば、官人収賄罪も「不正な利益を取得する」という側面では「広義の盗罪」に含まれるので、法令における最初の段階から盗罪と別の範疇であったとは考えがたいためである。

次に、背公営私罪に対する処罰は、養老律の段階には唐律とほぼ同様であるため、朝鮮三国と比較する必要はあまりないと考えられる。古代日本における背公営私罪の処罰は、徒刑・流刑の代わりの「官当」に加えて贓の没官が科されたと推定される。これに対して、朝鮮三国における背公営私罪に対する処罰は、高句麗・百済の法令では確認できず、古代日本との比較ができない状態である。一方、新羅の実例では杖刑に加えて流刑が行われており、史料には見えないが贓の没官も行われたと推定される。杖刑の施行と杖刑・流刑の並行はやや異なるが、流刑に加えて贓の没官が行われた点は類似するので、背公営私罪に対する処罰における新羅との類似性を認めることができよう。

また、八世紀における比較しかできないために残されていた、殺人罪・窃盗罪の処罰と官人の地方赴任・官印の支給・官人の休暇関連規定を検討する。殺人罪の場合は、犯罪者の斬刑（または死刑）という部分は朝鮮三国の法令でも唐律でも養老律でも共通するが、朝鮮三国の法令には未遂者に対する処罰規定が確認できず、贖罪規定も百済の法令における奴婢三口しか見られない。一方、養老律と唐律はともに未遂者に対する処罰規定があり、贖罪規定も銅で数えるという共通性がある。(50) したがって、殺人罪に対する処罰規定からは朝鮮三国との類似性を認めがたい。ただし、先述したように、養老律における殺人罪に対する処罰規定は未遂者に対する処罰が唐律より軽い一方、むしろ贖罪規定における納付すべき銅の数は多いので、唐律の影響よりは日本固有の要素が色濃く見える。

窃盗罪の場合は、先述したように養老律の処罰規定が唐律のそれと全く同じであるため、朝鮮三国との類似性を考慮する余地があまりない。ただし、七世紀日本の法令が定額的賠償制の存在以外にはほぼ未詳であるため、今後新しい史料の発見によって、賠償制などの面から朝鮮三国と比較する余地が生じる可能性も否定できない。

官人の地方赴任に関する規定は、管見の限り養老令と新羅の法令にしか認められない。しかし、新羅の法令では家族を連れて赴任することを許可しているのに対して、養老令では二〇歳以下の子弟以外には連れて赴任することを禁止している。関連規定が存在し一部でも連れて赴任することを許可している点においては新羅との類似性もうかがえるが、ほぼ正反対の内容になっているので、日本固有の要素が色濃く見える。

官印の支給に関する規定は、高句麗・百済・七世紀日本の法令では確認できない。先述したように新羅の法令と唐令の関連規定は銅印の支給という点からほぼ同様であり、養老令の関連規定は官印の存在以外には不明な点が多いので、比較しがたい状態である。

最後に、官人の休暇関連規定は、高句麗・百済の法令では確認できない。新羅の法令でも八世紀半ばになってから確認できるので、それが八世紀前半の養老令に影響を及ぼした可能性はあまりない。したがって、養老令の休暇関連規定は七世紀日本における勤務日関連規定の発展過程による結果に基づき、唐令を一部変容したと考えられる。

以上の検討結果をまとめれば、七世紀日本の法令における謀反罪・官人収賄罪・背公営私罪の処罰規定には朝鮮三国との類似性が認められる。特に、謀反罪の処罰規定は養老律の段階までも朝鮮三国との類似性が見られる。この場合、謀反罪は高句麗・百済、官人収賄罪は百済、背公営私罪は新羅との類似性が高いと考えられる。

一方、養老律における殺人罪・窃盗罪の処罰規定には朝鮮三国との類似性があまり見られない。この場合、殺人罪は日本固有の要素が、窃盗罪は唐律の影響が色濃く、官人の地方赴任・官印の支給には一部朝鮮三国との類似性が見えつつも日本固有の要素がより色濃いものと判断できる。

つまり、謀反罪・官人収賄罪・背公営私罪など政府機構関連の刑法における処罰規定には朝鮮三国との類似性が認められるが、殺人罪・窃盗罪など民間社会関連の刑法における処罰規定や官人の地方赴任・官印の支給・官人の休暇関連規定など行政法には朝鮮三国との類似性があまり認められず、唐律令の影響や日本固有の要素が濃厚である。ただし、殺人罪・官人の地方赴任・官印の支給などは養老律令との比較による結論であるので、今後七世紀日本の法令における関連規定が発見された場合、検討の余地がある。窃盗罪・官人の休暇関連規定も現存する七世紀日本の法令における関連規定が比較するには不十分であるので、同様である。

おわりに

以上、本章では七世紀日本の律令におけるいわゆる「朝鮮三国起源説」と「隋唐起源説」の当否を判定するため、古代日本の律令と朝鮮三国の法令のうち、謀反罪・殺人罪・窃盗罪・官人の職務関連犯罪に対する処罰規定を主に取り上げ比較検討した。

朝鮮三国の法令と七世紀日本の律令を比較検討した結果、謀反罪・官人収賄罪・背公営私罪など政府機構関連の刑法における処罰規定には朝鮮三国との類似性が認められるが、殺人罪・窃盗罪など民間社会関連の刑法における処罰規定や官人の地方赴任・官印の支給・官人の休暇関連規定など行政法には朝鮮三国との類似性があまり認められず、唐律令の影響や日本固有の要素が色濃く見える。

ただし、殺人罪・官人の地方赴任・官印の支給などは養老律令との比較による結論であるので、今後七世紀日本の法令における関連規定がみつかると検討の余地がある。窃盗罪・官人の休暇関連規定も現存する七世紀日本の法令における関連規定が比較するには不十分であるので、同様である。

本章の検討結果によると、これまで対立してきた「朝鮮三国起源説」と「隋唐起源説」のどちらも一方が妥当であるとは言えず、政府機構関連の刑法における処罰規定においては「朝鮮三国起源説」が、行政法においては「隋唐起源説」が妥当であり、民間社会関連の刑法における処罰規定においては日本固有の要素が色濃く見える状況である。

ただし、本章には、ごく一部の律令を比較検討しただけで、古代東アジアにおける律令の伝播と変容を論じているという点で限界があることも事実である。また、紙面と時間の関係上、法令を受容した経路までは検討することができなかった限界もある。そのような危険性をできる限り避けるためには、朝鮮三国における中国王朝の律令の影響を明らかにしたうえで、比較検討の対象を増やすことが必要である。そのために、今後はさらに中央官制・地方行政制度なども比較検討するつもりである。

註

（1）本章では主に七世紀における日本の律令と朝鮮三国の律令を比較したい。ただし、七世紀における日本の律令に関する史料に、朝鮮三国の律令と比較できるものがない場合には、やむをえず八世紀の大宝・養老律令をその代わりに参照することにする。また、七世紀における日本の律令と新羅との類似性を検討するために、比較対象となる新羅の律令も原則的に七世紀までのものとする。

（2）以下、「朝鮮三国起源説」と「隋唐起源説」については、坂上康俊「古代東アジア国際秩序の再編と日韓関係」『第二期日韓歴史共同研究報告書：第一分科会篇』（日韓歴史共同研究委員会、二〇一〇年）、三二〇〜三二二頁を参照した。ただし、「朝鮮三国起源説」と「隋唐起源説」という名称は筆者が議論展開の便宜上付けたものである。

（3）本書の第一部を参照。

（4）本章で比較・検討する殺人罪とは、養老律の故殺に該当する故意殺人である。故殺以外に養老律の闘殺・過失殺は死刑までいたっておらず、朝鮮三国の殺人罪が死刑に処されることと異なるためである。朝鮮三国の殺人罪に故殺と闘殺・過失殺の区別があったのかは不明であるため、闘殺・過失殺も死刑に処された可能性があるが、朝鮮三国が中国王朝の影響下で成文法を制定したことを考えれば、そのような可能性は低いと思われる。

（5）以下、『日本書紀』を検討する際には坂本太郎など校注『日本書紀（下）』（岩波書店、一九六五年）を、養老律令には律令研究會編『譯註日本律令二・三：律本文篇上・下』（東京堂出版、一九七五年）、井上光貞など校注『律令』（岩波書店、一九七六年）をそれぞれ参照した。史料の中で〈 〉を付けた部分は割注である。

（6）凡謀反及大逆者、皆斬。父子若家人・資財・田宅、並沒官。年八十及篤疾者、並免。祖孫・兄弟、皆配遠流。不限籍之同異。（『律』巻七　賊盗律　謀反大逆）

（7）凡謀叛者、絞。已上道者、皆斬、子中流。（『律』巻七　賊盗律　謀叛）

（8）凡謀殺人者、徒二年。已傷者、近流。已殺者、斬。（『律』巻七　賊盗律　殺人）

（9）大化元年九月戊辰、古人皇子、與蘇我田口臣川掘・物部朴井連椎子・吉備笠臣垂・倭漢文直麻呂・朴市秦造田來津、謀反。丁丑、吉備笠臣垂、自首於中大兄曰、「吉野古人皇子、與蘇我田口臣川掘等謀反。臣預其徒。」中大兄、即使菟田朴室古・高麗宮知、將兵若干、討古人大市皇子等。〈或本云、「十一月甲午卅日、中大兄、使阿倍渠曾倍臣・佐伯部子麻呂二人、將兵卅人、攻古人大兄、斬古人大兄與子。其妃妾、自經死。」或本云、「十一月、吉野大兄王、謀反、事覺伏誅也。」〉（『日本書紀』巻二五　孝徳紀）

（10）大化五年三月戊辰、蘇我臣日向、譖倉山田大臣於皇太子曰、「僕之異母兄麻呂、伺皇太子遊於海濱、而將害之。將反其不久。」皇太子、信之。天皇、使大伴狛連・三國麻呂公・穗積嚙臣於蘇我倉山田麻呂大臣所、而問反之虛實。…天皇、乃將興軍、圍大臣宅。…己巳、…大臣、…誓訖、自經而死。妻子殉死者八。…庚午、山田大臣之妻子及隨身者、自經死者衆。…是夕、…喚物部二田造鹽、使斬大臣之頭。…甲戌、坐蘇我山田大臣、而被戮者、田口臣筑紫・耳梨道德・高田醜雄・額田部湯坐連・秦吾寺等、凡十四人。被絞者九人、被流者十五人。（『日本書紀』巻二五　孝徳紀）

（11）四年十一月庚辰朔壬午、留守官蘇我赤兄臣、語有間皇子曰、「天皇所治政事、有三失矣。…」有間皇子、乃知赤兄之善己、而欣然報答之曰、「吾年始可用兵時矣。」甲申、有間皇子、向赤兄家、登樓而謀。夾膝自斷。於是、知相之不祥、俱盟而止。皇子歸而宿之。是夜半、赤兄、遣物部朴井連鮪、率造宮丁、圍有間皇子於市經家、便遣驛使、奏天皇所。戊子、捉有間皇子與守君大石・坂合部連藥・鹽屋連鯯魚、送紀溫湯。舍人新田部米麻呂、從焉。於是、皇太子、親問有間皇子曰、「何故謀反。」答曰、「天與赤兄知。吾全不解。」庚寅、遣丹比小澤連國襲、絞有間皇子於藤白坂。是日、斬鹽屋連鯯魚・舍人新田部連米麻呂於藤白坂。…流守君大石於上毛野國、坂合部藥於尾張國。（『日本書紀』巻二六　齊明紀）

（12）元年七月癸丑、諸將軍等、悉會於筱浪、而探捕左右大臣及諸罪人等。乙卯、將軍等、向於不破宮。因以捧大友皇子頭、獻于營前。八月庚申朔甲申、命高市皇子、宣近江群臣犯狀。則重罪八人坐極刑。仍、斬右大臣中臣連金於淺井田根。是日、左大臣蘇我臣赤兄・大納言巨勢臣比等及子孫、幷中臣連金之子、蘇我臣果安之子、悉配流。以餘悉赦之。（『日本書紀』巻二八　天武紀上）

（13）朱鳥元年九月辛酉、殯于南庭、卽發哀。當是時、大津皇子、謀反於皇太子。（『日本書紀』巻二九　天武紀下）

（14）朱鳥元年冬十月戊辰朔己巳、皇子大津、謀反發覺。逮捕皇子大津、幷捕爲皇子大津所詿誤直廣肆八口朝臣音橿・小山下壹伎連博德、與大舍人中臣朝臣麻呂・巨勢朝臣多益須・新羅沙門行心及帳內礪杵道作等、三十餘人。庚午、賜死皇子大津於譯語田舍。…丙申、詔曰、「皇子大津、謀反。詿誤吏民・帳內不得已。今皇子大津、已滅。從者、當坐皇子大津者、皆赦之。但礪杵道作流伊豆。」又詔曰、「新羅沙門行心、與皇子大津謀反、朕不忍加法。徙飛驒國伽藍。」（『日本書紀』巻三〇　持統紀）

（15）諸謀反及大逆者、皆斬。父子年十六以上、皆絞。十五以下及母女・妻妾・祖孫・兄弟・姉妹若部曲・資財・田宅、並沒官。男夫年八十及篤疾・婦人年六十及癈疾者、並免。伯叔父・兄弟之子、皆流三千里。不限籍之同異。（『唐律疏議』巻一七　賊盜律　謀反大逆）　諸謀叛者、絞。已上道者、皆斬、妻子流二千里。（同　謀叛）

（16）諸謀殺人者、徒三年。已傷者、絞。已殺者、斬。（『唐律疏議』巻一七　賊盜律　謀殺人）

（17）『日本書紀』は初期から王権が強かったことを示すために、成文法頒布以前の処罰も頒布以降のそれに基づいて記された可能性がある。したがって、成文法頒布前後における謀反罪の処罰に差異があまり見られないことは、このような史料の性格に起因する可能性があるので、成文法頒布以前の事例も参考になるであろう。

(18) 松田恵美子「縁坐を通じてみた日本・中国の法比較（一）・（二）」『法学論叢』一二七－二・六、一九九〇年。

(19) 凡竊盜、不得財笞五十、一尺杖六十、一端加一等、五端徒一年、五端加一等、五十端加役流。（『律』巻七　賊盜律　竊盜）

(20) 凡監臨之官、受財而枉法者、一尺杖八十、二端加一等、卅端絞。不枉法者、一尺杖七十、三端加一等、卌端加役流。（『律』巻三　職制律　監臨受財）

(21) 凡貸所監臨財物者、坐贓論。若百日不還、以受所監臨財物論。強者、各加二等。若賣買有乗利者、計利、以乞取監臨財物論。（『律』巻三　職制律　貸所監臨財物）

(22) 凡外官赴任、子弟年廿一以上、不得自隨。（『令』巻八　公式令　外官赴任）

(23) 凡外任官人、不得將親屬賓客往任所、及請占田宅、與百姓爭利。（『令』巻一〇　雑令　外任官人）

(24) 天子神璽。内印、五位以上位記及下諸國公文、則印。外印、六位以下位記及太政官文案、則印。諸司印、上官公文及案・移・牒、則印。諸國印、上京公文及案・調物、則印。（『令』巻八　公式令　天子神璽）

(25) 凡職事官、患經百廿日　、及縁親患、假滿二百日、及父母合侍者、並解官。皆具状、申太政官奏聞。（『令』巻五　選叙令　職事官患解）

(26) 其俗、殺人、強盜及姦、皆死。盜者計贓酬物、無財者沒身爲奴。自餘輕重、或流、或杖。（『隋書』巻八一　倭国伝）

(27) 大化元年八月丙申朔庚子、拜東國等國司。仍詔國司等曰、「…又、國司等、在國不得判罪。不得取他貨賂、令致民於貧苦。…介以上、…違法、當降爵位。判官以下、取他貨賂、二倍徴之、遂以輕重科罪。…」（『日本書紀』巻二五　孝徳紀）

(28) 二年三月辛巳、詔東國朝集使等曰：「集侍群卿大夫、及國造・伴造、幷諸百姓等、咸可聽之。以去年八月、朕親誨曰：『莫因官勢、取公私物。可喫部内之食、可騎部内之馬。若違所誨、次官以上、降其爵位、主典以下、決其笞杖。入己物者、倍而徴之。』詔既若斯。…」（『日本書紀』巻二五　孝徳紀）

(29) 七年四月辛巳、詔、「内藏寮允大伴男人、坐贓、降位二階、解見任官。典鎰置始多久與菟野大伴、亦坐贓、降位一階、解見任官。監物巨勢邑治、雖物不入於己、知情令盜之。故、降位二階、解見任官。然置始多久、有勤勞於壬申年役之。故、赦之。但贓者依律徴納。」（『日本書紀』巻三〇　持統紀）

(30) 七年十月己酉、詔曰、「凡内外文武官、…正月上旬以前、具記送法官。則法官、校定、申送大辨官。然縁公事、以出使之日、其非眞病及重服、輕緣小故而辭者、不在進階之例。」（『日本書紀』巻二九　天武紀）

(31)四年四月庚申、詔曰、「百官人及畿内人、有位者限六年。無位者限七年。以其上日、選定九等。四等以上者、依考仕令、以其善最・功能、氏姓大小、量授冠位。…」(『日本書紀』巻三〇　持統紀)

(32)諸竊盗、不得財笞五十、一尺杖六十、一疋加一等、五疋徒一年、五疋加一等、五十疋加役流。(『唐律疏議』巻一九　賊盗律　窃盗)

(33)諸監臨主司、受財枉法者、一尺杖一百、一疋加一等、十五疋絞。不枉法者、一尺杖九十、二疋加一等、三十疋加役流。(『唐律疏議』巻一一　職制律　監臨受財)

(34)凡監臨之官、受所監臨財物者、一尺笞卅、一端加一等、十端徒一年、十端加一等、七十端近流。與者減五等、罪止杖一百。乞取者、加一等。强乞取者、準枉法論。(『律』巻三　職制律　受所監臨財物)

(35)諸貸所監臨財物者、坐贓論。若百日不還、以受所監臨財物論。强者、各加二等。若賣買有剩利者、計利、以乞取監臨財物論。(『唐律疏議』巻一一　職制律　貸所監臨財物)

諸監臨之官、受所監臨財物者、一尺笞四十、一疋加一等、八疋徒一年、八疋加一等、五十疋流二千里。與者減五等、罪止杖一百。乞取者、加一等。强乞取者、準枉法論。(『唐律疏議』巻一一　職制律　受所監臨財物)

(36)凡内外百司、皆給銅印一鈕。(『唐令拾遺』巻二一　公式令)この逸文の典拠は『唐六典』巻四　礼部郎中・員外郎である。

(37)諸職事官、身有疾病滿百日、若所親疾病滿二百日、及當侍者、並解官。申省以聞。(『唐令拾遺』巻一一　選挙令)この逸文の典拠は『唐六典』巻二　吏部侍郎である。

(38)石母田正『日本古代国家論第一部』(岩波書店、一九七三年)、一八〇～一八三頁。石母田は十七条憲法を日本最初の成文法として想定している。

(39)同様の内容を引用している大化二年(六四六)三月辛巳条では「判官」が「主典」になっており、この時期にはまだ地方に判官が存在しなかった(坂本太郎など校注前掲註5書、二七四頁の注6・8)。

(40)十一年(六九七)夏四月丙寅朔己巳、授滿選者、淨位至直位、各有差。(『日本書紀』巻三〇　持統紀)

(41)凡彼此倶罪之贓〈謂計贓爲罪者。〉、及犯禁之物、則沒官〈若盗人所盗之物、倍贓亦沒官。〉。取與不和〈雖和、與者無罪。〉、若乞索之贓、並還主。(『律』巻一　名例律上　彼此倶罪之贓)諸彼此倶罪之贓〈謂計贓爲罪者。〉、及犯禁之物、則沒官〈若盗人所盗之物、倍贓亦沒官。〉。取與不和〈雖和、與者無罪。〉、若乞索之贓、並還主。(『唐律疏議』巻四　名例律　彼此倶罪之贓)名例律下の「以贓入罪」は逸文しか残っておらず、その逸文は唐律とほぼ同様であるため、唐律を参照して

も大過なかろう。諸以贓入罪、正贓見在者、還官・主。已費用者、死及配流勿徴、餘皆徴之〈盗者、倍備。〉。（同　以贓入罪）

（42）唐律においては、「十悪」という社会倫理に背く十大犯罪のみが赦免の対象に含まれず、ほかの犯罪はほとんどその対象に含まれることが原則であった。古代日本では天武期までは窃盗罪も赦免の対象に含まれていたようであるが［十三年（六八四）夏四月壬子朔丙辰、徒罪以下、皆免之。（『日本書紀』巻二九　天武紀）］、浄御原律令の頒布（六八九）以降、窃盗罪がその対象に含まれないようになったことが史料から認められる［五年（六九一）六月己未、大赦天下。但盗賊不在赦例。…六年（六九二）三月壬午、賜所過神郡、及伊賀・伊勢・志摩國造等冠位。幷免今年調役、復免供奉騎士・諸司荷丁・造行宮丁今年調役、大赦天下。但盗賊不在赦例。…秋七月甲午朔乙未、大赦天下。但十悪・盗賊、不在赦例。（以上『日本書紀』巻三〇　持統紀）］。このようなことは、大宝律令の頒布（七〇一）以降も『続日本紀』などに頻繁に見える。

（43）前掲註34史料に関する『令義解』の該当部分には「彼此倶罪之贓」について、「受財枉法、不枉法、及受所監臨財物、幷坐贓罪、依法與罪者、亦各得罪。此名彼此倶罪之贓。」と注記している。これによると、官人収賄罪も背公営私罪も前掲註41史料によって「彼此倶罪之贓」に含まれ、贓のみを没官することになる。

（44）『令集解』の「古記」は大宝令の注釈であると考えられる。「外官赴任」条の「古記」は、「問、子弟不得自隨、未知。父母・妻妾、若爲處分。答、文制年廿一以上。祖父母・父母・妻妾・家人・奴婢、不限年多少、幷子弟年廿以下皆隨之。」（『令集解』巻三六　公式令　外官赴任）とある。「天子神璽」条の「古記」は、「諸司印」の部分にはなく、「諸國印」の部分に「注、過所符者、隨便用竹木。謂和銅八年五月一日格云、自今以後、諸國過所、宜用國印也。」（『令集解』巻三四　公式令　天子神璽）とあるので、大宝令の内容も同様であったと考えられる。ただし、雑令「外任官人」条は『令集解』の現行本には見えない部分であるため、「古記」が確認できない。

（45）該当条文の「古記」は「患經百廿日」の部分に「患經百廿日、謂毎假日併計滿數也。」とあり、「父母合侍者」の部分に「問、父母合侍者並解官。又名例律、祖父母・父母合侍。委親之官、免所居官、若爲分析。答、律之外任制、故稱祖父母・父母也。令在京諸司制、故云父母也。其祖父母者、帯官侍養耳。」（以上『令集解』巻一七　選叙令二　職事官患解）とあるので、大宝令の内容も同様であったと考えられる。

（46）ただし、新羅の場合は先述したように未遂である謀反（叛）罪にのみ該当し、既遂である反（叛）罪には該当しないと推定される。

（47）『旧唐書』では劉世讓（巻六九）、李多祚（巻一〇九）などの事例がある。

(48) 鈴木直美『中国古代家族史研究』(刀水書房、二〇一二年)、二〇九～二一四頁を参照。
(49) 李成市「新羅文武・神文王代の集権政策と骨品制」『日本史研究』五〇〇、二〇〇四年。
(50) 死刑二：絞。斬。〈贖銅一百二十斤。〉(『唐律疏議』巻一　名例律　死刑) 死罪二。〈絞・斬二死。贖銅各二百斤。〉(『律』巻一　名例律　死罪)

引用参考文献一覧

（一）書籍

日文（編著者名五十音順）

浅見倫太郎『朝鮮法制史稿』（巖松堂書店、一九二二年）
石母田正『日本古代国家論 第一部――官僚制と法の問題』（岩波書店、一九七三年）
井上秀雄『新羅史基礎研究』（東出版、一九七四年）
井上光貞他校注『律令』（岩波書店、一九七六年）
上原専禄編『日本国民の世界史』（岩波書店、一九六〇年）
内田智雄編『譯注 中國歴代刑法志』（創文社、一九六四年）
内田智雄編『譯注 続中國歴代刑法志』（創文社、一九七一年）
王勇華『秦漢における監察制度の研究』（朋友書店、二〇〇四年）
大庭脩『秦漢法制史の研究』（創文社、一九八二年）
小尾孟夫『六朝都督制研究』（渓水社、二〇〇一年）
片岡一忠『中国官印制度研究』（東方書店、二〇〇八年）
加藤繁『支那經濟史考證』上（東洋文庫、一九五二年）
金子宏・新堂幸司・平井宜雄編『法律学小辞典（第四版補訂版）』（有斐閣、二〇〇八年）
鎌田重雄『漢代史研究』（川田書房、一九四九年）
鎌田重雄『秦漢政治制度の研究』（日本学術振興会、一九六二年）
紙屋正和『漢時代における郡県制の展開』（朋友書店、二〇〇九年）

鬼頭清明『日本古代国家の形成と東アジア』(校倉書房、一九七六年)
木村誠『古代朝鮮の国家と社会』(吉川弘文館、二〇〇四年)
窪添慶文『魏晋南北朝官僚制研究』(汲古書院、二〇〇三年)
栗原朋信『秦漢史の研究』(吉川弘文館、一九六〇年)
気賀澤保規『府兵制の研究――府兵兵士とその社会』(同朋舎、一九九九年)
小嶋茂稔『漢代国家統治の構造と展開――後漢国家論研究序説』(汲古書院、二〇〇八年)
坂本太郎他校注『日本書紀』下(岩波書店、一九六五年)
滋賀秀三『中国法制史論集――法典と刑罰』(創文社、二〇〇三年)
末松保和『新羅の政治と社会』下(吉川弘文館、一九九五年)
陶安あんど『秦漢刑罰体系の研究』(創文社、二〇〇九年)
鈴木直美『中国古代家族史研究――秦律・漢律にみる家族形態と家族観』(刀水書房、二〇一二年)
高村武幸『漢代の地方官吏と地域社会』(汲古書院、二〇〇八年)
竹内昭夫・松尾浩也・塩野宏編『新法律学辞典(第三版)』(有斐閣、一九八九年)
張晋藩著、真田芳憲監修、何天貴・後藤武秀訳『中国法制史』(中央大学出版部、一九九三年)
礪波護『唐代政治社会史研究』(同朋舎、一九八六年)
冨谷至『秦漢刑罰制度の研究』(同朋舎、一九九八年)
中田薫『法制史論集(四)』(岩波書店、一九六四年)
仁井田陞『中国法制史研究 刑法』(東京大学出版会、一九五九年)
西嶋定生著・李成市編『古代東アジア世界と日本』(岩波書店、二〇〇〇年)
西田太一郎『中国刑法史研究』(岩波書店、一九七四年)
濱口重國『秦漢隋唐史の研究』下(東京大学出版会、一九六六年)

廣瀬薫雄『秦漢律令研究』（汲古書院、二〇一〇年）
廣瀬憲雄『東アジアの国際秩序と古代日本』（吉川弘文館、二〇一一年）
福井重雅『漢代官吏登用制度の研究』（創文社、一九九八年）
堀敏一『律令制と東アジア世界』（汲古書院、一九九四年）
水間大輔『秦漢刑法研究』（知泉書館、二〇〇七年）
宮崎市定『九品官人法の研究――科挙前史』（同朋舎、一九七四年）
森本淳『三国軍制と長沙呉簡』（汲古書院、二〇一二年）
山本隆義『中国政治制度の研究――内閣制度の起原と発展』（同朋舎、一九六八年）
李成市『古代東アジアの民族と国家』（岩波書店、一九九八年）
李成市『東アジア文化圏の形成』（山川出版社、二〇〇〇年）
律令研究会編『譯註日本律令二：律本文篇上巻』（東京堂出版、一九七五年）
律令研究会編『譯註日本律令三：律本文篇下巻』（東京堂出版、一九七五年）
律令研究会編『譯註日本律令五：唐律疏議譯註篇一』（東京堂出版、一九七九年）
律令研究会編『譯註日本律令六：唐律疏議譯註篇二』（東京堂出版、一九八四年）
律令研究会編『譯註日本律令七：唐律疏議譯註篇三』（東京堂出版、一九八七年）
律令研究会編『譯註日本律令八：唐律疏議譯註篇四』（東京堂出版、一九九六年）
渡辺信一郎『中国古代国家の思想構造――専制国家とイデオロギー』（校倉書房、一九九四年）
渡辺信一郎『天空の玉座――中国古代帝国の朝政と儀礼』（柏書房、一九九六年）

ハングル（編著者名ハングル順）

国立昌原文化財研究所『韓国의古代木簡』（二〇〇四年）

権五重『요동왕국과동아시아』（嶺南大学校出版部、二〇一二年）
金瑛河『韓国古代社会의軍事와政治』（高麗大学校民族文化研究院、二〇〇二年）
金瑛河『한국고대사의인식과논리』（成均館大学校出版部、二〇一二年）
金賢淑『고구려의영역지배방식연구』（모시는사람들、二〇〇五年）
盧鏞弼『新羅高麗初政治史研究』（韓国史学、二〇〇七年）
盧重国『百済政治史研究』（一潮閣、一九八八年）
盧泰敦『고구려사연구』（四季節、一九九九年）
朴漢済『中国中世胡漢体制研究』（一潮閣、一九八八年）
山本孝文『三国時代律令의考古学的研究』（書景文化社、二〇〇六年）
余昊奎『고구려초기정치사연구』（新書苑、二〇一四年）
呉永賛『낙랑군연구』（四季節、二〇〇六年）
李基東『新羅骨品制社会와花郎徒』（一潮閣、一九八四年）
李基白『新羅政治社会史研究』（一潮閣、一九七四年）
李仁哲『新羅政治制度史研究』（一志社、一九九三年）
鄭東俊『동아시아속의백제정치제도』（一志社、二〇一三年）
朱甫暾『新羅地方統治体制의整備過程과村落』（新書苑、一九九八年）
池培善『中世東北亜史研究――慕容王国史』（一潮閣、一九八六年）
池培善『中世中国史研究――慕容燕과北燕史』（延世大学校出版部、一九九八年）
河日植『신라집권관료제연구』（慧眼、二〇〇六年）
韓国古代社会研究所編『訳註韓国古代金石文』一～三（駕洛国史蹟開発研究院、一九九二年）
韓国精神文化研究院『訳註三国史記』一～五（一九九七年）

中文（編著者名ピンイン順）
程樹徳『九朝律考』（中華書局、一九六三年、初版は一九二七年）
廖伯源『秦漢史論叢』（中華書局、二〇〇八年）
李俊芳『晋朝法制研究』（人民出版社、二〇一二年）
厳耕望『中国地方行政制度史』乙部（中央研究院歴史語言研究所、一九六三年）
楊鴻年『漢魏制度叢考』（武漢大学出版社、一九八五年）
兪鹿年『北魏職官制度考』（社会科学文献出版社、二〇〇八年）
張家山二四七号漢墓竹簡整理小組『張家山漢墓竹簡（二四七号墓）』（文物出版社、二〇〇一年）
中国法制史編写組『中国法制史』（群衆出版社、一九八二年）
周振鶴『中国地方行政制度史』（上海人民出版社、二〇〇五年）
祝総斌『両漢魏晋南北朝宰相制度研究』（中国社会科学出版社、一九九八年）

（二）論文

日文（編著者名五十音順）
石井仁「漢末州牧考」（『秋大史学』三八、一九九二年）
石井仁「都督考」（『東洋史研究』五一－三、一九九二年）
井上直樹「『韓曁墓誌』を通してみた高句麗の対北魏外交の一側面」（『朝鮮学報』一七八、二〇〇一年）
尹龍九・橋本繁訳「平譲出土「楽浪郡初元四年県別戸口簿」研究」（『中国出土資料研究』一三、二〇〇九年）
植松慎悟「後漢時代における刺史の「行政官化」再考」（『九州大学東洋史論集』三六、二〇〇八年）
王啓発著・孫険峰訳「鄭玄『三礼注』とその思想史的意義」（渡邉義浩編『両漢における易と三礼』汲古書院、二〇〇六年）
大隅清陽「大宝律令の歴史的位相」（『日唐律令比較研究の新段階』山川出版社、二〇〇八年）

金子修一「唐代前期の国制と社会経済」（『中国史』二、山川出版社、一九九六年）
紙屋正和「漢代刺史の設置について」（『東洋史研究』三三－二、一九七四年）
川井貴雄「北魏後期における門下省について」（『九州大学東洋史論集』三七、二〇〇九年）
川合安「南朝財政機構の発展について」（『文化』四九－三・四、一九八六年）
川合安「梁の太府創設とその背景」（『文経論叢』二三－三、一九八八年）
北村秀人「朝鮮における律令制の変質」（『東アジア世界における日本古代史講座』七、学生社、一九八二年）
木村誠「新羅郡県制の確立過程と村主制」（『朝鮮史研究会論文集』一三、一九七六年）
木村誠「新羅の宰相制度」（『人文学報』一一八、一九七七年）
窪添慶文「楽浪郡と帯方郡の推移」（『東アジア世界における日本古代史講座』三、学生社、一九八〇年）
熊谷滋三「前漢の典客・大行令・大鴻臚」（『東洋史研究』五九－四、二〇〇一年）
栗原朋信「漢帝国と周辺諸民族」（『上代日本対外関係の研究』吉川弘文館、一九七八年、初出は一九七〇年）
小早川欣吾「支那法における族刑と縁坐刑との関係について」（『法学論叢』四六－六、一九四二年）
坂上康俊「古代東アジア国際秩序の再編と日韓関係」（『第二期日韓歴史共同研究報告書：第一分科会篇』日韓歴史共同研究委員会、二〇一〇年）
末松保和「朝鮮三国・高麗の軍事組織」（『青丘史草』一、私家版、一九六五年）
鈴木靖民「倭の五王の外交と内政――府官制的秩序の形成」（『林陸郎先生還暦記念：日本古代の政治と制度』続群書類従完成会、一九八五年）
角谷常子「秦漢時代における家族の連坐について」（『江陵張家山二四七号墓出土漢律令の研究論考篇』朋友書店、二〇〇六年）
石暁軍「隋代鴻臚卿・少卿考」（『姫路独協大学外国語学部紀要』一四、二〇〇一年）
専修大学『二年律令』研究会「張家山漢簡『二年律令』訳注（一）・（二）――賊律・盗律」（『専修史学』三五・三六、二〇〇

三・二〇〇四年）
鷹取祐司「秦漢時代の刑罰と爵制的身分序列」（『立命館文学』六〇八、二〇〇八年）
鷹取祐司「秦漢時代の司寇・隷臣妾・鬼薪白粲・城旦舂」（『中国史学』一九、二〇〇九年）
竹園卓夫「後漢安帝以後における刺史の軍事に関する覚え書き」（『集刊東洋学』三七、一九七七年）
武田幸男「朝鮮の律令制」（『岩波講座世界歴史』六、一九七一年）
武田幸男「新羅法興王代の律令と衣冠制」（『古代朝鮮と日本』龍渓書舎、一九七四年）
武田幸男「序説　五～六世紀東アジア史の一視点――高句麗『中原碑』から新羅『赤城碑』へ」（『東アジア世界における日本古代史講座』四、学生社、一九八〇年）
武田幸男「六世紀における朝鮮三国の国家体制」（『東アジア世界における日本古代史講座』四、学生社、一九八〇年）
鄭東俊「『翰苑』百済伝所引の『括地志』の史料的性格について」（『東洋学報』九二‐二、二〇一〇年）
鄭東俊「百済の武王代における六佐平―一八部体制」（『朝鮮学報』二二〇、二〇一一年）
冨谷至「晋泰始律令への道――第一部秦漢の律と令」（『東方学報』七二、二〇〇〇年）
冨谷至「儀礼と刑罰のはざま――賄賂罪の変遷」（『東洋史研究』六六‐二、二〇〇七年）
中村茂夫「縁坐考」（『金沢法学』三〇‐二、一九八八年）
長嶋健太郎「漢代刺史の職掌とその展開」（『立正大学東洋史論集』一七、二〇〇五年）
西嶋定生「総説」（『岩波講座世界歴史』四、岩波書店、一九七〇年）
西嶋定生「東アジア世界の形成と展開」（『西嶋定生東アジア史論集』三、岩波書店、二〇〇二年、初出は一九七三年）
西本昌弘「楽浪・帯方二郡の興亡と漢人遺民の行方」（『古代文化』四一‐一〇、一九八九年）
旗田巍「十‐十二世紀の東アジアと日本」（『岩波講座日本歴史』四、岩波書店、一九六二年）
濱田耕策「新羅の城・村設置と州郡制の施行」（『朝鮮学報』八四、一九七七年）
林紀昭「新羅律令に関する二・三の問題」（『法制史研究』一七、一九六七年）

廣瀬憲雄「倭国・日本史と東部ユーラシア――六～一三世紀における政治的連関再考」（『歴史学研究』八七二、二〇一〇年）
古勝隆一「魏晋時代の皇帝権力と死刑――西晋末における誅殺を例として」（『東アジアの死刑』京都大学学術出版会、二〇〇八年）
堀敏一「晋泰始律令の成立」（『東洋文化』六〇、東京大学東洋文化研究所、一九八〇年）
前田直典「東アジアに於ける古代の終末」（鈴木俊・西嶋定生編『中国史の時代区分』東京大学出版会、一九五七年、初出は一九四八年）
松下憲一「北魏崔浩国史事件――法制からの再検討」（『東洋史研究』六九－二、二〇一〇年）
松田恵美子「縁坐を通じてみた日本・中国の法比較（一）・（二）」（『法学論叢』一二七－二・六、一九九〇年）
松本新八郎「原始・古代社会における基本的矛盾について」歴史学研究会編『世界史の基本法則――歴史学研究会一九四九年度大会報告』（岩波書店、一九四九年）
水間大輔「秦・漢における郷の治安維持機能」（『史滴』三一、二〇〇九年）
水間大輔「秦・漢の亭吏及び他官との関係」（『中国出土資料研究』一三、二〇〇九年）
山内晋次「日本古代史研究からみた東アジア世界論――西嶋定生氏の東アジア世界論を中心に」（『新しい歴史学のために』二三〇・二三一、一九九八年）
山内晋次「唐朝の国際秩序と日本――外交文書形式の分析を通して」（『奈良平安朝の日本とアジア』吉川弘文館、二〇〇三年、初出は一九八六年）
山尾幸久「朝鮮三国の軍区組織」（『古代朝鮮と日本』龍渓書舎、一九七四年）
山田勝芳「後漢の大司農と少府」（『史流』一八、一九七七年）
吉田光男「『翰苑』註所引『高麗記』について――特に筆者と作成年次」（『朝鮮学報』八五、一九七七年）
李成市「新羅六停の再検討」（『朝鮮学報』九二、一九七九年）
李成市「渤海史をめぐる民族と国家――国民国家の境界をこえて」（『歴史学研究』六二六、一九九一年）

李成市「古代朝鮮の文字文化と日本」（『国文学』四七‐四、二〇〇二年）
李成市「新羅文武・神文王代の集権政策と骨品制」（『日本史研究』五〇〇、二〇〇四年）
早稲田大学簡帛研究会「張家山第二四七号漢墓竹簡訳注（一）――二年律令賊律訳注（一）」（『長江流域文化研究所年報』創刊号、二〇〇二年）

ハングル（編著者名ハングル順）

姜鳳龍『新羅地方統治体制研究』（서울大学校博士学位論文、一九九四年）
姜鳳龍「新羅中古期의州郡制와地方官」（『慶州史学』一六、一九九七年）
権五重「「楽浪史」時代区分試論」（『韓国古代史研究』五三、二〇〇九年）
権五重「낙랑주민의이동과한성백제」（『二〇一一年度国際学術会議資料集：백제사람들、서울역사를열다』漢城百済博物館、二〇一一年七月一四日）
金秉駿「중국고대簡牘자료를통해본낙랑군의군현지배」（『歴史学報』一八九、二〇〇六年）
金寿泰「「집안고구려비」에보이는율령제」（『韓国古代史研究』七二、二〇一三年）
金英心「漢城時代百済佐平制의전개」（『서울학연구』八、一九九七年）
金英心「百済官等制의成立과運営」（『国史館論叢』八二、一九九八年）
金英心「6～7세기百済의地方統治体制――地方官을중심으로」（『韓国古代史研究』一一、一九九七年）
金英心「遺民墓誌로본고구려、백제의官制」（『韓国古代史研究』七五、二〇一四年）
金英心「백제의지방통치기구와지배의양상」（『韓国古代史探究』一九、二〇一五年）
金瑛河「三国時代의王과権力構造」（『韓国史学報』一二、二〇〇二年）
金在弘『新羅中古期村制의成立과地方社会構造』（서울大学校博士学位論文、二〇〇一年）
金昌錫「新羅法制의형성과정과律令의성격」（『韓国古代史研究』五八、二〇一〇年）

金昌錫「5세기이전고구려의王命体系와집안고구려비의「教」・「令」」（『韓国古代史研究』七五、二〇一四年）
盧重国「高句麗律令에関한一試論」（『東方学志』二一、延世大学校国学研究院、一九七九年）
盧重国「百済律令에대하여」（『百済研究』一七、忠南大学校百済研究所、一九八六年）
武田幸男「『高麗記』と高句麗情勢」（『于江権兌遠教授停年紀念論叢』世宗文化社、一九九四年）
朴林花「百済律令頒布時期에대한一考察」（『慶大史論』七、一九九四年）
朴賢淑「백제泗沘時代의지방통치체제연구」（『韓国史学報』創刊号、一九九六年）
안정준「4〜5세기高句麗의中国系流移民수용과그지배방식」（『한국문화』六八、서울大学校奎章閣韓国学研究院、二〇一五年）
안정준「6세기高句麗의北魏末流移民수용과「遊人」」（『東方学志』一七〇、延世大学校国学研究院、二〇一五年）
柳元迪「唐前半期都督府와州의統属関係」（『東洋史学研究』二二、一九八五年）
尹善泰「新羅中代의刑律――中国律令受容의新羅的特質과관련하여」（『강좌한국고대사』三、가락국사적개발연구원、二〇〇三年）
李文基「新羅時代의兼職制」（『大丘史学』二六、一九八四年）
李炳鎬「경주출토백제계기와제작기술의도입과정」（『韓国古代史研究』六九、二〇一三年）
李成市「목간・죽간을통해서본동아시아세계」（『地下의논어、紙上의논어』成均館大学校出版部、二〇一二年）
李銖勲「新羅中古期행정촌・자연촌문제의검토」（『韓国古代史研究』四八、二〇〇七年）
林起煥『高句麗集権体制成立過程의研究』（慶熙大学校博士学位論文、一九九五年）
全徳在「중고기신라의지방행정체계와郡의성격」（『韓国古代史研究』四八、二〇〇七年）
全徳在「373년고구려율령의반포배경과그성격」（『韓国古代史研究』八〇、二〇一六年）
田鳳徳「新羅의律令攷」（『서울大学校論文集――人文社会科学』四、一九五六年）
鄭東俊「백제22부사성립기의내관・외관」（『韓国古代史研究』四二、二〇〇六年）

鄭東俊「5세기백제의중국식관제수용과그기능」（『韓国史研究』一三八、二〇〇七年）
鄭東俊「동아시아古代官制上의22部司」（『史林』二九、首善史学会、二〇〇八年）
鄭東俊「4～5세기백제의정치제도정비과정」（『史林』三二、首善史学会、二〇〇九年）
鄭東俊「백제22부사체제의성립과정과그기반」（『韓国古代史研究』五四、二〇〇九年）
鄭東俊「백제담로제（檐魯制）의역사적위상에대한시론」（『역사와현실』七九、二〇一一年）
鄭東俊「陳法子墓誌銘」의검토와백제관제」（『韓国古代史研究』七四、二〇一四年）
趙景徹「百済聖王代의儒仏政治理念」（『韓国思想史学』一五、二〇〇〇年）
朱甫暾「蔚珍鳳坪新羅碑와法興王代律令」（『韓国古代史研究』二、一九八九年）
蔡旼錫「百済王・侯制의도입과운영에대한試論」（『韓国史研究』一六六、二〇一四年）
韓鈴和「7～8세기신라의형률과그운용――君臣関係에관한형률적용사례를중심으로」（『韓国古代史研究』四四、二〇〇六年）
韓鈴和『韓国古代의刑律研究』（成均館大学校博士学位論文、二〇一二年）
韓鈴和「6～7세기에나타나는삼국형률의적용양상과특징」（『史林』五〇、首善史学会、二〇一四年）
洪承祐「新羅律의基本性格――刑罰体系를중심으로」（『韓国史論』五〇、서울大学校国史学科、二〇〇四年）
洪承祐「百済律令반포시기와지방지배」（『韓国古代史研究』五四、二〇〇九年）
洪承祐『韓国古代律令의性格』（서울大学校博士学位論文、二〇一一年）
洪承祐「〈集安高句麗碑〉에나타난高句麗律令의형식과守墓制」（『韓国古代史研究』七二、二〇一三年）
洪承祐「고구려율령의형식과제정방식」（『木簡과文字』一六、二〇一六年）

中文（編著者名ピンイン順）
水間大輔「西漢文帝元年以後的〝罪人妻子没入為官奴婢〟」（朱騰・王沛・水間大輔『国家形態・思想・制度』廈門大学出版社、

二〇一四年)
厳耀中「関于北魏〝三刺史〟制度的若干詮釈」(『学習与探索』二〇〇九－五、二〇〇九年)
張創新「唐朝地方政府行政編制論要」(『史学集刊』一九九四－二、一九九四年)

初出一覧

序章　書き下ろし

第一部

第一章第一節・第二節、第二章の一部

「高句麗・百済律令における中国王朝の影響についての試論――所謂「泰始律令継受説」をめぐって」（『国史学』二一〇、二〇一三年）

「백제율령에미친중국왕조의영향――소위「태시율령계수설」비판」（『東国史学』六二、東国歴史文化研究所、二〇一七年）

第一章第三節、第二章の一部

「新羅律令に対する中国律令の影響――国家秩序維持関係の法令を中心に」（『法制史研究』六三、二〇一四年）

第二部

第三章第一節、第四章の一部

「백제의중앙관제에미친中国王朝의영향에대하여――중앙관사의구성을중심으로」（『史林』四四、首善史学会、二〇一三年）

第三章第二節、第四章の一部

「新羅の中央官制における中国王朝の影響について――中央官司の構成を中心に」（『史滴』三五、早稲田大学東洋史懇話会、二〇一三年）

第三部

第五章第一節第一項、第六章の一部

「高句麗における中国王朝の地方行政制度の影響について――両漢魏晋南北朝の地方行政機構との比較を中心に」（『東洋学報』九七-四、二〇一六年）

第五章第一節第二項、第六章の一部

「백제의지방통치제도에미친중국왕조의영향――漢代～南北朝時代지방통치기구와의비교를중심으로」（『歴史学報』二三二、歴史学会、二〇一六年）

第五章第二節、第六章の一部

「新羅における中国王朝の地方行政制度の影響について――漢代～唐代の地方行政機構との比較を中心に」という題目で『朝鮮学報』に投稿中

終章の一部（他は書き下ろし）

鄭東俊「古代日本と朝鮮三国における律令の比較――特に七世紀の律令を中心に」（『訪日学術研究舎論文集』二〇、日韓文化交流基金、二〇一四年の「はじめに」

補　論

鄭東俊「古代日本と朝鮮三国における律令の比較――特に七世紀の律令を中心に」（『訪日学術研究舎論文集』二〇、日韓文化交流基金、二〇一四年）

図表一覧

あとがき

最後に刊行にいたるまでの経緯を述べたい。ただし、歴史学ないし古代史という学問全般について関心を持った経緯については、すでに前著（『동아시아속의백제정치제도』、一志社、二〇一三年）で詳しく述べているので、本書では省略する。その代わりに、本書では二度にわたる約五年間の日本留学と本書のテーマに関心を持つようになったきっかけ、そしてそれ以降の経緯のみを述べておきたい。

私が初めて留学の必要性を感じたのは一九九八年に大学院へ進学して対外関係に関心を持ち「冊封体制」論・「東アジア世界」論に接し、ＢＫ21（韓国版ＣＯＥと呼ばれる大学院支援プログラム）というプロジェクトに参加するようになってからである。ＢＫ21には大学院生の長期海外研修を支援する制度があり、金銭的負担なく留学することができた。また大学院に進学した年の秋、二度目の博士学位論文の指導教員になる李成市先生（現早稲田大学文学学術院教授）が韓国滞在中であったためにお会いするようになり、これも日本留学に関心を持つようになるきっかけの一つであった。

韓国で修士論文を書き終えそれを学術誌に掲載してから、本格的に留学の準備に着手した。日本留学の経験がある先輩方、すなわち孫炳圭先生（現成均館大学校東アジア学術院教授）・李承律先生（現山東大学中国哲学研究所副教授）・李鎔賢先生（現国立慶州博物館学芸研究士）などの方々から様々な情報をいただいた。また、当時ソウル大学校に留学中であった井上直樹氏（現京都府立大学文学部准教授）は、留学先の早稲田大学についてより具体的な情報を教えて下さった。留学後の研究テーマとしては、百済の政治制度である「二二部司」と古代中国・日本の制度との比較を設定した。

以上のような準備を経て、二〇〇三年にようやく日本に留学することができた。最初の三ヵ月ほどは、李成市ゼミの橋本繁氏（現日本女子大学客員准教授）にお世話になり、李成市先生の大学院の授業と国学院大学で行われていた平川南先生（現人間文化研究機構長）の古代日本木簡に関する大学院の授業を聴講しつつ、徐々に日本での生活に慣れようとした。橋本氏が韓国へ留学してからは、同ゼミの柳美那氏（現国民大学校日本学研究所研究教授）・吉田愛氏（元学習院大学国際センターPD共同研究員）にお世話になった。それ以降、早稲田大学東洋史懇話会の大会で工藤元男先生（現早稲田大学文学学術院教授）にお会いし、春から工藤ゼミの演習にも参加するようになった。このときから工藤ゼミの人々と親しくなり、その関係は現在まで続いている。また、留学以前より存じ上げていた石見清裕先生（現早稲田大学教育総合科学学術院教授）ともお会いし、ソグド人墓誌を講読する授業にも出席した。両先生の授業を聴講したことにより、留学の目的である古代中国の制度との比較もできるようになった。さらに、新羅史研究会にも参加するようになり、会長の木村誠先生（現首都大学東京名誉教授）をはじめ、武田幸男先生（元東京大学名誉教授）・北村秀人先生（元大阪市立大学名誉教授）などの諸先生方や、赤羽目匡由氏（現首都大学東京都市教養学部准教授）・山崎雅稔氏（現国学院大学文学部准教授）・澤本光弘氏（現早稲田大学朝鮮文化研究所招聘研究員）などの方々とも出会うことができた。秋からは聴講する授業を増やし、福井重雅先生（元早稲田大学名誉教授）・新川登亀男先生（現早稲田大学名誉教授）・渡邊義浩先生（現早稲田大学文学学術院教授）・酒寄雅志先生（現国学院大学栃木短期大学教授）の授業も聴講するようになった。史料講読以外に演習にも参加し、日本古代史に対する知識も得ることができた。一年三ヵ月間の日本留学は、多様な経験と良き出会いに満ちた、非常に有益なものであった。

留学から帰国して博士学位を取得した直後、運良くＢＫ21事業団に博士後研究員（ＰＤ）として採用され、工藤元男先生をはじめ、橋本繁氏や工藤ゼミの水間大輔氏（現中央学院大学法学部准教授）・柿沼陽平氏（現帝京大学文学部准教授）・渡邉将智氏（現就実大学人文科学部講師）などの方々を国際会議に招待し、多少の恩返しをすることができた。一方、成均館大学校の博士学位論文で使った研究方法は、本書の第二部（第三章と第四章）の基礎となった。また、政治制度（主に中央官制）と密接な関連がある律令制に対する関心も高まり、学位論文の審査では地方行政制度に関する内容も補足するよう助言をいただいた。本書の検討対象である律令・中央官制・地方行政制度というテーマにたどり着いたのには以上のような経緯があり、本書は成均館大学校の博士学位論文を補足するものと言える。本書執筆に向けて準備をするためには、やはり中国古代史と日本古代史に関する情報が豊かな日本に留学することが必要であると考え、再び韓国研究財団の支援を得て留学することとなった。

二〇〇九年の秋、二度目の留学生活が始まったが、李成市先生が韓国滞在中という事情があって、工藤元男先生に受入教員を引き受けていただいた。それ以降二年六ヵ月間、先生は多忙にもかかわらず、弟子でもない私を一生懸命指導して下さった。日本で最初に発表した『翰苑』所引の『括地志』に関する論文も先生の丁寧な指導の結果である。先生はそれ以降も貴重な助言を下さり、ゼミの共同研究への参加も許して下さった。その過程で「尹湾漢簡」の地方行政関連史料のほか、「睡虎地秦簡」・「張家山漢簡」などの律令関連史料を講読する機会をいただき、律令の運用に関する知識を得ることができた。特に、工藤先生が勧めて下さった廣瀬薫雄『秦漢律令研究』（汲古書院、二〇一〇年）は、律令の概念に関する発想の転換に非常に助かった。それにもかかわらず、本書の第一部の基礎となった律令関連の論文は学術誌の査読に何回も落とされた。論文がようやく学術誌の査読を通ったのは帰国直前である二〇一三年の年明けであった。それまで工藤ゼミの楯身智志氏（現早稲田大学文学学術院非常勤講師）が日本語のチェックや問題点の指摘を丁寧にしてくれた。様々な配慮と親切なアドバイスにもかかわらず掲載が遅くなって、工藤先生をはじめとするゼミ生には申し訳ないと思っている。それ以降、律令関連を専攻する水間大輔氏が中国から帰国し、新羅の律令関連論文と本書の第一部全体について詳しくアドバイスをしてくれた。法学に対する基礎知識が皆無な私にとって、水間氏のアドバイスは非常にありがたいものであった。第二部全体と第三部の高句麗・百済関連部分については渡邉将智氏が親切にアドバイスをして下さった。氏は私の知らない日本や中国の関連研究について教示して下さったうえ、中国王朝の制度に関する誤りを指摘してくれた。本書は水間・渡邉両氏の協力によって成ったものといっても過言ではない。

留学の最後の一年間は李成市先生に受入教員を引き受けていただいた。李成市先生は留学直前に韓国で大隅清陽「大宝律令の歴史的位相」（『日唐律令比較研究の新段階』、山川出版社、二〇〇八年）という論文を紹介して下さったが、これは律令に関する新たな発想に役立った。また論文や書類の執筆を丁寧に指導して下さった。日本留学中の研究成果をあらためて博士学位論文としてまとめることを相談したときに、多忙にもかかわらず快く主査を引き受けて下さった。一度目の留学時に先生から学んだ「東アジア世界」論は序章と終章を作成するときに非常に参考になった。さらに李ゼミの植田喜兵成智氏（現学習院大学東洋文化研究所助教）には本書第三部の新羅関連部分を詳しく検討していただいた。

ほかにも様々な授業を聴講した。魏晋南北朝隋唐時代に関する石見清裕先生の演習（研究発表）は本書の第二部と第三部、『日本書紀』の古版本に関する新川登亀男先生の授業と「弘仁格」に関する川尻秋生先生（現早稲田大学文学学術院教授）の授業は本書の補論を作成するときに参考になった。さらに飯山知保氏（現早稲田大学文学学術院准教授）は専攻する時代が相当離れているにもかかわらず、様々な面でご協力下さり、私が最も苦手とする英文要旨の作成まで引き受けて下さった。

また二度目の留学中には校外の様々な研究会にも参加し、多くの人々から助けてもらった。先に述べた新羅史研究会以外にも律令制研究会・国書の会などがある。律令制研究会では、池田温先生（元東京大学名誉教授）・大津透先生

（現東京大学文学部教授）・古瀬奈津子先生（現お茶の水女子大学文教育学部教授）・佐川英治先生（現東京大学文学部准教授）などの諸先生方と吉永匡史氏（現金沢大学人間社会研究域准教授）・武井紀子氏（現弘前大学人文社会科学部准教授）・大知聖子氏（現名城大学理工学部助教）などの同学と会うことができた。律令専門の研究会であるため、本書第一部の作成に大変役立ったことはいうまでもなく、大知聖子氏には本書第三部の百済関連部分の作成を手伝っていただいた。国書の会においても、鈴木靖民先生（現国学院大学名誉教授）・金子修一先生（現国学院大学文学部教授）などの諸先生方と廣瀬憲雄氏（現愛知大学文学部准教授）・鄭淳一氏（現高麗大学校師範大学助教授）などの同学からアドバイスをいただいたが、それらは主に本書序章の「東部ユーラシア」論、第二章、補論に関するものである。さらに鈴木靖民先生は本書の第一部の基礎となる論文を投稿するときに『国史学』の存在を教えて下さったうえ、担当者を紹介して下さった。

以上のように、本書は日本の多くの研究者から様々な協力により、成ったものである。紙面の限界でこれ以上列挙できないが、ほかにも感謝すべき方々は数えきれないほどいる。最後に、本書の刊行にあたり、早稲田大学より「早稲田大学エウプラクシス叢書の学術研究書出版制度」による出版助成を受けた。さらに編集の過程では、早稲田大学出版部の今井智子氏・武田文彦氏にご協力いただいた。この場を借りて深く感謝申し上げたい。

二〇一八年　一二月

筆　者

A Study on the Acceptance of the Legal System in Ancient East Asia:

Focusing on the Influencing Relationship Between Chinese Dynasties and the Three Kingdoms of Ancient Korea

Jeong Dongjun

When explaining cultural exchange in ancient East Asia, existing literature has emphasized the influence of Chinese dynasties on its neighbor countries, such as the Three Kingdoms（三國）of ancient Korea and ancient Japan, in East Asian World theory. Meanwhile, a political body that carries out a mediating role has not been examined. This work aims to bridge the research gap in this area. Existing studies on cultural exchange in East Asia have several problems, such as overlooking the influencing relationship and the stance of being affected side among ancient China's neighbor countries. Therefore, the influencing relationship of culture has to be reexamined from the view of these surrounding countries.

In achieving the critical verification of the purpose stated above, this work paid attention to the role of the Three Kingdoms in East Asia, and examined the influence of Chinese dynasties to the Three Kingdoms, centering on the legal systems（*luling* [律令], central officer system, and local ruling system）among the cultural elements. *Luling*, as statute law, is the basis for governing a country; the central officer system reflects a power structure as the basis of central government organization; and the local ruling system is the one for the central government to control provinces as a basis for ruling the people.

The results of the examination of the above subjects are as follows. Although Goguryeo（高句麗）has been recognized as a country developed through brisk exchange and struggle with Chinese dynasties, their law system was not influenced much by Chinese dynasties. Refugees from the Chinese mainland, especially from the Huabei（華北）region, made greater contributions compared with Lelangjun（樂浪郡）and Daifangjun（帶方郡）migrants and their descendants toward acceptance of the law system of Chinese dynasties.

Although Baekje（百濟）had fewer opportunities for direct exchange with Chinese dynasties compared with Goguryeo, they were influenced the most among the Three Kingdoms with respect to the law system of Chinese dynasties. Moreover, Lelangjun and Daifangjun migrants and descendants made the greatest contribution toward the

acceptance of the law system of Chinese dynasties.

Silla (新羅), which had much less chance for direct exchange with Chinese dynasties than Goguryeo, was influenced much more than Goguryeo but less than Baekje in terms of acceptance of the law system of Chinese dynasties. Among the Three Kingdoms, Silla felt the least impact of the contributions of Lelangjun and Daifangjun peoples and refugees from the Chinese mainland toward acceptance of the law system of Chinese dynasties.

The Three Kingdoms did not necessarily accept the newest Chinese law system in those days. They often rather accepted and transformed the law system of previous Chinese dynasties. In certain cases, they only accepted the form of the Chinese dynasties' law system, such as *lu* (律) and *ling* (令), and created their unique law system. The Three Kingdoms are believed to have played a mediating role in the acceptance of Chinese law in surrounding countries, such as ancient Japan.

事 項 索 引

◆あ行

◆か行

◆さ行

◆た行

◆な行

◆は行

人　名　索　引

著者紹介

鄭　東俊（じょん　どんじゅん）

1973年蔚山広域市（韓国）生まれ。
現職：成均館大学校（韓国）史学科BK21＋事業団研究教授。
専門：古代東アジアの制度史・国際関係史（特に中国王朝と朝鮮三国）。
学歴：1997年成均館大学校人文大学史学科卒業，2008年成均館大学校大学院史学科（韓国史）博士課程修了，博士（文学）取得，2016年早稲田大学大学院文学研究科東洋史学専攻に博士論文を提出，博士（文学）取得。
職歴：2008～2009年成均館大学校史学科BK21事業団博士後研究員（PD），2009～2013年早稲田大学大学院文学研究科外国人研究員，2013～2016年漢城大学校（韓国）韓国古代史研究所学術研究員。

主な翻訳：

『동아시아속의백제정치제도（東アジアにおける百済の政治制度）』（一志社，2013年）。

『訳註日本古代の外交文書』（八木書店，2014年，共編著）。

「『翰苑』百済伝所引の『括地志』の史料的性格について」（『東洋学報』92-2，2010年）。

「百済の武王代における六佐平――八部体制」（『朝鮮学報』220，2011年）。

早稲田大学エウプラクシス叢書　15

古代東アジアにおける法制度受容の研究
－中国王朝と朝鮮三国の影響関係を中心に－

2019年1月28日　　初版第1刷発行

著　者…………………………鄭　東俊
発行者…………………………須賀晃一
発行所…………………………株式会社 早稲田大学出版部
169-0051 東京都新宿区西早稲田1-9-12
電話 03-3203-1551　http://www.waseda-up.co.jp/
校正協力………………………有限会社 アジール・プロダクション
装　丁…………………………笠井亞子
印刷・製本……………………大日本法令印刷 株式会社

　ISBN978-4-657-18805-2

刊行のことば

一九一三（大正二）年、早稲田大学創立三〇周年記念祝典において、大隈重信は早稲田大学教旨を宣言し、そのなかで、「早稲田大学は学問の独立を本旨と為すを以て　之が自由討究を主とし　常に独創の研鑽に力め以て　世界の学問に裨補せん事を期す」と謳っています。

古代ギリシアにおいて、自然や社会に対する人間の働きかけを「実践（プラクシス）」と称し、抽象的な思弁としての「理論（テオリア）」と対比させていました。本学の気鋭の研究者が創造する新しい研究成果については、「よい実践（エウプラクシス）」につながり、世界の学問に貢献するものであってほしいと願わずにはいられません。

出版とは、人間の叡智と情操の結実を世界に広め、また後世に残す事業であります。大学は、研究活動とその教授を通して社会に寄与することを使命としてきました。したがって、大学の行う出版事業とは大学の存在意義の表出であるといっても過言ではありません。これまでの「早稲田大学モノグラフ」、「早稲田大学学術叢書」の二種類の学術研究書シリーズを「早稲田大学エウプラクシス叢書」、「早稲田大学学術叢書」の二種類として再編成し、研究の成果を広く世に問うことを期しています。

このうち、「早稲田大学エウプラクシス叢書」は、本学において博士学位を取得した新進の研究者に広く出版の機会を提供することを目的として刊行するものです。彼らの旺盛な探究心に裏づけられた研究成果を世に問うことが、他の多くの研究者と学問的刺激を与え合い、また広く社会的評価を受けることで、研究者としての覚悟にさらに磨きがかかることでしょう。

創立百五〇周年に向け、世界的水準の研究・教育環境を整え、独創的研究の創出を推進している本学において、こうした研鑽の結果が学問の発展につながるとすれば、これにすぐる幸いはありません。

二〇一六年一一月

早稲田大学